国家出版基金项目

国家重大出版工程项目

"十二五"国家重点图书

中国古建筑丛书

○李晓峰 谭刚毅 编著

湖北古建筑

中国建筑工业出版社

审图号：GS（2015）2780号

图书在版编目（CIP）数据

湖北古建筑/李晓峰，谭刚毅编著.—北京：中国建筑工业出版社，2015.12
（中国古建筑丛书）
ISBN 978-7-112-18812-3

Ⅰ.①湖… Ⅱ.①李…②谭… Ⅲ.①古建筑-介绍-湖北省 Ⅳ.①K928.71

中国版本图书馆CIP数据核字（2015）第293518号

责任编辑：唐　旭　李东禧　杨　晓　吴　绫
书籍设计：康　羽
责任校对：李美娜　刘　钰

中国古建筑丛书

湖北古建筑

李晓峰　谭刚毅　编著

*

中国建筑工业出版社出版、发行（北京西郊百万庄）
各地新华书店、建筑书店经销
北京锋尚制版有限公司制版
北京顺诚彩色印刷有限公司印刷

*

开本：880×1230毫米　1/16　印张：23½　字数：620千字
2015年12月第一版　2015年12月第一次印刷
定价：368.00元
ISBN 978-7-112-18812-3
（25819）

版权所有　翻印必究
如有印装质量问题，可寄本社退换
（邮政编码100037）

《中国古建筑丛书》总编委会

总顾问委员会：

罗哲文　张锦秋　傅熹年　单霁翔　郑时龄

总编辑委员会：

主　　任：吴良镛　周干峙
副 主 任：沈元勤　陆元鼎
总 主 编：陆　琦　戴志坚
委　　员（按姓氏笔画排序）：

丁　垚　王　军　王　南　王金平　王海松　左满常　朱永春
刘　甦　李　群　李东禧　李晓峰　李乾朗　杨大禹　杨新平
吴　昊　张玉坤　张兴国　张鹏举　陆　琦　陈　琦　陈　颖
陈　蔚　陈伯超　陈顺祥　范霄鹏　罗德启　柳　肃　胡永旭
姚　糖　徐　强　徐宗威　翁　萌　高宜生　唐　旭　黄　浩
谢小英　雍振华　蔡　晴　谭刚毅　燕宁娜　戴志坚

《湖北古建筑》

李晓峰　谭刚毅　编著
顾　　问：高介华
参编人员：陈　茹　王　莹　邬胜兰　谢　超　陈　楠　龙　江
　　　　　　胡　辞　余泽阳　潘韵雯　向风璐　任曼宁　潘方东
　　　　　　陈小将　宋日升　丁春梅　华娟娟　陈　刚　朱穆峰
　　　　　　孙竹青　郑　媛　黄　华　马　瑞　汤慧芳　杨颖倩
　　　　　　孙　娱　郝世超　徐怡昕　彭雯霏　刘雅君　刘袁芳
　　　　　　周缨子　万　涛　彭　瑶　刘聪聪　董禹含
审　稿　人：吴　晓

总 序

中国历史悠久，地大物博，人口众多，是一个多民族的国家，文化遗产极为丰富。中国古建筑是世界建筑史上的四大体系之一，五千年来，光辉灿烂，独特发展，一脉相传，自成体系。在建筑历史发展过程中，从来都没有中断过，因而，积累了大量的极为丰富的优秀建筑文化遗产。中国古代建筑的实践经验、创作理论、工艺技术和艺术精华值得总结、传承和发扬。

中国古代建筑具有强大的生命力，首先是独特的地理环境。中国位于亚洲东方，北部有长白山、乌苏里江高山河流阻挡，西有天山、喀喇昆仑山脉和沙漠横贯，西南有喜马拉雅山脉，东南则沿海，形成封闭与外界隔绝的地域，加上地处热带、温带和寒带，宽阔的地理和悬殊的气候，促进建筑与环境的巧妙和谐结合。

其次，独特的民族性格。中国是以汉族为主的多民族所组成。以中原文化为主的汉族人民团结、凝聚着居住和生活在各地的少数民族。由于各民族的历史、文化、宗教信仰、生活习俗与审美爱好的不同，以及他们所处地区的自然条件和地理环境的差异，长期的劳动实践，形成了各民族独特的性格和绚丽灿烂的建筑风貌。

其三，文化的独特体系。中国文化是以黄河流域中原文化为中心，周围有燕赵文化、晋文化、齐鲁文化、吴越文化、楚文化、秦文化和巴蜀文化所烘托，具有历史渊源长久、人类智慧集中、思想资源丰富的特点。中国传统文化思想的集中表现是以儒学、道学为代表，其后，佛教的传入与中国传统文化的结合，形成以儒学为主的儒、道、释三者合一的中国传统文化思想。归纳起来，就是天人合一的宇宙观念，以人为本、和为贵的人文思想，整体直觉的思维方式，真善美相结合的美学观念。

封闭而独特的地理环境，团结凝聚而又富于创造的民族性格，以儒学为主的文化独特体系，创造了中华民族的雄伟壮丽的建筑工程。长期的经验积累，独树一帜，虽经战争的炮火，民族之间的斗争与融合，外来文化之传入及本土化，但中华民族建筑始终一脉相传，傲然生存下来，顽强发展，独树一帜而不倒，在世界建筑史发展中是罕见的、独有的。

中国古代建筑发展经历了原始社会、奴隶社会和封建社会三个历史阶段。

旧石器时代，原始人群利用天然崖洞作为居住场所。南方湿热多雨，虫害兽多，出现巢居。1973年，在浙江余姚河姆渡村发现大约建于6000~7000多年前的、长约23米、进深约8米的木构架建筑遗址，推测是一座长方形、体量相当大的干阑式建筑，这是我国最早采用榫卯技术构筑房屋的一个实例。

原始社会晚期，黄河流域有广阔而丰厚的黄土层，土质均匀，含有石灰质。黄河中游的氏族部落，在利用黄土层作为壁体的土穴上，用木架和草泥建造简单的穴居，逐步发展到浅穴居，再到地面上的房屋，形成聚落。

奴隶社会，夯土技术逐步成熟，宫室建于高大的夯土台上，木构建筑逐步成为中国古代建筑的主要结构方式。等级制度出现。工程管理有了专职的"司空"，以后各朝代沿袭发展成为中国特有的工官制度。

封建社会初期，高台建筑盛行，修建了长城、驰道和水利工程。东汉时代，建筑中已大量使用成组的斗栱，木构楼阁增多，城市和建筑类型扩充，中国古代独特的木构建筑体系基本形成。

两晋南北朝是我国历史上充满着民族斗争和民族融合的时期，佛教的传入，宗教建筑大量兴建，高大的寺庙、壮丽的塔幢，石窟中精美的雕塑和壁画，这是我国古建筑吸收外来文化使之本土化的创造时期。

隋、唐统一全国，开凿贯通南北的大运河，促进了我国南北物资和文化的交流和发展。唐代的长安、洛阳成为世界上最大的城市。木构建筑的宫殿、楼阁和石窟、塔、桥，无论布局或造型都具有较高艺术和技术水平，唐代建筑已发展到成熟的阶段。

宋、辽、金时期，南方在经济和文化方面居于先进地位。由于手工业分工更加细致，国内商业和国际贸易活跃，城市逐渐开放，改变了汉以来历代都城采用的封闭式里坊制度，形成沿街设店的方式。建筑的设计和施工达到一定程度的规格化、制度化，公元12世纪初在总结经验的基础上编写了《营造法式》这一部重要文献。

元代大都建立，喇嘛教和伊斯兰教建筑影响到各地。明、清时期官式建筑已经达到完全程式化、定型化阶段。明代后期出现资本主义萌芽，清代在城市规划上、建筑群体布局和建筑艺术形象上有所发展，例如北京城、故宫、天坛等。民居、园林和民族建筑遍布各地，呈现一片繁荣景象。

中国古建筑有明显的特征。在城市规划上，严谨规整、对称宏伟，表现出庄重威武的中华民族性格。单体建筑中，雄伟的飞檐屋宇、大红的排列柱廊、高大的汉白玉台基，呈现出崇高壮丽又稳定的形象。黄河流域盛产的木材资源，形成了中国古建筑木构架体系的特色。室外装饰的富丽堂皇、金碧辉煌，室内陈设装修的华丽多样、细腻雕饰，体现了中国古建筑绚丽多彩的民族风格。

聚居建筑方面，包含民居、祠堂、家庙、书院等遍布全国各地，它们与人民生活息息相关。各地各族人民根据自己的生活习俗、生产需要、经济能力、民族爱好和审美观念，结合本地的自然条件和材料，因地制宜、因材致用地进行设计与营造。他们既是设计者，又是营建者、使用者，可以说设计、施工、使用三位一体，因而，这种建造方式所形成的民宅民间建筑，既实用简朴，又经久美观，并富有民族风格和地方特色。

中国古园林的特征。以自然山水即中国山水画为蓝本，并以景区、景物和建筑、山水、花木为构件，由景生情，产生意境联想，达到艺术感受。皇家园林因其规模大、范围广，其园林布局自秦、汉时期的一池三岛，到唐、宋以山水画为蓝本，明、清仍沿袭池中置岛古制，但采用人工造山置水的方法。

明、清私家园林因属民间，士大夫文人常在宅后设园休闲宴客，吟诗享乐，其特点是以最小的场所造成无限的景色为目的。因其规模小，常以叠石或池水为主，峰峦洞壑、峭壁危径或曲径通幽取胜。在情景中则采用巧于因借、精在体宜的手法。

我国是一个人口众多的多民族国家。相传秦汉以前，中华大地上主要生存着华夏、东夷、苗蛮三大文化集团，经过连年不断的战争，最终华夏集团取得了胜利，上古三大文化集团基本融为一体，历史上称为华夏族。春秋、战国时期，东南地区古老的部族称为"越"，逐渐为华夏族所兼并而融入华夏族之中。秦统一各国后，到汉代都用汉人、汉民这个称呼，直到隋、唐，汉族这个名称才固定下来。

由于各民族的历史文化、宗教信仰、生活生产、习俗性格的不同，又由于各族人民所处地区的自然条件和环境的不同，导致他们各自产生了富有特色的建筑和民宅，如宏伟壮丽的藏族布达拉宫，遍布各族聚居地的寺院庙宇、寨堡围村、楼阁宅居，反映了绮丽多彩的民族风貌。

中国传统文化渗透了中国古建筑，中国古建筑深刻地体现了中国文化。

新中国成立后，作为全国性有领导有组织地编写中国古代建筑史，第一次是1959年，由原建筑科学研究院组织"编写三史"开始。当时集中了全国高等院校、科研部门分工编写，1962年由中国工业出版社出版《中国建筑简史》第一册（古代部分）。随后，又组织有关院校、文化、历史、考古等单位对古代建筑史有研究的人员，经多次修改，由刘敦桢教授执笔主编的《中国古代建筑史》，于1966年完成。由于"文化大革命"，未能出版，1980年才由中国建筑工业出版社正式出版。作为高等院校的中国建筑史教材则由全国高校教师编写，参考了上述专著，由中国建筑工业出版社1982年出版。

作为系统的、全面的、编写中国古建筑丛书是从1984年开始，当时作为《中国美术全集》中的一个门类——建筑艺术，称为《中国美术全集·建筑艺术编》，共6辑，包含宫殿、坛庙、陵墓、宗教建筑、民居、园林，1988年完成出版。

第二次编写从1992年开始，编写的原因是《中国美术全集·建筑艺术编》6辑出版后，各界反映良好，但感到篇幅不够，它与我国极为丰富的建筑文化遗产大国不相适应。于是，再次组织编写《中国建筑艺术全集》丛书30辑，其中古建筑24辑，近现代建筑6辑。古建筑部分仍按类型编写。该丛书中的24辑于1999年5月出版。

由于这两次丛书都是全国性编写，按类型写，又着重在艺术，因此，一些地方特色和民族特色的、中型的优秀古建筑就难于入选。为了弘扬和传承优秀传统建筑文化体系，总结经验和规律，保护我国优秀传统建筑文化遗产，因此，全面地、系统地、按省（区）来编写古建筑丛书是非常必要的、合时宜的。

本丛书编写的主要特点是：其一，强调本省（区）古建筑的民族特色和地方特色；其二，编写不限于建筑艺术，而是对本省（区）古建筑的全面叙述，着重在成就、价值、特色、技术和经验、规律等各个方面，这是我国民族和地区的资料比较全面和丰富的传统建筑文化丛书。

陆元鼎

2015年1月10日

前　言

禹划"天下"为九州，荆州为其一。荆州的核心地域是鄂——便是湖北。

鄂，不但在自然地理方面具有优势，且在人文地理、经济地理、政治地理、军事地理等诸多方面都具有重要的战略地位。

就人文言，早在旧石器时代早期，湖北就有了"郧阳人"的出现，其后又有了"长阳人"。迄于新石器时代早中期，产生了大汶口文化；新石器时代晚期，涌现了著名的彩陶文化——屈家岭文化。

令世人震惊的是，正是在屈家岭文化彩陶纺轮上萌生了人类哲学思想的巨大发现——一切事物之建构产生于阴阳两极——所谓"太极之两仪"——作为图像体现的"太极图"（双鱼）图形。

楚人的远祖——中国的修市者祝融亦在此时期。

人们不应忘记，作为中国先祖的"炎"之"炎"，其故居就在湖北随州。

继屈家岭文化后，产生了"湖北龙山文化"（相当于中原的商代），此时楚人徙于荆楚。

湖北又是华夏民族的重要一支——三苗及诸多少数民族的聚居地。

正因如此，以上系列原始文化的延续构成了鄂地古代文化的渊源和基础，底蕴深广。

周成王元年（公元前1063年），楚子熊绎受封，居丹阳。

自楚文王元年（公元前689年）徙郢至楚顷襄王二十一年（公元前278年）秦白起拔郢后，楚徙陈，凡411年，是楚国也是楚文化的鼎盛时期。

楚文化之灿烂，以下论定，不难认知：

世界的古代文化更是多元复合的，它的主体即旧大陆的古代文化，也是二元耦合的。这个二元，简单地说来，就是西方与东方。从公元前6世纪中叶到公元前3世纪中叶，西方的希腊与东方的楚竞辉齐光，宛如太极的两仪。然而，近百余年来，学术界论及世界古代文化，往往重西轻东，也不免有偏颇之失。要全面地认识世界古代文化，也不可不研究楚学。

楚文化之灿烂，被誉为奇谲诡丽，乃从其政治、军事、哲学思想、科学技术、文学、艺术……总体而论，就城市、建筑而言，自亦居于当时世界之前列。

建筑是人类文化的主要载体，不言而喻，鄂地的古代文化和楚文化促进了其地域建筑文化的生成、发展，从而形成了湖北建筑文化的特色。

2013年7月，习近平主席巡视湖北时不是曾指出"湖北的城乡建设应体现湖北特色和荆楚文化"吗？

吴良镛院士曾倡导，在建筑创作中要重视地域文化，因为不同的地域具有不同的特色。

华中科技大学的李晓峰、谭刚毅教授以其高度的学术敏感，编撰了《湖北古建筑》一书，我有幸学习后，不无深感：

第一，该书海涵了湖北的古城、镇、村落及宗教宫观寺庙、陵墓·祠庙、会馆·戏场、学宫·书院、府第·寨堡·园林、塔幢·牌坊·桥梁、建筑营造·装饰等所有门类，一一到位，系列明晰。

第二，各章开头先有综述，然后次第分节，依例录详，引读者依次入胜。

第三，在各个门类建筑中，几乎都点出了一些特殊的案例，它们属于湖北，也是中国建筑文化中的珍宝，不可再生。

第四，该书从综述到单例的录述、分析、评判，不但有充分的考古、史料、实测依据，且具有相当的理论深度，不失为研究湖北古建筑的学术珍本，为推动湖北古建筑的按门类再深化研究，奠定了基础。

该书参编人员多达30位，实力非常，其对湖北古建筑进行了普查和大量实测，所附图照精要，来之匪易。

拙见以为，该书不但对于建筑史学工作者，对于建筑师亦不失为案头要帙，可从中吸取奇妙的创作灵感，为促进湖北建筑文化的创新而绽放异彩，亦不失为其他地域建筑文化的开拓所借鉴之鸿篇。以为序。

高介华

2015年8月15日

目 录

总 序

前 言

第一章 绪 论
第一节 自然环境状况 / 〇〇二
　一、地理 / 〇〇三
　二、气候 / 〇〇三
第二节 历史与文化 / 〇〇四
　一、历史沿革 / 〇〇四
　二、文化特性 / 〇〇七

第二章 城镇与村落
第一节 古城 / 〇一四
　一、荆州古城 / 〇一四
　二、襄阳夫人城 / 〇一六
　三、襄阳城 / 〇一六
　四、上津古城 / 〇一七
　五、唐崖土司城遗址 / 〇一八
　六、城门谯楼 / 〇一八
第二节 村镇聚落 / 〇二二
　一、十堰市张湾区黄龙古镇 / 〇二二
　二、蒲圻羊楼洞 / 〇二二
　三、罗田屯兵堡 / 〇二三
　四、红安七里坪 / 〇二五
第三节 村落 / 〇二六
　一、大冶水南湾 / 〇二六
　二、通山宝石村 / 〇二六
　三、通山江源村 / 〇三〇
　四、麻城市木子店镇石头板湾 / 〇三〇
　五、大悟熊家畈村 / 〇三五
　六、红安县华家河镇祝家楼村 / 〇三五
　七、罗田县九资河镇新屋垸 / 〇三八
　八、竹山三盛院 / 〇四一
　九、利川鱼木寨 / 〇四一
　十、宣恩彭家寨 / 〇四三
　十一、利川大水井 / 〇四九
　十二、阳新太子镇大屋李 / 〇五〇
　十三、京山绿林镇吴集村 / 〇五二

第三章 宗教建筑
第一节 道教宫观 / 〇五九
　一、武当山道教建筑群 / 〇五九
　二、荆门白云楼 / 〇六三
　三、荆州玄妙观 / 〇六五

四、荆州开元观 / 〇六七
五、荆州太晖观 / 〇六八
六、钟祥元祐宫 / 〇七一
七、武昌长春观 / 〇七二
八、麻城五脑山庙 / 〇七四
九、利川三元堂 / 〇七七
十、房县显圣殿 / 〇八〇
十一、鄂州观音阁 / 〇八二
十二、建始石柱观 / 〇八二
十三、通山祖师殿 / 〇八四
十四、房县观音洞 / 〇八四
第二节　佛教寺庙 / 〇八六
一、黄梅五祖寺 / 〇八六
二、黄梅四祖寺 / 〇八九
三、汉阳归元寺 / 〇八九
四、武昌宝通禅寺 / 〇八九
五、当阳玉泉寺 / 〇九四
六、谷城承恩寺 / 〇九八
七、天门皂市白龙寺 / 一〇二
八、利川石龙寺 / 一〇四
九、枣阳白水寺 / 一〇七
十、十堰市回龙寺 / 一一〇

十一、襄阳铁佛寺大殿 / 一一二
十二、巴东红庙 / 一一三
十三、云梦泗州寺 / 一一三
第三节　伊斯兰教建筑 / 一一四
一、武昌起义街清真寺 / 一一四
二、樊城清真寺 / 一一四
三、汉口民权路清真寺 / 一一五

第四章　陵墓与祠庙
第一节　陵墓 / 一二六
一、钟祥明显陵 / 一二六
二、武汉江夏楚王陵 / 一三〇
三、当阳关陵 / 一三二
四、蕲春李时珍墓 / 一三三
五、阳新县浮屠镇陈献甲墓 / 一三四
第二节　宗祠 / 一三六
一、红安吴氏祠 / 一三六
二、阳新太子镇李氏宗祠 / 一三八
三、枣阳鹿头镇郭营祠堂 / 一四〇
四、竹溪中峰镇甘氏祠堂 / 一四一
五、阳新梁氏宗祠 / 一四四
六、阳新浮屠镇玉塘李氏宗祠 / 一四七

七、通山焦氏宗祠 / 一四九

八、阳新三溪伍氏祠 / 一五〇

九、阳新太子徐氏宗祠 / 一五三

十、麻城盐田河东界岭雷氏祠 / 一五四

十一、郧西县香口乡柯家祠堂 / 一五六

十二、洪湖瞿家湾宗伯府（瞿氏祠）/ 一五七

十三、秭归县新滩镇的金贵宗祠 / 一五九

十四、秭归县屈原镇的杜氏宗祠 / 一六〇

十五、秭归县香溪镇的王氏宗祠 / 一六〇

十六、高罗李氏宗祠（观音堂）/ 一六一

第三节　宫庙 / 一六三

一、宜昌黄陵庙 / 一六三

二、汉阳禹稷行宫 / 一六六

三、谷城三神殿 / 一六七

四、恩施武圣宫 / 一六七

五、秭归江渎庙 / 一六九

六、蕲春达成庙 / 一七〇

七、襄阳水星台 / 一七二

八、恩施文昌祠 / 一七四

第五章　会馆、戏场、学宫、书院

第一节　会馆 / 一八四

一、襄阳山陕会馆 / 一八四

二、襄阳抚州会馆 / 一八六

三、黄龙古镇会馆群（武昌会馆、黄州会馆）/ 一八七

四、郧西城关会馆群 / 一八九

五、上津古城山陕会馆 / 一九〇

第二节　戏台 / 一九一

一、蕲春横车长石庙万年台 / 一九一

二、浠水马垅福主庙万年台 / 一九二

三、团风回龙山东岳庙万年台 / 一九二

四、丹江口六里坪泰山庙古戏台 / 一九四

五、随州解河天齐庙戏台 / 一九五

第三节　学宫 / 一九六

一、郧阳府学宫大成殿 / 一九六

二、浠水文庙 / 一九九

三、竹山文庙大成殿 / 二〇一

四、襄阳学宫大成殿 / 二〇二

五、罗田文庙圣殿 / 二〇三

六、枣阳黉学大殿 / 二〇四

第四节　书院 / 二〇五
一、蕲春金陵书院（会馆） / 二〇五
二、利川如膏书院（南坪乡） / 二〇五
三、神农架三间书院（武昌书院） / 二〇九
四、新洲问津书院 / 二〇九
五、建始五阳书院 / 二一二

第六章　府第、寨堡、景园
第一节　府第庄园 / 二一九
一、通山王明璠大夫第 / 二一九
二、英山段氏府第 / 二二二
三、丹江口饶氏庄园 / 二二三
四、竹山高家花屋（竹坪乡） / 二二五
五、新洲徐源泉公馆 / 二二七
六、大水井李氏庄园 / 二二八
第二节　寨堡 / 二三〇
一、武汉黄陂龙王尖山寨 / 二三〇
二、南漳县春秋寨 / 二三一
三、南漳县东巩张家寨 / 二三二
第三节　景园（园林）建筑 / 二三三

一、襄阳古隆中 / 二三三
二、黄冈东坡赤壁 / 二三七
三、汉阳古琴台 / 二三八
四、赤壁之战遗址 / 二四〇
五、蛇山黄鹤楼风景区 / 二四三

第七章　塔幢、牌坊、桥梁及其他
第一节　塔幢 / 二五一
一、黄梅四祖毗卢塔 / 二五一
二、麻城柏子塔 / 二五三
三、当阳玉泉铁塔 / 二五四
四、红安七里坪双城塔 / 二五六
五、黄梅高塔寺砖塔 / 二五七
六、黄梅四祖寺众生塔 / 二五八
七、黄梅五祖寺释迦多宝如来石塔 / 二五八
八、武昌洪山无影塔 / 二六〇
九、武昌蛇山胜像宝塔 / 二六〇
十、武穴太白湖郑公塔 / 二六〇
十一、武昌洪山宝塔 / 二六二
十二、襄阳多宝佛塔 / 二六三

十三、荆州万寿宝塔 / 二六三
十四、钟祥文峰塔 / 二六四
十五、郧县铁山寺塔 / 二六四
十六、丹江口龙山宝塔 / 二六六
十七、恩施连珠塔 / 二六六
十八、荆门东山宝塔 / 二六九
十九、宜昌伍家岗天然塔 / 二六九
二十、黄梅五祖寺乞儿塔 / 二七〇
二十一、利川南坪凌云塔 / 二七〇
二十二、利川团堡宜影塔 / 二七〇
二十三、利川团堡培风塔 / 二七四
第二节　牌坊 / 二七五
一、秭归屈原故里坊 / 二七五
二、武当玄岳门 / 二七七
三、咸丰荆南雄镇石坊 / 二七七
四、钟祥元佑宫廷禧坊 / 二七七
五、钟祥洋梓镇花山村汪氏贞节牌坊 / 二七九
六、钟祥市中山镇中山村节孝可风坊 / 二八〇
七、荆门蔡氏节孝坊 / 二八〇
八、钟祥张集镇牌坊村东王氏节烈坊 / 二八一

九、钟祥少司马坊 / 二八二
十、阳新县浮屠镇陈献甲坊 / 二八二
十一、罗田河铺镇吴氏节孝祠牌坊屋 / 二八三
十二、唐家垄牌坊屋 / 二八四
十三、株林牌坊屋 / 二八五
十四、宝石牌坊屋 / 二八五
第三节　桥梁 / 二八六
一、通城灵官桥 / 二八六
二、黄梅灵润桥 / 二八七
三、武汉江夏南桥 / 二八七
四、嘉鱼下舒桥 / 二八八
五、武当剑河桥 / 二八八
六、黄梅飞虹桥 / 二八八
七、嘉鱼净堡桥 / 二八九
八、通城南虹桥 / 二八九
九、通山刘家桥 / 二九〇
第四节　其他 / 二九〇
一、巴东县信陵镇秋风亭 / 二九〇
二、长阳盐井寺河神亭 / 二九〇
三、襄阳王府绿影壁 / 二九一

第八章　建筑营造与装饰
第一节　大木技术 / 二九四
一、大木大式 / 二九四
二、大木小式 / 二九九
第二节　小木技术与家具 / 三一六
一、外檐小木作 / 三一六
二、室内小木作 / 三二〇
三、木雕 / 三二一
第三节　砖石技术 / 三二七
一、砖石建筑 / 三二七
二、砖的砌筑 / 三三〇
三、石材的砌筑 / 三三〇
四、砖石雕饰 / 三三四

第四节　彩绘、灰作 / 三四二
一、彩绘（作） / 三四二
二、灰塑 / 三四三
三、嵌瓷（剪粘） / 三四三

湖北古建筑地点及年代索引 / 三四七

参考文献 / 三五三

后记 / 三五六

作者简介 / 三五八

湖北古建筑

第一章 绪 论

图1-0-1 清嘉庆时期湖北政区图（根据《中国文物地图集-湖北分册》清嘉庆湖北省历史地图改绘）

湖北幅员辽阔，民族众多，是楚文化的发祥地。在这近19万平方公里的土地上，先民们创造了丰富多彩、光耀夺目的荆楚建筑文化（图1-0-1）。

湖北省古建筑资源十分丰富，素有文物资源大省之誉。其中湖北省人民政府分别于1956年、1982年、1992年、2002年、2008年和2014年，公布了六批省级文物保护单位。目前，湖北省文物总体情况如下：世界文化遗产3处（武当山古建筑群、明显陵、唐崖土司城址）；全国重点文物保护单位148处；省级文物保护单位850处；国家历史文化名城5座（荆州、武汉、襄阳、随州、钟祥）；中国历史文化名镇12处（荆州市监利县周老嘴镇、黄冈市红安县七里坪镇、荆州市洪湖市瞿家湾镇、荆州市监利县程集镇、十堰市郧西县上津镇、咸宁市咸安区汀泗桥镇、黄石市阳新县龙港镇、宜昌市宜都市枝城镇、潜江市熊口镇、荆门市钟祥市石牌镇、随州市随县安居镇、黄冈市麻城市歧亭镇）；中国历史文化名村7处（武汉市黄陂区木兰乡大余湾村、恩施州恩施市崔家坝镇滚龙坝村、恩施州宣恩县沙道沟镇两河口村、咸宁市赤壁市赵李桥镇羊楼洞村、恩施州宣恩县椒园镇庆阳坝村、恩施州利川市谋道镇鱼木村、黄冈市麻城市歧亭镇杏花村）；第三次全国文物普查登录的全省各类文物保护单位36473处。

湖北古建筑，深受自然条件文化特性、政治经济等多种因素的影响。

其一，湖北地形复杂，平原、丘陵、高原相间，各地气候差异极大，建筑为适应其地形、气候条件而出现区域性的差异，加之全省植被种类繁多，自然资源丰富，建筑材料的运用则十分广泛。

其二，湖北自古就是多民族杂居地区，不同的民族，产生了不同类型的古文化。而且，各民族又都受到楚文化的影响，特别是在明初和清初2次大移民后，更促进了各族文化的交流和发展。现全省有汉、土家、苗、回、侗、满、壮、蒙古族等十多个民族，由于湖北是多民族、多种文化体系并存的省区，其建筑风格因而具有千姿百态的特点。

正如著名建筑学家梁思成先生所说："建筑活动与民族文化动向实相牵连，互为因果。"博大精深的荆楚古文化，对建筑亦有深刻影响。

湖北古建筑丰富多彩，成就辉煌，特别是武当山古代建筑群、钟祥明显陵在文化史中占有极其重要的地位。宗祠、戏台对各民族居住建筑也有较大影响。在木构建筑方面，既具有地方特色，又保存了若干古代官式构造做法，对研究建筑史有极其重要的价值。

自有人类以来，建筑活动就成为文明创造的一项重要内容。中国古代建筑经过几千年的传承、发展，形成以木构架为主的独特建筑体系，是东方建筑的典型代表。在中国古代建筑发展的历史长河中，湖北古代建筑作为其重要组成部分，较好地展示了中国古代建筑在不同区域里由于地理条件、历史文化、民族习俗的差异而呈现的多样性、地方性和民族性。

第一节 自然环境状况

湖北地区位居长江中游，地理上北接中原、南接南岭、东临江南锦绣之地，西通两川巴蜀之国。至宋代以来，丰富的物产、发达的农业使湖北有了"鱼米之乡"的美誉，人称"两湖熟，天下足"而纵横交错的河流和星罗棋布的湖泊，构成其"泽国"之景，也提供了便利的水运。正是如此，湖北古建筑博采四方之精髓，引人入胜。

一、地理

湖北省国土面积18.59万平方公里，地貌类型多样，山地、丘陵、岗地和平原兼备。山地约占全省总面积的55.5%，丘陵和岗地占24.5%，平原湖区占20%。地势高低相差悬殊，西部有号称"华中屋脊"的神农架最高峰——神农顶，海拔达3105米；东部平原的监利县谭家渊附近，地面高程为零。全省西、北、东三面被武陵山、巫山、大巴山、秦岭、武当山、桐柏山、大别山等山地环绕，山前丘陵岗地广布，中南部为江汉平原，自古就有"鱼米之乡"之称，与湖南洞庭湖平原连成一片。全省地势呈三面高起、中间低平、向南敞开、北有缺口的不完整盆地区域（图1-1-1）。

从历史传统来看，荆楚作为一个地理单元，以江汉平原作为核心区域，从中原地区的陕西、河南等中国传统政治、经济中心区域出发，沿着荆州附近的汉江水系，汇入长江，从而在其周边地区形成了密集的城镇聚落群体。这也是荆楚地区最早开发、人口最为集中、传统社会经济文化最为发达的区域。这一区域与中原—江南地区在经济上紧密地结为一体，文化上保持高度的同构性。鄂东与鄂北虽然与中原—江南地区有丘陵阻隔，但沿着丘陵地域中的通道上所形成的聚落群体，在经济、文化上与中原、江南地区仍然保持了高度一致。

在鄂西，可以看到中国自然地理中第二、第三台地分界的影响。这一区域以连绵的山系为主要特征，山区自然地理的区隔也造成了经济、文化的差异。而鄂西山区本身与华夏文明早期的发展有着千丝万缕的联系，对于华夏文明的成型也有着自身的独特作用。鄂西地区的干阑式建筑保留了山区、民族地区的大量传统，在建造方式、建筑形态上与平原地区的建筑表现出较大的差异。

二、气候

湖北地处亚热带，位于典型的季风气候区内。全省除高山地区外，大部分为亚热带季风性湿润气候，光能充足，热量丰富，无霜期长，降水充沛，雨热同季，春暖秋凉，夏热冬寒，四季分明。全省大部分地区年太阳年辐射总量充沛，年平均实际日照时数由鄂东北向鄂西南递减。鄂东北最多可达2000～2150小时，鄂西南最少也可到1100～1400小时。湖北地区夏季时间长，冬季时间短，春秋两季因地而异。全省年平均气温15～17℃。全省无霜期在230～300天之间。

湖北地区年均降水量为800～1600毫米，由于受地形影响，降水地域分布呈现由南向北递减趋势，鄂西南为全省多雨中心，最多达1400～1600毫米，鄂西北最少为800～1000毫米。降水量分布有明显的季节变化，一般是夏季最多，冬季最少，全省夏季雨量在300～700毫米之间。6月中旬至7月中旬雨量最多，强度最大，是湖北的梅雨期。梅雨期较长的年份，江汉平原易发生洪涝灾害。

但因为总体气候优势明显，温度与湿度适宜，加之由宋元起湖北地区开始兴筑堤防，使该区域农业经济逐渐发展。宋代湖北地区的粮食生产起步，但全国粮食产销中心仍在江浙一带，民间流传有"苏湖熟，天下足"的谚语。到明清时期，江浙农村转种棉花，成为全国棉纺织业中心，江浙粮食

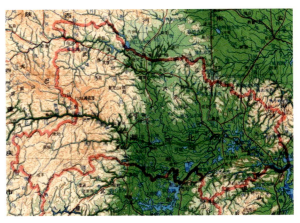

图1-1-1 湖北地理地图（图片来源：《中国文物地图集-湖北分册》）

已不能自给，需从湖北输入，谚语遂演变为"湖广熟，天下足"。其首见于明代李釜源撰《地图综要》内卷："楚故泽国，耕稔甚饶。一岁再获柴桑，吴越多仰给焉。谚曰'湖广熟，天下足。'"到明代后期长江下游的粮食多依靠湖北等地供应。明清时期湖北地区的粮食长途贩运量剧增，与全国各地之间形成了固定的粮食供应关系。

当湖北成为全国的粮仓之后，由于江汉平原已开发成熟，而明代中期长江荆江大堤合龙，荆江江段沿岸口穴封闭，使得湖北对外的传统水运航线发生了改变。这一系列经济基础上的改变，带来了一系列政治与文化的变化。从更大的范围来看，湖北文化属于中原—江南地区为核心的中华汉文化的分支，在本体上是高度同构的。以中原—江南地区为核心的中华汉文化在湖北地区的主体传播方向是由东向西、由北向南。清初的"江西填湖广，湖广填四川"移民大潮，同样也是这一文化传播方向的写照。从建筑形式所反映的区域文化特征上看，也符合这一潮流。从地理位置、历史开发顺序来看，湖北建筑在文化传播过程中所表现出来的形式变化背后，也是中华文化本身连续中包含断裂、经典中蕴含丰富的写照。

第二节　历史与文化

荆楚地区建筑的发展，有着悠久的历史和底蕴浓厚的文化脉络。因其地处中部腹地，正是南北东西文化交汇的地区，历史建筑明显呈现"兼容"的特质。例如在民间建筑风格上，鄂西地区土苗文化与湘西、渝东的地域文化密切关联，在民居建筑上均以干阑建筑为主要类型，风格元素类似，但仍有明显的特色。而鄂东南民居建筑虽与江西、皖南的民居风格有关联，秉承其古朴的白墙黑瓦、有棱有角的屋檐、错落有致的庭院布局，但内部空间和外部形象又不似赣、徽民居那样内敛和封闭，而是呈现荆楚地区本身特有的大气、兼容、张扬而机敏的人文内涵。

一、历史沿革

（一）先秦时期

荆楚地区历来是探索人类早期活动的重点区域，特别是江汉平原、长江中游平原和汉江流域，自20世纪50年代起，陆续发现了一大批早期人类聚落遗迹。已发现的遗迹时代最早的可上溯至旧石器时代早期，比如郧县学堂梁子遗址曾发现两具完整的直立猿人头骨化石和大量砾石石器，年代距今约115万年。

大约在距今6000多年前，大溪文化在荆楚地区形成，其主要分布于峡江地区，主要遗址有宜昌中堡岛、杨家湾和秭归龚家大沟等。至大溪文化时已经出现了比较大型的建筑，房屋也分成半地穴式和地面式两种，并发现多处大型红烧土高台建筑遗迹（图1-2-1）。墙体、屋顶为竹、木骨抹泥烧制而成，室内红烧土居住面上白灰抹面，室外有散水沟和护坡。大溪文化最终被兴起于江汉平原的屈家岭文化取代。

屈家岭文化存在于距今5100～4500年前，其分布以江汉平原为中心，西至长江西陵峡段，东至湖北黄冈，南抵湖南，北达河南南阳，是两湖地区新石器时代晚期的代表性考古学文化。屈家岭文化主要在江汉平原原始文化基础上发展而来，分布范围与大溪文化基本重合，中心位置略偏东。屈家岭文化时期建筑以方形、长方形地面建筑为主。至距今4500～4000年前，在屈家岭文化基础上发展出石家河文化，其分布范围与屈家岭文化大体一致。房屋建筑以地面多间式为主（图1-2-2）。

此后，荆楚地区文化发展开始加速，与中原地区交流也明显增加。商朝建立后，湖北被称为"南土"，江汉平原一带受商文化影响明显。这一时期最重要的发现是黄陂盘龙城遗址。遗址呈290米×260米的近似方形，城内东北部分布着具有明显轴线关系和高台基的宫殿遗址，是中国"前朝后寝"宫殿布局的早期例证。西周时期，各类遗迹分布更为广泛，具有代表性的如秭归官庄坪、江陵荆南寺、新州香炉山等，最重要的发现当属蕲春毛

图1-2-1 雕龙碑遗址15号房基（图片来源：国家文物局.中国文物地图集-湖北分册.西安地图出版社，2002）

图1-2-2 门板湾遗址一号房基屈家岭文化（图片来源：国家文物局.中国文物地图集-湖北分册.西安地图出版社，2002）

家咀发现的大面积干阑建筑遗迹，反映了当年楚地民居与居住聚落较完整的风貌。到春秋战国时期，楚国开疆拓土，问鼎中原，势力范围扩大至整个长江中游地区。由于经济发展，城池聚落遍布各地，仅已确定的城池就有十余座。其中江陵的纪南城遗址，是楚都"郢"之所在地，城池布局完整，规模宏大，可谓东周时代最繁华的都邑。荆楚各处文化遗迹明显带有楚文化特征，并不断向西推进，至春秋中期，楚文化西界已到达秭归、巴东一带。到战国中期，楚文化遗迹已达今天重庆的巫山、云阳、万州地区。

（二）秦汉时期

秦灭楚后，江汉平原及汉江流域受秦文化影响明显，但秦代出土文物仍显示出对楚文化的继承，以及与中原文化融合的迹象。秦汉两朝，建设了许多规模空前的伟大工程，而荆楚地区自两汉以后文化遗迹数量开始明显增多，分布范围变广，表明荆楚地区经济文化发展逐步开始走向上升期。此时建筑技术开始发展，夯土技术、木构体系已渐成熟，砖石材料也被推广使用，建筑所采用的庭院式布局等基本形式都已接近后世。汉文化也明显地反映在建筑风格上。中国传统建筑的构图方式基本确立，建筑主体造型对后世影响深远。例如，云梦癞痢墩和随州西城区汉墓出土的陶楼结构复杂（图1-2-

3），造型飘逸，极其重视色彩与装修，建筑与绘画、雕刻工艺相结合，显示出建筑综合性很强的艺术特点，明显具有楚文化基因。以云梦出土的陶楼明器为例，该住宅为两列两层。前列横分为数室，推测

图1-2-3 1990年4月随州西城区出土的东汉陶楼（图片来源：随州市博物馆考古队，厚家升摄）

是作为居住房间使用；后列东部由厕所和猪圈组成小院；中部为通高的厨房；西部为望楼，高出整个屋面；楼梯位于走廊上。可见，当时的住宅，房间组成就极为丰富，功能分区也逐渐合理，最重要的是空间组合已由平面发展为立体，其风格也显示出这一时期荆楚地区在文化上渐渐与中原融合、同步。

（三）三国两晋和南北朝时期

至三国两晋时期，整个中国呈现出动荡分裂的局面。长期的混战，严重破坏了社会生产力和固有的文化成就，对经济和文化的发展都产生了巨大的影响。由于政治上的黑暗，魏晋玄学、崇尚空谈和蔑视伦常之风大盛。从汉代开始传入中国的佛教得到了广泛的传播。其中佛教思想，对中国的思想界产生了极大的影响，也反映在建筑的设计上。同时在湖北地区，建筑因为气候湿暖，夯土容易湿陷，因此比北方建筑更早摆脱土木混合结构承重，技术上亦较为先进。据史料记载，荆楚地区建筑木构件多数外露，无夯土墙包裹，风格秀美劲挺。由于此时期，长江中下游地区经济已开始繁荣，农业兴盛，城镇增多，洪涝灾害也日益严重。荆楚地区已开始重视筑堤防洪，凿渠排涝。例如，西晋时江陵城一带修建的荆江堤，汉江中游宜城、襄阳处的江堤等。荆州城外的江堤除防洪外，还有军事防守作用。同时，防御性建筑也得到空前发展，青黄陂滠口出土的三国时期青瓷坞堡（图1-2-4），形制严整，气象森严，已是典型的坞堡建筑。这一时期，园林同时开始盛行，通常属于士绅庄园，规模宏大，还常在居所旁设置花园，特点是崇尚雅致自然，质朴旷达。开涧植林，聚石引泉，为以后园林的发展奠定了一种模式，也显示经两汉以后，中原文化已在两湖地区高度发展。

（四）隋唐至元明清时期

隋唐以来，随着中国经济重心向长江流域转移，以江汉平原和洞庭湖平原为中心的荆楚地区已成为多元文化交融的重要地带。同时荆楚地区也成为文人墨客游历定居之地。明清以降，湖北地区更是斯文荟萃，以致呈现"惟楚有材"的豪迈文述。作为多元文化的物质载体，荆楚地区建筑形态多姿多彩，各类建筑也被赋予了更多的文化内涵。这一时期长江汉水流域以及鄂西少数民族地区建筑文化已经相对成熟。隋唐至元代建筑，从现存的寺院塔幢及宋画上均能窥得一斑。而至今保存众多的砖木结构建筑当以明清遗构居多。

在明代，荆楚地区成为中南片唯一带有皇家文化色彩的地域。由于统治阶层的政治需要和与皇室的血缘关系，这一时期湖北地区出现了一批皇家风格建筑，这一转变也使得此时湖北及其周边地区建筑形态带有较多的官式建筑特征。明代的武当山道教建筑群和钟祥显陵的皇陵建筑群就是典型实例。其恢宏的气势、高贵的形制，给荆楚地区建筑类型添上了浓墨重彩的一笔。

除了气势恢宏的皇家建筑，精巧秀美的民间建筑也是湖北古建筑的一大特色。从唐代到清末均有始建村落记载，又因楚地气候温润多雨，木构建筑不易保存，现有遗构多数为明清时期。具体代表有通山宝石村和阳新县玉垸村等。村中民居、祠堂为湖北明清木结构建筑的典型代表，采用了抬梁与穿斗混合的梁架形式。精美的外部装修、丰富的内部院落空间，都是楚人特有的建筑审美观。

同时，湖北唯一的少数民族自治区域，鄂西的建筑类型与文化也有别于汉族区域。鄂西南建筑种

图1-2-4 黄陂滠口出土的三国时期青瓷坞堡（图片来源：武汉市博物馆官网）

类繁多，既有受汉文化影响的马头墙、天井院式的建筑，又有极具民族特色的半悬空的干阑式建筑——吊脚楼，例如利川市大水井李氏庄园天井院民居建筑群和宣恩县彭家寨吊脚楼民居建筑群。

一般认为，荆楚传统建筑在空间形态、结构造型、营造技艺等方面因长期受多元文化的影响而呈现出"中庸"状态，除少数由于自然、交通闭塞，导致环境和相对的地区保持着原有的建筑特质，大部分地区建筑风格在于其"兼容性"。建筑呈现出的既有中原、江南、岭南、秦巴等各地域文化在民居中的隐约体现，也能看到多元文化与本土文化交汇融合之后形成的特质。

二、文化特性

湖北是楚文化发祥地，自魏晋以来更是经济发达，人文荟萃。从文化区位来看，湖北地处"天下之中"，是南方和北方文化交通的必经之地，伴随着物资、人员、信息的流动，极大地强化了湖北文化的多元性。建筑上承荆楚文化一脉，风格多样。历代文献、绘画作品中有许多对本地民居建筑的精彩描绘，为后世研究提供了形象生动的依据。

（一）皇权影响与道教融合

道教核心即"重视现实、珍视生命、重人贵生"，是中国传统宗教文化中重要的一支，它具有强烈热爱自然的倾向。隋唐时期，道教开始与皇权结合，成为皇族宗教。至宋代，皇室对道教更加推崇备至，宋真宗称其祖赵玄朗为道教尊神，并加封道教始祖老子为"太上老君混元上德皇帝"。

楚人尚鬼崇巫、信卜、好祀之俗由来已久，楚地江陵（今湖北荆州）属"巫"、"道"文化之地。魏晋南北朝时期战乱频繁，人民生活痛苦，道教因为宣扬极乐世界，得到了大力发展。至唐代全国有道观1687座，陪都江陵在城内兴建了开元、玄妙、景明等道观，宋代又增建道院10座。元、明时统治者亦提倡道教，江陵又是明王朝的封藩之地，更兴建道观。

鄂西北的武当山因其优越的自然人文环境，自古就是方士、道人隐居修炼的胜地。如晋代谢允，唐代吕洞宾、孙思邈以及宋朝寂然子和明朝的张三丰等。

武当山道教建筑始建于唐代，至明代，建设到达鼎盛。多位皇帝都把武当山道场作为皇室家庙来修建，史有"北建故宫，南建武当"之说。在明永乐年间，历时13年，武当山及周边地区建成9宫、8观、36庵堂、72岩庙，形成一处形制完整、规模宏大的建筑群体，处处体现出皇家建筑的风格与特征。这些集皇权、神权于一体的道教建筑，其规模之大、技术之精、造型之美，是其他道教建筑不能比拟的。

（二）移民通道与流民集散

传统中国社会曾有着众多的人口流动和迁徙，或因"逐熟"、"就谷"，或因政策、战乱。移民促成中国历史上人口及生产力的一次次重新分布，也成为中国文化传播的重要载体和途径。

明清时期，湖北许多地方就有"工商皆自外来"、"工匠无土著"之说（图1-2-5），移民不仅对移入地的社会和文化产生直接的作用，还会影响到沿途各地区，成为文化交流和异地传播的重要方式，因而在客观上，移民的路线也成为一条文化交流和传播的路线。

同时，移民文化在一定程度上影响了古建筑的组成要素、使用形态及构成。在物质文化层面上的影响在建筑中体现得最为直接，例如移民后期出现的专为移民定期返乡、通信、商贸往来的麻乡约商行，还有"居祠并置"的建筑形制等。移民在新的

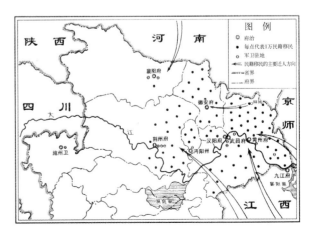

图1-2-5 元末明初之移民迁入湖北示意图（图片来源：曹树基．中国移民史（第五卷）．福州：福建人民出版社，1997）

环境中，其文化大致经历着冲突、变迁、融汇和建构的过程。而地方会馆、祠堂等古建筑更是直接关涉移民问题。

移民路线不仅是建筑技术传承的一条线路，也是一条重要的文化路线。通过田野调查可以清晰地发现移民聚居地的风俗习惯、生活行为、地方戏剧、方言地理、信仰的传播等都与原乡有着明显的承袭关系或是千丝万缕的联系。其中，"江西填湖广"给湖北生活习俗打下清晰可见的烙印，而孝感乡客家先民移居四川时，又带去了"客家"的民俗文化。这也使得湖北文化"俗尚杂而多端"，同时也造就了湖北文化最为生动的特征：开放性或交融性。

（三）川盐古道与商业市集

鄂西古场镇的形成与古盐业贸易联系紧密。

清朝中叶以前，当地大山中的商业集市极少，且大多集中在土司城内。现今看到城外散布在群山间的集市，则大多是因盐业贸易而形成。清朝中叶，清政府为削弱土司权力，在当地少数民族地区实行"改土归流"政策，即把土司手中的土地归还农民，取消土司间的疆域割据状况，这使各地区各民族间的经济得以相互交流，集市贸易应运而生，但由于山高路险，贸易规模都不大。直到清末太平天国运动和民国抗日战争期间，由于淮盐销售受阻，政府为解决严重的财政危机，发起两次规模宏大的"川盐济楚"运动，即以四川的盐救济湖北地区，并以盐税补贴严重亏损的中央财政。它使这一地区的盐业经济得到空前发展，许多在群山间新的场镇在这两个时期形成。

传统场镇集市多沿着千百年来在山区形成的盐道线路分布，盐道重要节点上的集市规模也较大。随着商品交换的进一步发展，许多重要街市扩展为大型聚落直至现代城市。鄂西的重要城市，例如恩施市、利川市、宣恩县城、咸丰县城等均分布在盐道节点上。其中恩施、宣恩在清雍正年间（1722~1735年）还曾是重要的清江水道盐运码头，而恩施附近的老城——柳州城曾一度繁华，因远离商道而逐渐衰败，并最终在明末清初被恩施城取代；咸丰县城因西通四川酉阳、彭水、黔江直至自贡等西部重要盐产地而得以发展；来凤、沙道沟则作为南通湖南的重镇而繁荣。它们都曾因盐而兴，同时利用所处的特殊地理交通优势，在渝东盐业衰败后，仍能利用其他商机而继续蓬勃发展着。

（四）汉水流域与文化繁荣

汉江发源于中国西部，主河道由西向东南穿越秦岭巴山，入鄂西北经十堰流进丹江口，再向东南，流经襄阳、荆门等地，于汉口汇入长江，是长江最大的支流，为史载四大名水"江河淮汉"之一，是汉文化的发祥地。

汉江流域历来为政治家、军事家和商帮大贾所看重，也是我国南北自然地理差异的过渡带，以及历代南北文化交融、转换的轴心。历代各类移民迁徙的重要走廊皆位于其间，故有大量古城战场、军屯、堡寨、栈驿、桥梁、码头等遗存下来。其中最具流域历史地理特点的线性景观包括沿江河道、军事隧道、古商道、移民通道等。

由于汉江流域多样化的自然地理条件和厚重的人文环境，这一片区域成为历史上非常重要的人群聚居地。调查表明，该地区建筑类型极为丰富，呈多样化特点：有包括原住民的血缘及业缘型乡村，也有包括历代各类移民聚落；既有滨水商贸型古镇（如谷城、汉口、老河口等），又有防御壁垒型的军屯堡寨（如南漳、随县地区大量堡寨）和城池（如襄阳、南阳、宜城、荆门、上津古镇等）；还包括"以舟楫为家"常年游走于江面的船民聚落。

同时，汉水流域遗存的建筑文化遗产既有官式建筑（甚至皇家建筑），也有大量民间建筑；既有州府县衙署、各级历史城镇和大量村落民居，又有关隘、驿站、会馆、码头、闸口、桥梁。从史前时代的人类遗址直到近现代的汉口租界，均有完整的遗存。

从形态上看，汉江流域古建筑呈现出依河道分布、变迁而呈现多样化的特征。由于汉江作为南北文化交融、转换的轴心，其传统建筑形态也明显带有南北建筑文化交融的文化特征。这些传统建筑在形态格局、材料选择、营建技艺等方面均能发现受流域文化的影响巨大，在历史脉络和地理空间分布上，均呈现彼此关联的地方特色。

（五）武陵文化及少数民族文化

武陵文化是湖北地区文化的重要组成部分，是生活在武陵这块土地上的各族人民共同创造的一种地域文化，它既是一个源自历史的概念，又是一个区域文化的概念。今天的武陵地区包括湖北的恩施自治州和长阳、五峰两个自治县，聚居着土家、苗、汉、侗、瑶、白、布依等30多个民族。这是长期以来各民族人民在这一地区生活上互相影响，文化上互相交流的结果，是一种悠久辉煌的地域文化。从文化角度来看，这种区域文化是历史上生活在这一地区的众多民族与文化长期碰撞融合的结果，就其发生、形成、发展来看，既有其历史性，又有其地域性，同时也具有民族性。而以历史上民族与族群发展的顺序来看，主要有：三苗文化的影响；百越文化的影响；巴文化的影响；楚文化的影响；汉文化的影响（图1-2-6）。

同时，武陵文化又受到本区域内丰富的地域性与气候性的影响，总体来看，主要有山地峡谷文化、河川渡口文化、盆地小流域文化等。

武陵文化的总体特点可以概括为：相对封闭的地理单元造就的以山地农业与经济为主的经济地理环境，在居住形态上形成了以小规模聚居为主的山居文化，重要的移民与商业贸易活动通道上聚居点集中，人口相对密集，发展出了当地具有独特风貌的建筑类型。

（六）其他思想与礼俗

中华文化形成范围广阔，时间久远，就其形成过程来看，是一个长期积累、兼容并蓄的结果。如果将建筑作为一种文化载体，那么荆楚地区古建筑在文化整体上表现为中华汉文化圈的一部分。

由于湖北地区自然地理特征的多样性，使得作为其载体的湖北古建筑在形式上体现出多样性。著名建筑学家张良皋先生认为：环境通过建筑决定文化①。相对于文化而言，建筑就是环境，也是对环境的补充和延伸；相对于环境而言，建筑就是文化，是

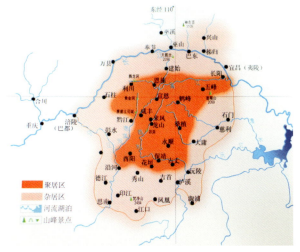

图1-2-6　武陵土家分布图（图片来源：华中科技大学民族建筑研究中心提供）

最先出现的文化现象，是物质文明，是与精神文明共同构成的文化。在文化的阶级性和连续性中，隐含着环境。文化性的基础就是地域性，或曰环境。在连续不断形成意识形态的过程中，被赋予文化特色。

文化的形成是一个复杂的现象，某种文化在实际社会生活中可能既是原因又是结果。考究湖北地区建筑文化形成的过程，可以发现既有的传统建筑的文化观念，主要来自于中原—江南地区，但荆楚本地的地理因素、历史渊源也融入其中。自唐宋以后，湖北地区整体表现为移民输入，来自于中原—江南地区的移民在物质文化层面的影响体现较多。但从更早的文化传播方向看来，同样存在由湖北向中原文化融合与文化输出的内容。

一般认为，中国传统屋顶形式与凤鸟崇拜有关。而凤鸟图腾的产生与兴盛，正是湖北地域贡献给华夏文明的重要遗产之一。从早期干阑式建筑形态的发展，到影响于中国传统建筑的屋顶形态，荆楚地区包含了许多值得关注的文化因素，需要细致而深入地研究下去，这些都是我们应该"记得住的乡愁"。

注释

① 张良皋. 巴史别观. 北京：中国建筑工业出版社，2006.

湖北古建筑

第二章 城镇与村落

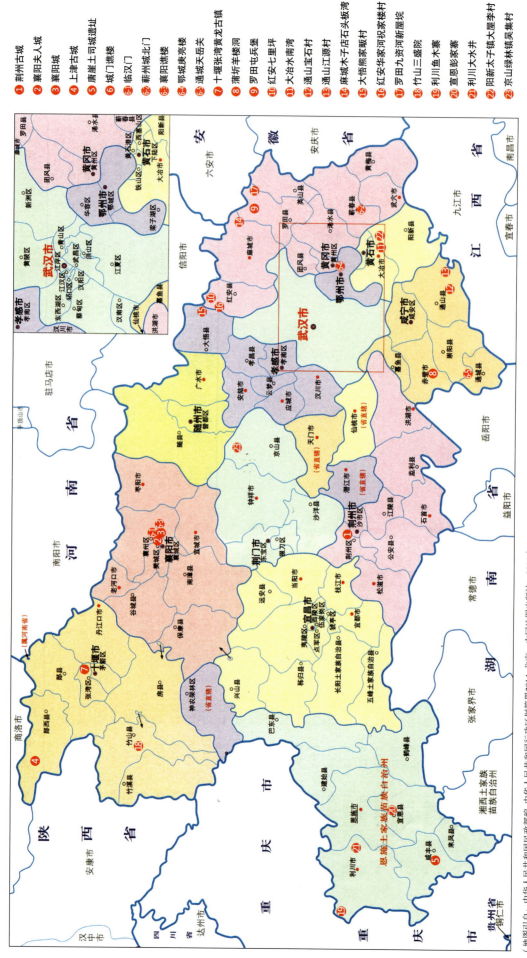

(一) 古城

明清时期，是我国封建社会的后期。长时期的相对统一稳定的社会，使得经济文化在一定程度上得以繁荣发展。这时期，湖北地区的城市也得到大规模的发展，其表现在多个方面。首先，城市范围及人口规模扩大。其次，这时期城市经济职能大大增强。这两方面因素又刺激了大的区域性都市不断成长，如武昌、荆州等。明清时期，城市建设更趋于成熟完善，主要表现为：在城市建设上存在着规划建设和自发建设相融合，而后者的影响不断扩大。这时期的城市一般都有规划，使封建等级制度在城市上也有更明确、更严格的反映。但与此同时，随着商品经济的发展，城市表现出由自发建设形成更为灵活自由的布局特征。另外，随着火药在军事上较为普遍的应用，各大中小城市普遍改建或加固城垣，今天保存下来的旧城垣大多数是在明初经过改建、扩建或新建的。

荆楚地区古代城池的建设历史，可以上溯到5000年前的屈家岭文化中期。其时出现一系列城池，如荆州的阴湘城、天门的石家河城以及应城门板湾等古城址，堪称迄今发现的江汉平原最早城池。各历史时期，伴随着区域政治、经济、文化及军事的发展，荆楚地区城池营建也得到进一步加强，如曾作为诸侯国封王都城的江陵、鄂州、随州、黄州等，均在早期城池发展的基础上逐渐成熟。据文献及考古发掘显示，楚国郢都所在地，即位于江陵的纪南城，已是当时中国南部规模最大、格局最完善的军事城池，也是最繁华的商业都邑。

目前湖北有十座城市被列入历史文化名城名录，分别是江陵、武汉、襄阳、随州、钟祥、恩施、鄂州、荆门、黄州、当阳，其中江陵、武汉、襄阳、随州和钟祥等五座城市为国务院批准公布的国家级历史文化名城。这些历史名城始建久远，多经过历代修整，目前保存比较完好的古城池均为明清时期的古城。此外，在湖北境内不少城镇也尚存规模不大的古城池遗筑，但绝大多数经年失修颓废，或仅余残垣断壁。如郧西县的上津古城、蕲春的蕲州城北门和咸丰的唐崖土司城，其中上津古城保存尚完整。

(二) 村镇聚落

湖北境内存在大量保存较好的村镇聚落，其类型不一，特色鲜明，大致可以从自然环境和社会组织两种视角来划分。

首先，作为聚居文化形成的基础，湖北自然条件具有明显的多样性特征。其在地理上横跨长江中游，在地貌上既有峡江河谷，又有湖泊溪流；既有平缓的冲积平原，又有高山和丘陵。如此多样性的地理条件，对于该地区人居环境作用的结果必然也是多样性的。因此，从对自然山水格局的适应性出发，湖北传统村落可分为平原村落、山地村落和滨水村落。

平原聚落，大多集中在江汉平原地区。平原村落一般街巷平直，多呈"一字形"或"十字形"布局。大型聚落的街巷也呈鱼骨状或网络状展开。尽管平原聚落格局受地貌制约因素少，但其选址多以不占良田的河湾和岗地为主，并且布局相当紧凑，体现了居民集约化的土地利用意识。

山地聚落，是传统聚落中，村民因地制宜，逐渐形成的一种聚落形态。"山村"因对山地不同的适应方式而具有不同的形态。如在选址上有位于山脊或山嘴的外凸型聚落和位于山坳的内凹型聚落；有位于山脚的聚落和位于山腰的村落，甚至有位于山顶的聚落；有平行于等高线的聚落和垂直于等高线的聚落。在湘鄂西地区大量的木构干阑建筑群——吊脚楼村寨，就是适应不同坡度地貌的普遍的聚居方式。在东南部的丘陵地区，聚落大多选址于山脚缓坡地带，并且主要街道沿等高线呈带状伸展。

滨水聚落，其形态往往因水系的形态而变化，如水岸的走向与线形，水位的高低变化，以及自然岸线的地质状况等，均对聚落的形态有直接影响。石头板湾便是这类聚落的典型代表。在中国的南部，还有一种船民聚落，他们是生活于沿河湖一带水上的居民，传统上他们终生漂泊于水上，以船为家。长江沿线、汉江流域一直有此类船民。他们和陆地居民语言相通，但又有别于当地的族群，有许多独特的习俗，是个相对独立的族群。船民聚落，以船为家，每船首尾翘尖，中间平阔，并有竹篷遮蔽作为船舱。一艘船同时提供了工作和生活的空间。

其次，由于聚落的社会内在结构的差异，也可将其分为血缘型聚落、地缘型聚落、业缘型聚落和戍防型聚落。血缘群体是用婚姻和血缘关系结成的群体，基本形式是家庭、家族和宗族。地缘群体，就是因长期居住在一起而结成的呈邻里关系的群体，其基本形式是不同姓氏、经济独立的家庭所组成的聚居群。业缘群体，是因社会分工，从事某些共同或关联的职业而结成的群体。戍防型群体，是在特定区域和特定环境下形成的一类特殊的聚居群体。

血缘型聚落，是湖北地区最大量的聚落类型。无论是在鄂西少数民族地区，还是在江汉平原的汉民族地区，大量乡村聚落为单一姓氏为主的聚落。家族组织是以同一始祖的血缘关系为基础，由各房头支派形成的"金字塔式"的组织形态。因此血缘型聚落也呈现出"中心化"且"多层级"的空间组织。以鄂东部地区为例，从聚落形态看，一个血缘宗族聚居成为一个聚落，往往表现为以各祠堂为核心，建立起以宗法制度为背景的生活秩序以及相应的空间结构。血缘型聚落具有内聚性、秩序性、稳定性和排他性等特征。

地缘型聚落，是指由地缘群体为主要成员组成的聚落。其基本形式是不同姓氏、经济独立的家庭长期居住在同一地点而组成的聚居地。其形成一般有以下几个原因：第一，由血缘聚落演变：传统社会里的血缘型聚落，以长久稳定为其聚居特征。第二，受移民运动影响：在大规模的移民运动中，不同族姓的人群迁往同一地点也是常见的。第三，由商业经济驱动：湖北地处中部，江湖纵横，历来都是南来北往的交通汇聚点。这样的聚落经济结构已不再是单纯的农耕经济，而是商业、服务业、手工农业等多种形态并存的聚落。显然，这也是典型的地缘型聚落。这类聚落是商业城镇的雏形。同时，地缘型聚落还是一个多族群组合的社会单位。共享地方资源是地缘型聚落的基本特征。

业缘型聚落，其与上述两种聚落的形成发展不同，在湖北传统聚落社会中，血缘群体和地缘群体一直占主导地位。但随着社会经济的不断发展，另一种群体关系逐渐显露出来。这就是：以成员共同从事某种职业或相关行业而形成利益密切关联的业缘群体。业缘群体是以就业圈为主体的跨血缘、地缘的组织形态。与传统的血缘型和地缘型聚落相比，业缘型聚落"外向性"特点非常明显。业缘群体形成聚落，一般在商品经济有一定发展的集镇才有所体现。近代以来业缘型聚落越来越常见，例如湖北蒲圻羊楼洞镇，主要由茶业产、销行业的人群集聚而成。

戍防型聚落，其正规或非正规化武装组织是这类聚落的社会群体组织，大多为习武练兵者和相关服务人群是其居住主体。除家族卫戍型聚落外，戍防型聚落多选址于崇山峻岭之地，沟壑纵横，除按防御体系和兵制要求选址建寨墙外，"走分水地带易守御而节戍卒之效，便施工而收城塞之用"，也是戍防型寨堡选址的基本原则。构成戍防型聚落的建造体系一般包括：（1）防御设施，如寨墙、望楼、军械库、栈桥等；（2）生活设施，如住屋、粮仓、井台等；（3）庙宇祭祀空间。湘鄂地区戍防型聚落在类型上也不尽相同。其在总体上可分为以下几类：（1）家族卫戍型：如鄂西大水井李氏庄园，庄园周边筑坚固墙垣，如同城堡；十堰饶氏庄园，为守望整个庄园，专门筑高起的望楼等。（2）地方寨堡型：如鄂北山寨等。（3）要塞防卫型：如地处鄂西北边塞的郧西上津古镇等。

第一节 古城

一、荆州古城

荆州（图2-1-1），又名江陵，是国务院首批公布的全国24座历史文化名城之一。荆州城墙为全

图2-1-1 荆州古城（图片来源：华中科技大学民族建筑研究中心提供）

国重点文物保护单位。荆州其地处长江中游、江汉平原腹地，是楚文化的发祥地。自秦汉以来，荆州古城一直是历代王朝封王置府的重镇。秦时置荆州为南郡，汉代为江陵县治。三国蜀汉刘备据守，荆州成为争霸要津。此后，东晋、南朝以及唐末五代十国，百余年间先后有11个王侯在此称帝（王）建都。唐代荆州为陪都"南郡"，与长安城南北呼应。元时为荆湖行省省会。明初为湖广分省省会。明清时期荆州一直是州（府、署）、县治所。

据《后汉书·地理志》载，荆州古城墙（图2-1-2、图2-1-3）的修造史，可以追溯到2800多年前的周厉王时期。经古城垣考古发掘证实：荆州古城墙是中国延续时代最长、跨越朝代最多、由土城发展演变而来的唯一古城垣。考古工作者于1998年先后发掘出了宋朝和五代时期的砖城；两晋、三国时期的土城。叠压在现城墙10米以下的五代砖城的发现，使荆州城砖城的修造历史从始于明代的普遍认同，又上溯了400多年。并且，从三国时代起，荆州古城墙没有发生过大的变迁，移位距离仅在50米左右的范围内。

图2-1-2 荆州古城墙鸟瞰（图片来源：华中科技大学民族建筑研究中心提供）

图2-1-3 荆州古城墙（图片来源：华中科技大学民族建筑研究中心提供）

现存古城垣为明清两代所修造，共有城门六个，城门上均建城楼，大部分城楼已经废圮或改观，只有大北门城楼（图2-1-4）（图2-1-5）尚存，为重檐歇山顶木构建筑。城内有玄妙观、关帝庙及铁女寺等名胜古迹。砖城逶迤挺拔、完整坚固。砖城厚约1米，墙内垣用土夯筑，下部宽约9米。墙体外用条石和城砖砌筑。砖城通高9米，周长11281米。墙基为条石垒砌，下设过水涵洞。墙身、敌台、垛垛用石灰糯米浆叠砌青砖而成。

二、襄阳夫人城

夫人城（图2-1-6、图2-1-7）位于襄阳城西北角。古城始建于东晋。史载东晋太元三年（公元378年）二月，前秦苻坚派苻丕攻打东晋要地襄阳。时东晋中郎将、梁州刺史朱序在此镇守，他误认为前秦无船，难渡沔水（汉水），轻敌疏备。朱序母韩夫人早年随丈夫朱焘于军中，颇知军事。当襄阳被围攻时，她亲自登城观察地形，巡视城防，认为应重点增强西北角一带的防御能力，并亲率家婢和城中妇女增筑一道二十余丈的内城。后苻丕果向城西北角发起进攻，很快突破外城。晋军坚守新筑内城，得以击退苻丕。为表韩夫人筑城抗敌之功，后人称该段城垣为"夫人城"。明初扩建子城，长24.6米，宽23.4米，勒石额"夫人城"，立"襄郡益民胜迹，夫人城为最"石碑以示后人。

三、襄阳城

襄阳城（图2-1-8）雄踞汉水中游南岸，现存明清城墙，为全国重点文物保护单位。襄阳城池始建于汉，初为土城，宋代改建为砖城。元末，城垣大部分被毁。明洪武年间，依旧址修筑。城池屡圮屡修，现以北城垣保存最为完整。襄阳城三面环水，一面靠山，易守难攻。自古襄阳就是中原门户，是沟通中原与江南的要塞，襄阳城以"东瞰吴越，西控川陕，南跨汉沔，北接京洛"的重要战略位置，成为历代兵家必争之地。襄阳城周长6公里，城墙最低处7米，最高处11米，护城河最宽处达250米，有"华夏第一城池"之誉，自古就有"铁打的

图2-1-4　大北门城楼（图片来源：华中科技大学民族建筑研究中心提供）

图2-1-5　东门宾阳楼（重建）（图片来源：华中科技大学民族建筑研究中心提供）

图2-1-6　夫人城正面（图片来源：华中科技大学民族建筑研究中心提供）

图2-1-7　夫人城侧面（图片来源：华中科技大学民族建筑研究中心提供）

图2-1-8 襄阳城（图片来源：华中科技大学民族建筑研究中心提供）

襄阳"之说。古城四面设门，分别是：东阳春、南文昌、西西城、北临汉，又北曰拱宸，又北而东曰震华。各城门外又有瓮城或子城，城门上各有城楼，城四隅设有角台，沿线分设敌台和烽火台，城垣上设垛堞多达4000余（图2-1-9）。

四、上津古城

上津古城（图2-1-10），又名柳州城、上津关，明清城池，为全国重点文物保护单位。上津古城位于湖北省郧西县城西北70公里的上津镇，是全国仅存的四座县级古城之一，也是湖北省唯一保存最完整的县级古城。自三国魏文帝黄初四年（公元223年）上津首设平阳县至今，已有近1800年历史。古城地处鄂西北边陲，与陕西省漫川镇接壤，南临江汉流域，北枕秦岭山脉，坐落于汉江支流金钱河下游东岸，素有"朝秦暮楚"、"秦楚咽喉"、"天子渡口"之称，其特殊地理位置，使上津成为历代兵家必争之地。

上津古城平面近方形，城外护城河宽约10米。城垣周长1236米，南北长306米，东西宽261米，城墙高约7米，呈梯形，为青砖砌成（图2-1-11）设"连郧"、"达楚"、"接秦"、"通汉"和"小西"角

图2-1-9 昭明台（重建）（图片来源：华中科技大学民族建筑研究中心提供）

图2-1-10 上津古城（图片来源：华中科技大学民族建筑研究中心提供）

门五座城门（图2-1-12、图2-1-13）。城门的名称直观地反映出了上津镇重要的地理位置。

五、唐崖土司城遗址

唐崖土司城（图2-1-14、图2-1-15）是明清土司王城城址，为全国重点文物保护单位，2015年被列入《世界遗产名录》。其位于咸丰唐崖司镇，背靠玄武山，面临唐崖河，是湘鄂西土家族地区所存最典型的一座土司王城。

唐崖土司城始建于元至六年（1346年），明天启初年（1621年）进行扩建，辟3街18巷36院，内有帅府、官言堂、书院、存钱库、左右营房、跑马场、花园和万兽园等，共占地1500余亩。在土司城内外还修建有大寺堂、桓侯庙、玄武庙等寺院。清雍正十三年改土归流，废唐崖司。现在土司城遗城保存最为完整的石牌坊（图2-1-16、图2-1-17），是明天启三年（1623年）修建，其正面刻着"荆南雄镇"，反面刻着"楚蜀屏翰"，两面镌有"土王出巡"、"渔南耕读"、"云吞雨雾"、"哪吒闹海"、"槐荫送子"等浮雕图案。牌楼正面的唐崖河畔，存有石棺、石马各两尊，石人仪态庄重肃穆。今唐崖土司城仅存遗址，城内还保存着明代四柱三间石牌坊及其他附属文物。

六、城门谯楼

1. 临汉门

临汉门（图2-1-18、图2-1-19）即襄阳古城的小北门。为清代双层重檐歇山式门楼。明洪武初

图2-1-11 城墙局部（图片来源：华中科技大学民族建筑研究中心提供）

图2-1-12 上津古城北门（图片来源：华中科技大学民族建筑研究中心提供）

图2-1-13 通汉门（图片来源：华中科技大学民族建筑研究中心提供）

图2-1-14 唐崖土司王城（图片来源：华中科技大学民族建筑研究中心提供）

图2-1-15 唐崖土司皇城一隅（图片来源：华中科技大学民族建筑研究中心提供）

图2-1-17 城内石牌坊局部（图片来源：华中科技大学民族建筑研究中心提供）

图2-1-16 城内石牌坊（图片来源：华中科技大学民族建筑研究中心提供）

年，进行较大规模的扩建和维修。城楼上"临汉门"三字为明万历四年（1576年）知府万振孙所题。城楼内侧匾额"北门锁钥"四字为清顺治三年（1645年）知县董上治所题。

襄阳城原有六座城门，即大北门、小北门、长门、东门、西门和南门，每座城门上皆有城楼。万历四年，知府万振孙为六门首提雅称，分别为：阳春门、文昌门、西城门、拱宸门、临汉门、震华门。现在，六个城门仅存小北门，颇具气势，北临

图2-1-18 临汉门1（图片来源：华中科技大学民族建筑研究中心提供）

图2-1-19 临汉门2（图片来源：华中科技大学民族建筑研究中心提供）

图2-1-20 蕲州城北门（图片来源：华中科技大学民族建筑研究中心提供）

汉江，南通昭明台。

1993年曾进行过修缮。基本上保留了临汉门原来的风貌。襄阳城墙为全国重点文物保护单位。

2．蕲州城北门

蕲州城北门（图2-1-20），又称拱辰门，位于蕲春县麒麟山之巅，始建于宋理宗景定四年（1263年），南宋时为土城，明代改为砖城。蕲州城北门，在中国历史上的城池中，素以"居高临下、易守难攻"而闻名天下。元蒙占领蕲州城，清咸丰年间曾国藩所率领的湘军，与驻守于此的太平军英王陈玉成部，均在此门展开过数次交战。蕲州城北门现为湖北省级文物保护单位。

蕲州古城墙及各城门大部分损毁，唯北门是保存完整的唯一古城建筑。城墙为砖砌，基础为条石砌筑，城门为砖券拱门。城门顶平台上的城门楼是纪念李时珍采药的"医圣阁"，为当代仿建。

3．襄阳谯楼

襄阳谯楼（图2-1-21～图2-1-23），清代城池建筑，位于襄阳市襄城区。谯楼为古代计时报更的更楼，又称"滴漏台"。始建于明成化年间，知府何源筑层台，修两扇门，立谯楼于台上，下有基座，基座上建一重檐双层砖木结构房屋，明末毁。清雍正五年（1727年）于旧址复建，后经多次修缮。明嘉靖时，内置铜壶滴漏，以计时报更。

谯楼坐西朝东，为砖石台基木结构楼，台基南北长40米，东西宽16米，高5.4米。楼为两层重檐硬山顶，面阔五间，进深三间。下层前后檐下用槅扇，上层前后檐下开窗。楼南侧设一日圭。台下开两个拱门，前后贯通，可以通行。谯楼为抬梁与穿斗混用结构，整体建筑结构严谨，庄严雄伟，气势恢宏，为湖北省级文物保护单位。

4．鄂城庾亮楼

庾亮楼（图2-1-24），位于湖北省鄂州市鄂城区古楼街北段。据《武昌县志》记载，此楼原为三国时吴王孙权之端门，至今已有1700多年。因其在武昌县治之南，有人称之为"南楼"。民间较多称之为"古楼"或"鼓楼"。巨型石砌成的半圆拱门跨街而立，气势高阔雄浑。鄂州庾亮楼楼上是粉墙青瓦，雕花木窗，结构古朴而庄重。

晋咸和九年（公元334年），庾亮接任江、荆、豫、益、梁、雍六州都督，领江、荆、豫三州刺史，号征西将军，迁镇武昌。在武昌期间，庾亮"崇修学校，高选儒官"，"坦率行已，招集有方，政绩丕著"，被地方誉为典范。且庾公平易近人、坦率真诚，后人将其改为"庾亮楼"、"望月楼"。

庾亮楼在历史上曾被多次修葺。尤其明、清两代，多次修葺，熊登、邵遐龄两位地方官员还各留下《重修庾楼记》一篇。现存古楼是民国年间在原

图2-1-21 襄阳谯楼正面（图片来源：华中科技大学民族建筑研究中心提供）

图2-1-22 襄阳谯楼侧面（图片来源：华中科技大学民族建筑研究中心提供）

图2-1-23 襄阳谯楼（图片来源：华中科技大学民族建筑研究中心提供）

图2-1-24 鄂城庾亮楼（图片来源：华中科技大学民族建筑研究中心提供）

基复建的，内空高12米，宽11米，长16米，人车通畅无碍。庾亮楼为湖北省第四批文物保护单位。

5. 通城天岳关

通城天岳关（图2-1-25），清代城池，位于通城东南，地处湘鄂交界处黄龙山，与湖南省平江县交界。海拔高度约1150米，黄龙山属幕阜山脉。天岳关位于黄龙山主峰只角楼（1528米）一小山凹正中，以条石砌筑而成。关墙高5米，厚4.5米，门高2.6米，全用石灰石砌成，门头上镌刻"天岳关"三字。据传由清代平江才子曾任云南布政使司李元度亲笔书写。

图2-1-25 天岳关（图片来源：华中科技大学民族建筑研究中心提供）

天岳关又名古长山砦，其地势险峻，紧扼湘鄂要道，自古为兵家必争之地。现存关卡为咸丰五年（1885年）重建。1992年被列为湖北省文物保护单位。

第二节　村镇聚落

一、十堰市张湾区黄龙古镇

十堰市的黄龙古镇（图2-2-1）位于张湾区西郊，始建于明末清初，黄龙古镇，是一座鄂西北商业重镇，在当地以余氏家族为主体，是典型的血缘型聚落。在明清时期，黄龙镇凭借区域内的水运优势，溯水而上，近至竹山、竹溪，远涉陕西、四川等省；顺水而下，还可达襄阳、汉口。因此，作为汉江最大的支流——堵河，自然拥有了"黄金水道"的美誉。当地民间曾广为流传的一段顺口溜："叶大'州府'门楼县，'皮鼓'好像金銮殿，问你为啥不到黄龙滩，我无事不到外国转"，从侧面反映了黄龙镇的繁荣。明末清初，镇内商贾云集，商铺林立，街市繁华，曾被人们誉为"小汉口"，是当时鄂西北地区的商业、文化、航运中心。

图2-2-1　黄龙古镇（图片来源：华中科技大学民族建筑研究中心提供）

黄龙镇地势南高北低，处于河道冲击下形成的一道狭长的河谷平川。周边山峦起伏，林木茂盛，更有堵河、犟河两大水系在此交汇，自然条件和交通条件均十分优越。整个古镇由前街、后街、上街和河街四条街道组成，整体呈团状（图2-2-2）。其中前街、后街和上街属内街，构成整个古镇聚落的"丫"字形主体骨架，俗称"扬岔把"；河街则是外街，沿河布置，形成外围联系各码头的通道，大部分为半边街，主要的三个码头均分布在河街西侧的堵河岸边。古镇武昌会馆的东边是原余氏家族的宅院，为中轴对称的多路多进四合院。此外，古镇上的其他民宅也多以合院形式联排成片布置（图2-2-3）。2014年，黄龙古镇被列为第六批省级文物保护单位。

图2-2-2　黄龙古镇老街（图片来源：华中科技大学民族建筑研究中心提供）

二、蒲圻羊楼洞

羊楼洞古街（图2-2-4、图2-2-5），位于赤壁

图2-2-3　黄龙古镇民宅（图片来源：华中科技大学民族建筑研究中心提供）

图2-2-4 蒲圻羊楼洞石板古街1（图片来源：华中科技大学民族建筑研究中心提供）

图2-2-5 蒲圻羊楼洞石板古街2（图片来源：华中科技大学民族建筑研究中心提供）

市（蒲圻）西南松峰山下，是典型的业缘型聚落。古镇始建于明天启年间（1626年），至清道光年间已极其繁盛。羊楼洞为"松峰茶"原产地，故曾以茶叶经济而繁荣。鼎盛时期，镇上五条主街曾经分布数百家店铺，聚落人口达4万，规模也达到历史最大。据称当年茶商们在这里把茶叶加工后，送到新店，从新店下河入江，运往国内外。20世纪30年代日军侵占蒲圻县，羊楼洞茶叶生产和贸易遭受严重破坏，古镇商铺和街道从此衰落。

虽然羊楼洞的辉煌不再，但从其存留下来的石板古街仍可见昔日辉煌，其现存古街由庙场街和复兴街前后相接而成，全长约1000米，宽约6米，有数条丁字小巷与之垂直相通。街道因松峰港溪水走向而弯曲，街面全部以青石板铺设，古朴有致，尺度宜人。古街两旁分布着许多早年建造的木构架店铺，大多属于"前铺后寝"格局。其中许多门面至今仍作店铺之用。现为湖北省文物保护单位。

三、罗田屯兵堡

胜利镇原称屯兵铺，亦名屯兵堡，又名滕家堡（图2-2-6），坐落于罗田西北山区，是大别山腹地重要的物资集散地，也是罗田县西北部的政治、经济、文化中心。胜利镇最早建于明嘉靖二十二年（1543年），因防寇驻兵设铺（堡）在此而得名，是历代军事要塞和商贸重镇。

现胜利镇老街（图2-2-7）由长800余米、宽2~3米的一条主街和几条岔街构成，老街用青石板、花岗岩板错缝而铺。巷道幽深迂回、四通八达，前门临街，后门临河或依山。老街上的建筑均为明清时期的传统民居，多为石、砖、木结构。一进几重，天井穿插其间。光线通过天井泻入厅内，宽敞气派。临街面多为两层楼房，上宿下店或前店后房，一层均用板门、板壁，形成鳞次栉比的店铺。

屯兵堡街（图2-2-8）沿胜利河畔蜿蜒展开，形成"街即是镇"的格局。屯兵堡街从东至西按行政划分为四甲的行政和空间段,各甲通过空间节点相连,巷道将街道空间向两侧延伸,形成街巷空间结构系统。古戏台与行宫(现已损毁,原址位于现镇政府大院一侧)毗邻,位于三甲街的东端,古金风楼位于三甲街的西端,它们是屯兵堡街中重要的两处节点。屯兵堡街四甲格局的线性街道和金风楼、古戏台和行宫两处重要节点共同构建了街道"一线两点"的四甲格局。屯兵堡街一甲以居住功

图2-2-6 罗田屯兵堡(图片来源:华中科技大学民族建筑研究中心提供)

图2-2-7 胜利镇老街(图片来源:华中科技大学民族建筑研究中心提供)

图2-2-8 屯兵堡街(图片来源:华中科技大学民族建筑研究中心提供)

图2-2-9 长胜街（图片来源：华中科技大学民族建筑研究中心提供）

图2-2-10 长胜街（图片来源：华中科技大学民族建筑研究中心提供）

能为主，长约185米，街道面宽2.5～4.5米，街道界面高4～5米，街道高宽比为1∶1.5，尺度宜人。为了避开街道东侧的山体，一甲街道在中段向东北方向转折，形成曲折多变的街道空间；二甲以居住功能为主，长约70米，街道面宽4.2～5.6米，界面高4.5～5.6米，高宽比为1∶1.3，呈相对开敞的线性空间。三甲长约160米，为了保持与河流的平行关系，同时避开二甲与三甲之间的坡地，街道中部形成120°转折，空间尺度和景观发生变化。街道节点和转折处等空间变化之处充分利用出檐外挑形成半室外空间，使得区域边界柔性过渡，形成适宜人们交流的场所。四甲长约170米，街道空间保持与河流的平行关系，由于地段商业价值较高，明显呈小开间的趋势，形成了街道界面紧凑、山墙林立的景观。

四、红安七里坪

湖北省红安县的七里坪镇，位于大别山南麓、鄂豫两省的交界处，是黄麻起义策源地，也是红四方面军诞生地、红二十五军重建地、红二十八军改编地，同时还是秦基伟、郑位三等143位将军的故乡。有着几百年历史明清古街——长胜街，为七里坪镇的主街道，全长1200米，曲折逶迤。街两旁是明清时期的老房子，均为砖木结构。有的是一层的，有的是两层的，高低错落。青砖，黛瓦，飞檐，马头墙，各具特色。

七里坪镇由长胜街、东后街、解放街、和平街、河西街五条街道组成"一主四次"具有一定宽度的街道结构。长胜街为该镇的主要街道，重要建筑分布在街道两侧，保存较好；其他四条街道基本与长胜街平行，街道长度、建筑规模、商铺数量均逊色于长胜街，路面破坏严重，大量老建筑被拆除，街道风貌难以辨别。街道间以甲巷连接。甲巷为山墙所夹，故亦称"夹巷"。甲巷不但宽度明显小于主街，且路面亦不做铺地。主街宽4～5米，临街两侧为一、二层建筑，建筑高度在5～6米，街道高宽比接近1∶1。形成舒适的空间。次街宽3～4.5米，古镇建筑多为一、二层，高4～5米，街道高宽比接近1∶1。但新建筑多为三层，高8～10米，街道高宽比为1∶0.6，令人有局促之感。最宽的甲巷宽不足2米仅够两人通行，窄的宽1米余，两人需侧身通过。两侧山墙高可达5米，与狭窄的巷道形成悬殊的高宽比，加强了其空间透视感。

主街长胜街（图2-2-9、图2-2-10）始建于明末清初，原名正街，因老百姓希望太平军长打胜仗故改名"长胜街"。街道全长约400余米，共有明清建筑128栋，风貌完整，已被列入国家重点文物保护单位。街道建筑平面各有进退，随地形偏转，使得街道空间蜿蜒曲折。街道各房屋之间或毗连或共用山墙，山墙以青砖砌筑，各建筑山墙均超出一砖至数砖长不等，山墙顶砌筑挥头。间隔数户间以七花或五花封火山墙分隔，建筑层高略有不同，街道的天际线高低错落。

第三节 村落

一、大冶水南湾

水南湾，地处湖北省东南部的大冶市，大箕铺镇东山西麓，距大冶城区13公里，是大冶市与阳新县交界处的一个古村（图2-3-1、图2-3-2）。据曹氏家谱记载，水南湾的这一支曹姓族人，是在明朝万历年间（1573~1620年）时期从江西瑞昌迁居过来的。村落耗时13年修建完成，为鄂东南地区保存相对完好的大型明末清初民居。

水南湾坐北朝南，整个村落以祠堂和水池为中心展开（图2-3-3、图2-3-4）。九如堂作为水南湾的祠堂，它和广场以及水池形成了整个村落的中轴线。作为村里的重要活动场所，其内九重门连通两旁上百间横屋，使整个家族浑然一体，共有36个天井，72个槛窗。受徽派建筑风格影响较大。

水南湾古民居（图2-3-5、图2-3-6），注重生活的实用性。走进民居，跨进堂屋、正屋、厢房、耳房，梁枋忽高忽低，开间骤大骤小，光线倏暗，房屋的采光、下水道、通风口等布局合理、错落有致。通常是三进房屋，每进之间都有天井。采光、透气、排水以及宅院安全等方面安排合理。

水南湾古民居可谓雕梁画栋，其木雕、石雕、砖雕"三雕"艺术巧夺天工，题材广泛，涉及日常生活、伦理教化、神话传说、戏文故事、花鸟虫鱼、书文楹联六大类（图2-3-7、图2-3-8）

二、通山宝石村

宝石村，位于通山县闯王镇，距通山县城通羊镇20公里。据当地《舒氏家谱》记载，宝石村是由

图2-3-1　水南湾鸟瞰（图片来源：华中科技大学民族建筑研究中心提供）

图2-3-2 水南湾总平面(图片来源:华中科技大学民族建筑研究中心提供)

图2-3-3 水南湾祠堂(图片来源:华中科技大学民族建筑研究中心提供)

图2-3-4 水南湾泉池(图片来源:华中科技大学民族建筑研究中心提供)

图2-3-5 水南湾民居(图片来源:华中科技大学民族建筑研究中心提供)

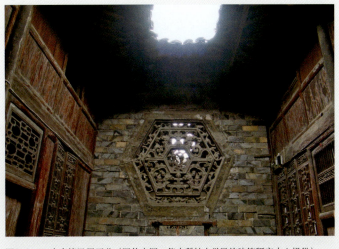

图2-3-6 水南湾民居天井(图片来源:华中科技大学民族建筑研究中心提供)

图2-3-7 民居细部1（图片来源：华中科技大学民族建筑研究中心提供）

图2-3-8 民居细部2（图片来源：华中科技大学民族建筑研究中心提供）

明朝初年为了躲避战乱而从江西右江迁入该地的舒姓移民所建，是典型的血缘型聚落。历经数百年经营，宝石村于明末清初达到鼎盛，发展为三大份，有若干房的宗族组织，直到现在，宝石村仍然是一座以舒姓为主的村落（图2-3-9~图2-3-11）。

宝石村的地形很符合村落"堪舆家"的理想模式。村落的位置恰好是在丘陵地带中间的缓坡地带。它四周环山，发源于太阳山北麓，自西南向东北流向的宝石河流经村落，将村落划分为南北两个部分，再经横石潭，于石壁注入富水水库（图2-3-12）。

从布局上看，宝石村坐落在地势较为平缓的河边坡地。宝石河将村落分为南北两部分。两岸原由舒氏宗祠前的木拱桥相连（拱桥1964年被洪水冲毁，于1967年在距其50米处修建了一座石拱桥，名为宝石桥。）村落的主要道路平行于河岸线，垂直于河岸线的多为次一级的道路和小巷。街巷大多曲折蜿蜒，宽窄不尽相同。窄的不到1.5米，宽的3~4米。

北岸建筑大多顺应街道布置，平行于河岸。祠堂占据了村落中的最佳地理位置，各房派成员住宅多以祠堂为核心、依据血缘关系层级建造。舒氏宗祠为舒氏宗族的总祠，位于宝石村宝石河北岸中段，与南岸民居群隔河相望。宝石村北岸的地形风水师用"双龟下河"来形容。舒氏家庙四进五重，占据了从"龟颈"到"龟背"的地段。第五重作为

图2-3-9 宝石村鸟瞰图（图片来源：华中科技大学民族建筑研究中心提供）

图2-3-10 宝石村总平面图（图片来源：华中科技大学民族建筑研究中心提供）

图2-3-11 族谱中的宝石村（图片来源：华中科技大学民族建筑研究中心提供）

祭祖的场所，更是占据了村落地势的最高点。南岸则有一条平行于河岸布置的商业街。

宝石村的总体结构方式，南北两岸有所不同。北岸主要是团块式的。大体上说，是一个房派的成员的住宅簇拥在这个房派的宗祠或者"祖屋"的周围，这些团块再组成村落的主要部分。这种结构原则，体现出了血缘村落的宗法组织关系。而南岸却不同，其结构方式为线形和团块式组合型（图2-3-13、图2-3-14）。

舒氏家庙为舒氏总祠，它的影响范围已超越了

图2-3-12 宝石村落建筑组群（图片来源：华中科技大学民族建筑研究中心提供）

图2-3-13 村宅外观（图片来源：华中科技大学民族建筑研究中心提供）

图2-3-14 巷道天际线（图片来源：华中科技大学民族建筑研究中心提供）

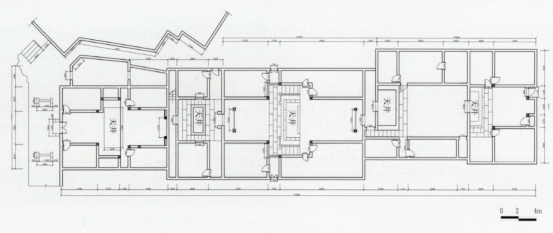

图2-3-15　舒氏故居平面图（图片来源：华中科技大学民族建筑研究中心提供）

图2-3-16　舒氏支祠（图片来源：华中科技大学民族建筑研究中心提供）

宝石村的地理局限，迁往外地居住的舒姓家族都要定期来舒氏家庙祭拜祖先。五代祖祠堂是宝石村范围内舒姓家族的总祠，地位仅次于舒氏家庙。然后小份每一房都有自己的祠堂。每个祠堂的位置因所代表家族的地位而占据不同的地理位置。如三房人口众多，在村里的地位较高，其祠堂紧邻舒氏家庙建造，占据了重要的地理位置。总祠和这些支祠共同构成了宝石村居民心目中的聚落中心（图2-3-15、图2-3-16）。

三、通山江源村

江源村，位于湖北省通山县洪港镇，坐落在一块平原中，其四面环山，一条小溪从村中穿过，将村子划成两个部分。村落景色优美，尤其是小溪河畔，聚集了村里人的很多活动，酿酒、洗衣服、淘米、聊天，几座小桥，几只鸭子，呈现出一派宁静平和的生活景象（图2-3-17~图2-3-20）。

村内至今保存有大量具有浓郁鄂东南风格的传统民居建筑。王南丰老宅位于小溪的南面，它规模之大，布局之复杂，建造之精美，可以算是村中住宅之最（图2-3-21~图2-3-25）。

四、麻城市木子店镇石头板湾

石头板湾，坐落在湖北麻城市木子店镇，是詹氏家族聚居的血缘型村落。在村中所藏的怀义堂刊《詹氏宗谱》，顺溯了詹姓家族的来龙去脉。记载有"（詹）英一始迁黄州麻城东义洲为入籍一世祖"，即该村为詹英一及其子孙所建。据宗谱中河间世系关于各代迁移的记载，初步断定该村为元末明初时期所建，与元末明初移民潮的时间较吻合，约有700年的历史，是江西九江府彭泽之移民。

石头板湾山水田园，得天独厚。村中有三座公屋，尚属詹氏族人共有。按当地人的叫法分别为"老堂"、"高新屋"和"低新屋"。老堂在当地方言中意指祭祀祖宗、举办婚丧等仪式、接待客人的地方，是村中等级最高的建筑。老堂门前是溪畔的小型广场，并与廊桥相连，是现在村民常聚集的一个地方，算是村落的中心。其他宅居簇拥在侧，随地形变化灵活布局，建设用地依附等高线修整为不同高度的台地，形成三个组团。老堂西侧的组团，巷道基

图2-3-17 江源村(图片来源:华中科技大学民族建筑研究中心提供)

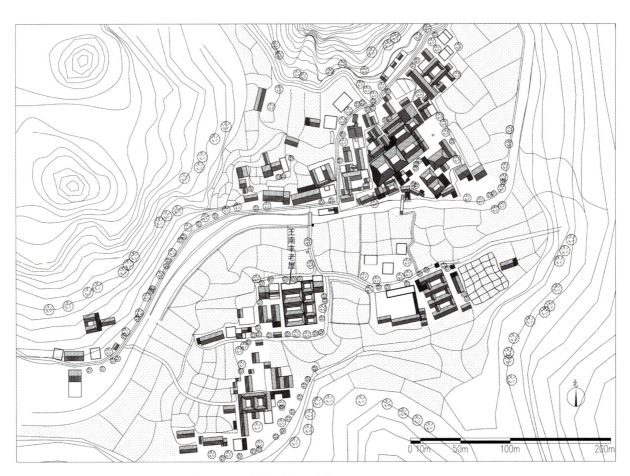

图2-3-18 江源村总平面图(图片来源:华中科技大学民族建筑研究中心提供)

图2-3-19 江源村大屋(图片来源:华中科技大学民族建筑研究中心提供)

图2-3-20 江源村大屋鸟瞰(图片来源:华中科技大学民族建筑研究中心提供)

图2-3-21 王南丰老宅（图片来源：华中科技大学民族建筑研究中心提供）

图2-3-22 王南丰老宅立面（图片来源：华中科技大学民族建筑研究中心提供）

图2-3-23 王南丰老宅天井（图片来源：华中科技大学民族建筑研究中心提供）

图2-3-24 王南丰老宅内院（图片来源：华中科技大学民族建筑研究中心提供）

图2-3-25 王南丰老宅门头装饰（图片来源：华中科技大学民族建筑研究中心提供）

本平行，在端头因山溪与岩石形成岬角而略呈发散状，同时也朝向山谷，迎纳气流。建筑都含蓄地侧身，让入口与溪流的夹角空间形成惬意的前庭。老堂东侧组团多为坐南朝北，只有外缘新建的建筑坐北朝南，充分体现出聚落的向心感。河溪南岸的组团以南岸老宅为依托，发展出一片新村（图2-3-26）。

现因三面环抱的地形限制，村落主要呈现出以公屋为中心的向心型格局。道路也顺应建筑和溪水走势，形成了以广场—公屋为中心，向村落边缘发散的枝杈状巷道系统。村子的三个公屋前分别有两处人工开凿的泮池（方形）、月塘（弯月形）和两处水井。石头板湾排水系统较完善，由溪流、水渠、水塘和明沟、阴沟组成，可满足生活排水和夏季山洪倾泻的需要（图2-3-27、图2-3-28）。

石头板湾中的建筑以三座公屋为代表，厅堂与天井虚实相生，表现出明显的公共空间层次。建筑主要采用青砖和土坯砖建造，而在三座公屋的檐口都有比较精彩的彩绘，尤其是老堂的屋檐采用"斗栱"的形式——以砖材来模拟木构形式，非常精巧。石头板湾，从村落选址到老堂新屋再到建筑细部都可以说是湖北传统民居的典型代表（图2-3-29、图2-3-30）。

图2-3-26 石头板湾村鸟瞰（图片来源：华中科技大学民族建筑研究中心提供）

图2-3-27 石头板湾村总平面图（图片来源：华中科技大学民族建筑研究中心提供）

图2-3-28 石头板湾村风雨桥（图片来源：华中科技大学民族建筑研究中心提供）

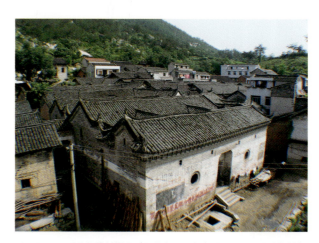

图2-3-29 石头板湾村祖屋（图片来源：华中科技大学民族建筑研究中心提供）

五、大悟熊家畈村

位于湖北孝感市大悟县黄站镇竹竿河畔的熊家畈村（图2-3-31、图2-3-32），有一栋被称为"九重屋"的熊家畈古建筑，其规模非常庞大，其院落实则有十一进，据说为了避人耳目才处理成"9+2"进的格局（现场可见前两进面宽略窄）（图2-3-33、图2-3-34）。

经考证，这处古民居建于清光绪年间。"九重屋"外实内虚，严实高耸的封火墙围着内部一个个小天井院。内部门廊相通，联系十分方便，空间组织得相当精妙，是大悟地区传统民居中大屋的典型代表。

六、红安县华家河镇祝家楼村

祝家楼村，位于红安县华家河镇北2公里的山区，村落依山而建，东西两侧山地延绵，村南的祝家河流自西北向东南汇入华家河。《祝氏宗谱》略考，始祖延龄公江西南昌奉新人，明洪武己酉年（1369年）迁居吕王城下祝家河，第三世言公迁居祝家楼，繁衍至今。

祝家楼整体村落坐北朝南，古民居核心区域为

图2-3-30 石头板湾村祖屋立面（图片来源：华中科技大学民族建筑研究中心提供）

图2-3-31 熊家畈村天井（图片来源：华中科技大学民族建筑研究中心提供）

图2-3-32 熊家畈村山墙（图片来源：华中科技大学民族建筑研究中心提供）

图2-3-33 熊家畈村九重屋（图片来源：华中科技大学民族建筑研究中心提供）

图2-3-34 熊家畈村九重屋门楼（图片来源：华中科技大学民族建筑研究中心提供）

门前塘及池塘北岸的一片民居，系明代初建（图2-3-35）。祝家楼村选址之初就遵循风水术说，在总体布局上受地形限制和周边环境的影响，房屋依山就势而建，比邻相连，相互穿插连通，层层叠落形成错落有致的景象（图2-3-36、图2-3-37）。村落核心区建筑面积3万余平方米，这片民居以巷道为单元，由四条平行、东西纵深的巷道组成（图2-3-38），既相对独立，又户户相通，自北向南依次命名为北巷、花门楼巷、曹门楼巷、香铺行巷，其中花门楼巷、曹门楼巷、香铺行巷巷道口建有门楼（图2-3-39）。巷道由石条、石板铺成，地下构筑有纵横交错的排水沟；每条巷道入住5～7户人家，入室门楼相向交错，门楼为双吞口形制；民居均为梁架结构，青砖墙，布瓦铺盖，上铺木阁楼，阁楼之间互通，墙体上部饰以彩绘。

围绕这片中心区域，并向东西两侧拓建有相同风格的大片民居，其中祝氏宗祠高大宏伟，进深二进，面阔三间，两侧厢房中带天井，为清道光乙未年始建，同治戊辰年重修。

祝家楼古民居外观气势宏大，室内紧凑古朴，朝门楼、飞燕楼、木阁楼美观实用，其木雕、石

图2-3-35 红安华家河祝家楼村全景（图片来源：华中科技大学民族建筑研究中心提供）

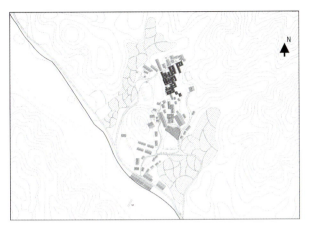

图2-3-36 红安华家河祝家楼村总平面（图片来源：华中科技大学民族建筑研究中心提供）

图2-3-37 红安华家河祝家楼村鸟瞰（图片来源：华中科技大学民族建筑研究中心提供）

图2-3-38 红安华家河祝家楼村东巷巷道（图片来源：华中科技大学民族建筑研究中心提供）

图2-3-39 红安华家河祝家楼村古民居门楼（图片来源：华中科技大学民族建筑研究中心提供）

图2-3-40 红安华家河祝家楼村民居（图片来源：华中科技大学民族建筑研究中心提供）

雕、砖雕及彩绘装饰典雅，巧夺天工，充分体现了我国明、清时期鄂东地区传统民居的建筑风格（图2-3-40）。

七、罗田县九资河镇新屋垸

罗家畈村位于罗田县东北部的九资河镇三省垴脚下，是典型的单姓血缘型聚落，全村所有居民均姓罗，现为湖北省文物保护单位。据《罗氏族谱》记载，"自始祖鼎公字继祖，名福三号太昂于明洪武二年徙居由江西吉水迁鄂麻邑南白果镇西北五里许驻赤山咀唐家巷以来，迄今六百五十有年矣。"罗氏家族四世（均起公）大房则迁居于罗田九子河（即九资河）罗家畈新屋垸罗壁垸，从此罗氏家族便在罗家畈村安家落户。

新屋垸民居依山傍水而建。新屋垸选址于奔流不息的山溪的"汭位"，整个村庄是"山围水，水围垸"，房屋则是"垸围院，院围屋"（图2-3-41）。新屋垸南北长168米，东西宽48米，总建筑面积6000余平方米。整个建筑群以东西中轴线左右对称分布、主次分明（图2-3-42）。新屋垸总共有99间房，32个天井（图2-3-43）。建筑群是由三个生活单元组成的，进入门楼（图2-3-44）之后有左、中、右三道大门，既可以独立起来，又互相联系。每个单元进门之后都有戏楼，接着是厅堂，分上、下殿，供看戏、会客和供奉祖先之用，中间就是厨房、书房、闺房、神房（供奉家神）、客厅、水井，可足不出户；后边是花园、马房。新屋垸不仅布局紧凑，而且建筑结构、梁架挂落、石雕装饰等都非常精巧（图2-3-45、图2-3-46）。

图2-3-41 九资河新屋垸鸟瞰（图片来源：华中科技大学民族建筑研究中心提供）

图2-3-42 九资河新屋垸总平面图（图片来源：华中科技大学民族建筑研究中心提供）

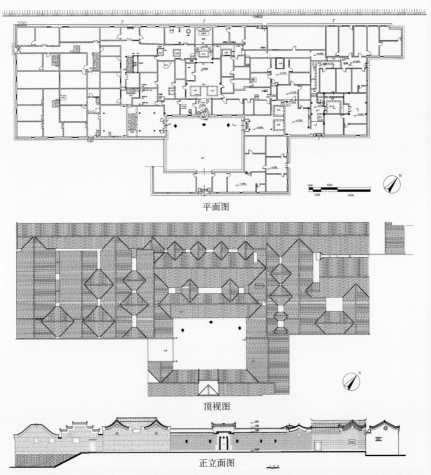

图2-3-43 九资河新屋垸平面图、顶视图、正立面图（图片来源：华中科技大学民族建筑研究中心提供）

图2-3-44 九资河新屋垸门楼（图片来源：华中科技大学民族建筑研究中心提供）

图2-3-45 九资河新屋垸屋顶（图片来源：华中科技大学民族建筑研究中心提供）

图2-3-46 九资河新屋垸祠堂（图片来源：华中科技大学民族建筑研究中心提供）

图2-3-47　三盛院鸟瞰（图片来源：华中科技大学民族建筑研究中心提供）

八、竹山三盛院

位于湖北省十堰市竹山和竹溪两县交界的马家河乡两河村的三盛院建筑群，始建于清末同治年间，是原籍麻城县八角庙三盛湾的王应魁移民竹山，并在竹山发家后，选择在马家河的两河口兴建的大型庄院，其"三盛"之名有原籍地名之因，更是取"人盛、地盛、财盛"之意。该庄院规模庞大，跨越竹山、竹溪两县，原占地面积约为3.7万平方米，后多处被毁，现仅存四组院落（图2-3-47）。

三盛院建筑群坐西朝东，面临汇湾河与官渡河的交汇口，背靠大山，环境优美和谐。三盛院的四组院落均为原三盛院建筑群的一部分，各建筑之间联系紧密、相辅相成，形成一个较为完整的建筑群体，也秉承了这一区域的历史文脉。院落之一"紫气东来"，建筑大部被毁，仅余写有"紫气东来"牌匾的门楼一座（图2-3-48）。院落之二"珠树联辉"，由主体和附属建筑组成。主体建筑正门额嵌"珠树联辉"石匾。平面呈规则长方形布局，面阔三间，通面阔13米，为五进四院（天井）楼阁式建筑，占地面积约718平方米。南侧有"山月林风"门楼，设高8米、厚0.5米的如意封火墙。院落之三"八字门"，正门设有八字墙，四个墀头且装饰精美。其平面呈规则长方形布局，建筑面积526.12平方米，为三进院落式布局，依次为前厅、一进天井、厢房、中堂、二进天井、厢房、后堂。院落之四"横向入口"（图2-3-49），其平面呈规则长方形布局，建筑面积906平方米。该建筑面阔五间，东侧巷道一间，通面两层，三进三重两组四合院，前厅、中堂、后堂均设有廊。整个院落为封闭式的两个四合院，前厅正面不设门视为后檐，而后檐设门视为前檐，生活起居由侧门出入，因此较为独特。

据考证，三盛院建筑群原有48个天井，其规模在鄂西北也是首屈一指的，但是在人为破坏和自然衰败的双重影响下，三盛院已不复当年盛况。但是，从残余的建筑中，还是能一窥其当年的气势风采（图2-3-50、图2-3-51）。

2009年因三峡水利工程拆除，部分搬迁异地保存。

九、利川鱼木寨

鱼木寨位于恩施土家族苗族自治州利川市谋道

图2-3-48 三盛院"紫气东来"门楼（图片来源：华中科技大学民族建筑研究中心提供）

图2-3-49 三盛院"横向入口"院（图片来源：华中科技大学民族建筑研究中心提供）

图2-3-50 三盛院二楼戏楼（图片来源：华中科技大学民族建筑研究中心提供）

图2-3-51 三盛院的石窗（图片来源：华中科技大学民族建筑研究中心提供）

乡大兴管理区，东南距利川市60公里。最早寨子只有7户人家，包括谭、向、成、邓四姓。发展至今有住户158户、605人，其中土家族、苗族占60%。险要的地形、封闭的自然环境，使得鱼木寨在外界饱受战争变革的风雨时仍然没有受到太多的干扰和影响，保存了较为完整的民俗民风古建筑群（图2-3-52、图2-3-53）

按建筑类型分，鱼木寨的古建筑可分为军事建筑、生活居住建筑和宗教文化建筑。其中寨楼、关

图2-3-52 鱼木寨山门（图片来源：华中科技大学民族建筑研究中心提供）

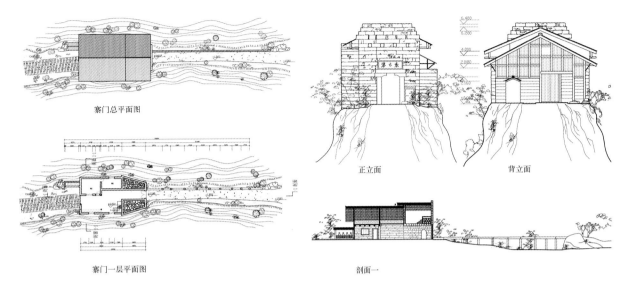

图2-3-53 鱼木寨山门平面图、立面图、剖面图（图片来源：华中科技大学民族建筑研究中心提供）

卡、寨墙、兵洞等为军事建筑；住宅、祠堂、渠水井等为生活居住建筑（图2-3-54～图2-3-56）；墓碑、石牌坊、石"木郭儿"及庙宇、学堂等属于宗教文化建筑（图2-3-57）。

鱼木寨因寨内民居建筑保存相对完好、文物丰富，2006年被国务院批准为全国重点文物保护单位。

十、宣恩彭家寨

彭家寨位于宣恩县沙道沟集镇东南两河口村，两河口村是沙道沟镇的中心地带，它有8个土苗山寨组成，主要沿龙潭河沿线分布，其中土家族占80%。核心保护区（彭家寨）面积35000平方米，历史建筑面积约12000平方米，村寨居民共45户，200多人。

彭家寨大多数居民是由湖南怀化顺酉水迁徙至此，明清两朝，大量湖南移民顺这条水运商道进入鄂西谋生，并扎根在酉水沿线，仅龙潭河两岸，就分布着汪家寨、曾家寨、罗家寨、武家寨、白果坝等多个土家族聚居山寨。寨子都依山而起，环山而建，西面以一条"叉几沟"为界，沟上风雨桥已经有百年历史。寨前龙潭河穿村而过，常年河水清澈见底，河上架有40余米长、0.8米宽的铁索木板桥，将寨子与外界相连。寨子后面，奇峰迭起，修竹婆娑。站在彭家寨对岸远眺，10多个飞檐翘角的龛子环着山腰依次排开，雕龙浅饰，"勾心斗角"，一派古色古香（图2-3-58）。彭家寨于2008年被评为国家历史文化名村。

从彭家寨的聚落总体布局中可以看到鄂西传统山村的几种常见布局形式：散点式：指建房用地较为零散，村民多选择缓坡地带建房，逐渐形成联系各户的路径（图2-3-59）。串联式：将群组建筑沿一定方向呈线性依次展开，随地形蜿蜒曲折而依次连续。串联式群组每户的空间有明显的领域界限，在一个高程上连续串连几户，每户为一L形的单元，L形的正房为三开间，厢房为吊脚楼，两者界定了住户的领域，是村民识别家的标志。在不同的高程上也可分别形成群组，具有重复多变的韵律感。群组线形布置：一种情形是沿河溪形成一种蜿蜒曲折的线形，主要布置于河湾的凹处或交叉处；另一种线形是垂直于平行等高线布置，并以风水定向。垂直于平行等高线的路径不长，避免了交通空间影响住户的私密性，在垂直等高线的道路两旁设明沟排水，各户宅基地均组织自然式排放雨水，不同高程的群组以石级或"之"形道路相连。在线形布局中，通常呈现出连续性和方向性，有起点、转折的

图2-3-54 鱼木寨岩壁居远近景（图片来源：华中科技大学民族建筑研究中心提供）

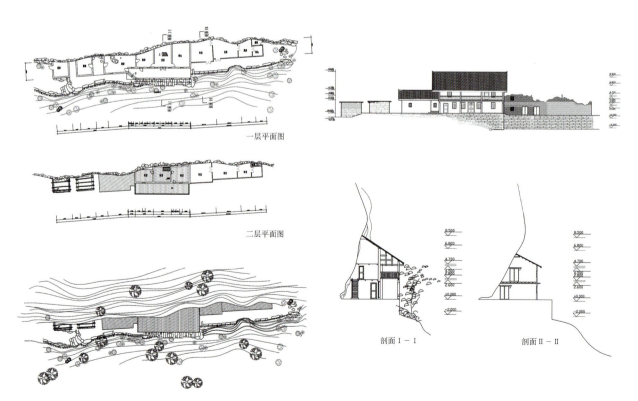

图2-3-55 鱼木寨岩壁居测绘图（图片来源：华中科技大学民族建筑研究中心提供）

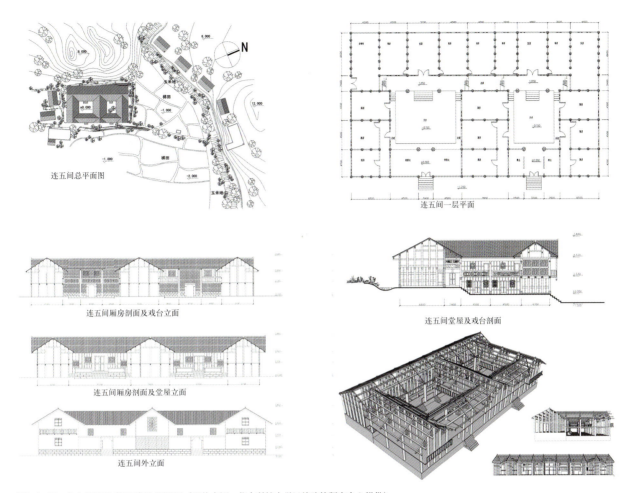

图2-3-56 鱼木寨民居"连五间"测绘图（图片来源：华中科技大学民族建筑研究中心提供）

图2-3-57 鱼木寨双寿居古墓群（图片来源：华中科技大学民族建筑研究中心提供）

图2-3-58 彭家寨全景（图片来源：华中科技大学民族建筑研究中心提供）

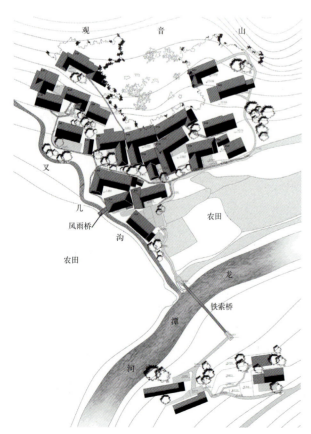

图2-3-59 彭家寨总平面（图片来源：华中科技大学民族建筑研究中心）

结点和终点。

就整体来说，这些单体建筑又大都随机相宜排列（图2-3-60～图2-3-63），有的依山顺势，层叠而上；有的沿沟环谷，生动活泼；有的绕弯淄脊，错落有致；有的雄踞山腰，气势壮观。虽是静物，却给人极强的动感。这种依山势和河流进行设计，巧妙借助自然与建筑群体的有机结合和烘托，使彭家寨吊脚楼的外形从纵向看，形成了"占天不占地"、"天平地不平"的剖面，整个群落显得格外活泼、紧凑而俏丽。"因天地，就地利"的风景园林布局在这个鄂西山村展示着它们独特的魅力。

彭家寨的建筑物都保持原色，与自然山水极为相称。屋面与屋体在色彩上不加修饰，像是从青山绿水中生长出的村寨（图2-3-64、图2-3-65）。中国古建筑专家，华中科技大学教授张良皋先生在考察恩施州古建筑后撰文指出："要挑选湖北省吊脚楼群的'头号种子选手'，准定该宣恩彭家寨出马"。

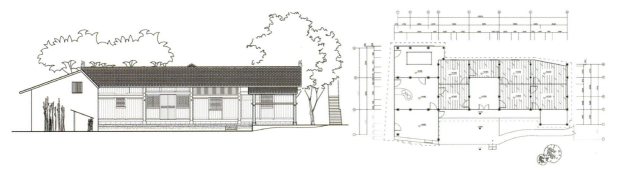

图2-3-60 吊脚楼1（图片来源：华中科技大学民族建筑研究中心提供）

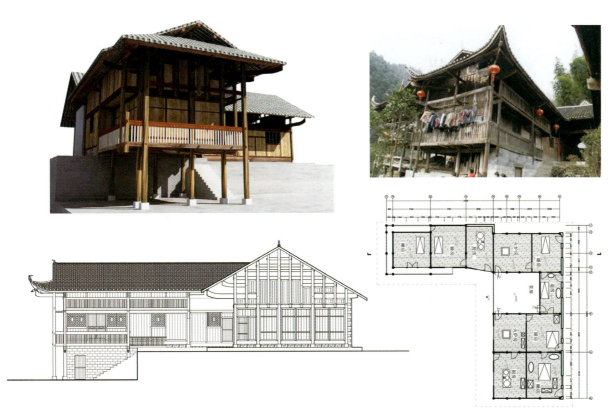

图2-3-61 吊脚楼2（图片来源：华中科技大学民族建筑研究中心提供）

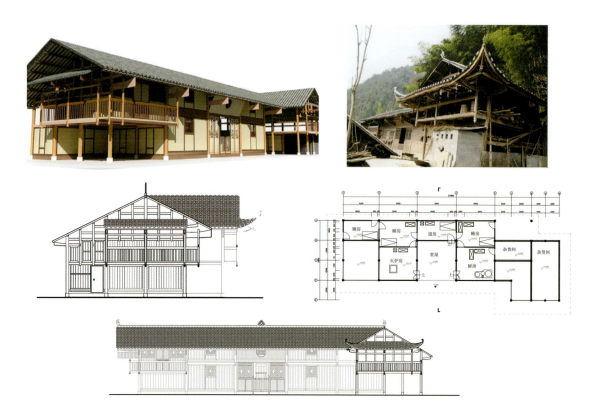

图2-3-62　吊脚楼3（图片来源：华中科技大学民族建筑研究中心提供）

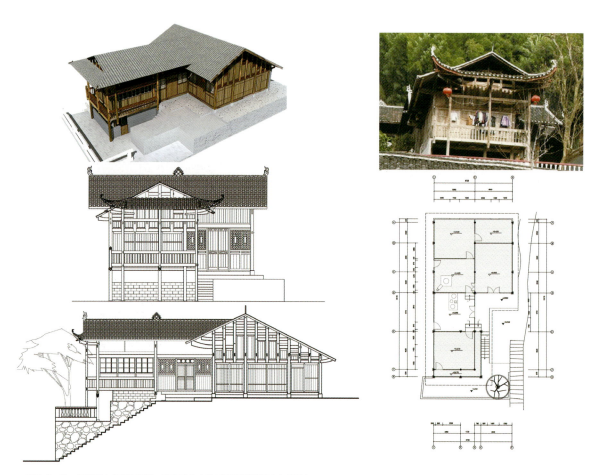

图2-3-63　吊脚楼4（图片来源：华中科技大学民族建筑研究中心提供）

图2-3-64 彭家寨的龛子（图片来源：华中科技大学民族建筑研究中心提供）

图2-3-65 彭家寨的牲口圈（图片来源：华中科技大学民族建筑研究中心提供）

十一、利川大水井

在恩施土家族苗族自治州利川市北约40多公里处的柏杨乡大水井古建筑群落，是一处珍藏于深山中的土家族古建筑精粹。这里地接四川省奉节县（今属重庆市），背依编山，遥对奉节龙口，四周群山环抱，峻岭绵延，奇洞幽谷，薯竹古枫，地理环境秀美，自然景色宜人。

大水井建筑群落的发端史，始于元明时期。当时，施州卫（今恩施州）龙潭安抚司下属的黄氏土司，作为统治一方的土皇帝，于此建筑宅房，经营一方经济，逐渐形成气候。

李氏庄园与祠堂建筑相距不足200米，互为犄角。其庄园建筑从明末清初至民国初年，经过200多年的营建，逐渐形成了有24个天井、174间房屋的建筑群落，且高低错落，鳞次栉比，规模恢宏气派。从其建筑风格而言，可明显地看出三个时期的风格：即今主体部分的三进四厢建筑最晚，其规模、特点突出，面积也最大。而清中期的建筑部分，则已建有小姐楼，与早期建筑比较，梁柱较早期的小，柱础加高，相应雕饰了花纹。建筑主体则较早期的有所加高，门窗已雕饰各种花纹。早期建筑乃黄氏旧宅，属明末清初风格。这一时期的建筑特点是房屋的主体不高，结构为瓦面，较陡，柱枋较粗，柱础低平而无纹饰，设有二层楼的格局，门窗简单，无雕饰花纹（图2-3-66）。就此具体说

图2-3-66 大水井全景图片（图片来源：华中科技大学民族建筑研究中心提供）

来，也就是在清末及民国初年的建筑体，其结构特点是使用了砖、石、木、瓦（图2-3-67）。在建造的风格上，特别是外观的一面，表现出中式、西式合璧的组合特点。房屋的正面采用西式的拱圈回廊，其外堆塑花草纹饰，远视为西式洋楼。而靠近朝门处，则又以吊脚楼式，构成三层与之衔接。祠堂建筑风格的形成，是在旧有的基础上加以改造扩展而成的。现存建筑为清道光二十六年至二十九年间（1846～1849年）建成的宫殿式建筑——三大殿及两厢和配房，共有建筑面积3800多平方米。除三大殿外还有66间房屋，另有高垒城墙未计算在内。就其建筑规模而言，高大宏伟，雕饰精美，砖墙木骨架风格尤为突出。尤其是殿堂内粗大的木柱、精雕细镂的石柱础、外墙正面用碎瓷片镶嵌的壁面嵌花，以及墨书绘画的花卉禽鸟等，无一不展示当年恢宏的气势和精工技艺。

其中李氏宗祠（图2-3-68、图2-3-69）总占地3800平方米，修建于清道光年间，精美的木雕石刻、别致的彩瓷浮雕精彩纷呈，灿烂辉煌。整个宗祠建有大殿3个、厢房4排、天井6个，共房屋69间（图2-3-70、图2-3-71）。三大殿均宽17米，进深10.5米，四厢房中分别设有讲礼堂、仓库、银库、财房、族长住房及客房等。祠堂正面东侧有口小井，砌有围井石墙，与祠堂围成一体。水井围墙正面，刻有"大水井"三字。祠堂四周围墙高耸，左、右、后三方为依山势逐步升高的石墙垛垛，高6～7米，厚3米，总长为390米，全用麻条石砌成。东西侧分别有"承恩门"和"望华门"供出入。

2001年利川大水井古建筑群被列为第五批全国重点文物保护单位。

十二、阳新太子镇大屋李

大屋李是位于阳新太子镇旁父子山脚下的一座不大的村落，居民均为李姓。村落的历史可上溯到

图2-3-67　大水井局部（图片来源：华中科技大学民族建筑研究中心提供）

图2-3-68 李氏宗祠鸟瞰（图片来源：华中科技大学民族建筑研究中心提供）

图2-3-70 李氏宗祠天井（图片来源：华中科技大学民族建筑研究中心提供）

图2-3-69 李氏宗祠（图片来源：华中科技大学民族建筑研究中心提供）　　图2-3-71 李氏宗祠内院（图片来源：华中科技大学民族建筑研究中心提供）

图2-3-72 大屋李全景（图片来源：华中科技大学民族建筑研究中心提供）

明朝末年，李姓祖先从江西辗转迁至太子镇，在父子山下停留下来，从此开基垦田，造屋建村。历经400余年过去，生息繁衍，逐渐发展成若干村落，大屋李村是其一。

大屋李的民居建筑群古朴厚重（图2-3-72、图2-3-73），高高的马头墙掩映着参天大树。虽历经沧桑，历史风韵尚存。基于当地血缘聚落整体营建理念而形成的聚落格局依旧清晰（图2-3-74）。村落整体的营造当由位于轴向位置的祠堂（公屋）生发而来，分别向左右两翼横向展开。公屋入口方向或因风水的关系与主要轴线之间存有夹角，并且正对村前的水塘。纵向延伸的四进天井院落分别向东西两翼开设门洞，延展出去形成村落的鱼骨状巷道骨架。巷道两旁民宅或以单栋建筑或以合院形式进行组合，构成一定规模的村落主体结构。

值得一提的是，在大屋李村中，并没有真正存在的"大屋"。大屋李村中保存的单体民宅多为两进天井院落（图2-3-75），在规模上称不上是"大屋"，但是其特色在于采用诸多宅院紧密簇拥着祠堂布局的布置方式。正是这种由单体组合成连体，形成了具有一定规模的建筑群，因此，村落被命名为"大屋李"（图2-3-76）。

十三、京山绿林镇吴集村

荆楚文化影响下的荆门市京山县绿林镇吴集村地处京山县北部，大洪山南麓，江汉平原北端，境内森林茂密，溪河密布，是一片钟灵毓秀的土地。此地保留下来民居就位于这片十分适合居住的地理环境中。背靠高山、临溪水的山脚下，周边梯田、树林遍布，几栋老宅被周边的丛林所包围，从马路可以隐约看到溪流深处的民居群，绕过几处弯道，通过小桥才能到达领域感很强的村落。宅院横向连排串连（图2-3-77），每户前都设有辅助功能的房屋，如厕所、杂物房等围合成入口前的广场空间（图2-3-78）。可以感受到位于山上的村落的选址不仅要考虑风水和适宜居住的条件，在营造村落

图2-3-73 大屋李建筑外观（图片来源：华中科技大学民族建筑研究中心提供）

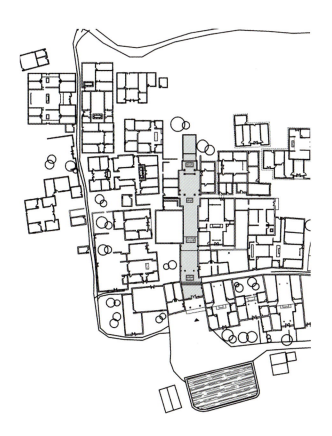

图2-3-74 大屋李支祠平面（图片来源：华中科技大学民族建筑研究中心提供）

图2-3-75 大屋李公屋（图片来源：华中科技大学民族建筑研究中心提供）

外部空间方面也要考虑防御性的需要。

每户连排紧密排布，入口立面具有同构性的特点。大门凹入形成檐廊，进入门厅后可以同时看见两进院落空间，第一进院落与第二进院落的空间形式，分别是长条形和方形的院落空间。此外，方形庭院空间的两侧也有长条形的天井，从堂屋前檐廊横向可以通达，侧面天井联系的房屋多是辅助性的功能空间，如厨房、储藏等杂物空间，同时也是

整体单元院落横向组合扩展的一种联系手段（图2-3-79）。

因京山与天门的北部接壤，基本上是从天门的平原地区逃避到其周边的山区。因而可以推测，该村民居应是短途移民过来的血缘型聚落，继承了天门民居的典型特征，其院落的空间组织模式与远在长江上游的巴东野山关镇的民居有相似之处。血脉相连的人们被迫迁居遥远的他乡，仍然不忘原乡的生活习俗，民居的空间营造实际上就是居于其中的人的生活模式的一种映照。

图2-3-76 大屋李巷道（图片来源：华中科技大学民族建筑研究中心提供）

图2-3-77 吴集村鸟瞰（图片来源：华中科技大学民族建筑研究中心提供）

图2-3-78 民居入口空间（图片来源：华中科技大学民族建筑研究中心提供）

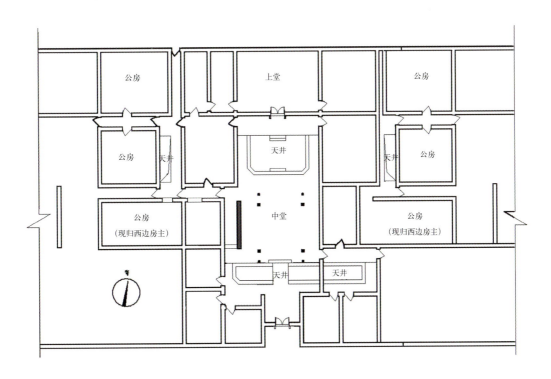

图2-3-79 民居平面图（图片来源：华中科技大学民族建筑研究中心提供）

湖北古建筑

第三章 宗教建筑

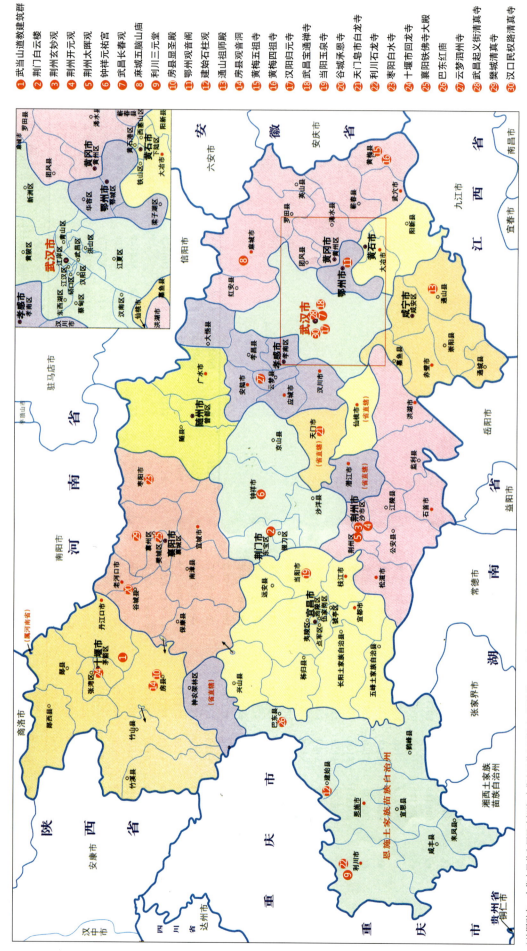

湖北重点宗教建筑分布图

① 武当山道教建筑群
② 荆门白云楼
③ 荆州玄妙观
④ 荆州开元观
⑤ 荆州太晖观
⑥ 钟祥元佑宫
⑦ 武昌长春观
⑧ 麻城五脑山庙
⑨ 利川三元堂
⑩ 房县显圣阁
⑪ 鄂州观音阁
⑫ 建始石柱观
⑬ 通山祖师殿
⑭ 房县观音洞
⑮ 黄梅五祖寺
⑯ 黄梅四祖寺
⑰ 汉阳归元寺
⑱ 武昌宝通禅寺
⑲ 当阳玉泉寺
⑳ 谷城承恩寺
㉑ 天门皂市白龙寺
㉒ 利川石龙寺
㉓ 枣阳白水寺
㉔ 十堰市回龙寺
㉕ 襄阳铁佛寺大殿
㉖ 巴东红庙
㉗ 云梦泗洲寺
㉘ 武昌起义街清真寺
㉙ 樊城清真寺
㉚ 汉口民权路清真寺

(地图引自：中华人民共和国民政部编. 中华人民共和国行政区划简册2014. 北京：中国地图出版社，2014.)

宗教建筑是我国传统文化的重要组成部分，它对于深入研究中国古代的宗教及哲学思想，解剖民族传统文化的深层次结构，有重要的历史和艺术价值。宗教建筑是人类宗教意识、审美观念、风俗习惯、建筑技术的集中体现，在建筑史（尤其是古代建筑史、文化艺术史）中占有重要的地位。荆楚地区宗教建筑文化发展历史久远，各类宗教建筑遗存在中国建筑史上书写了灿烂多彩的篇章。

作为一种社会历史现象，各类宗教在中国的历史长久，影响深远。我国的道教创立已经有1700多年；佛教传入中国已近2000年；伊斯兰教来自阿拉伯半岛，有1300多年；近代的基督教，唐初从叙利亚经波斯传入。在中部腹地荆楚地区，自古以来水陆交通发达，宗教文化传播畅通。湖北道教从先秦到东汉时期发展，楚文化中的巫道内容成为中国本土宗教思想的重要来源，武当山等地道家的修炼活动成为国内早期的宗教活动形式。楚文化中的神仙观念及各种巫术，为道教的神仙观和道教法术所继承。唐代，湖北佛教活动重心移向鄂东蕲春、武穴、黄梅一带，这一地区兴建了一批佛教寺院，如老祖寺、五祖寺、四祖寺。而鄂西北武当山道教活动在唐代也得以发展，道教建筑也在武当山逐步兴建。如唐贞观年间（公元627~649年）均州大旱，州首姚简奉敕在武当山祈雨，"得五龙显圣，普降甘霖"，遂在灵应峰下建五龙祠，武当道教宫观由此日渐兴盛。唐陪都江陵也在城内兴建开元、玄妙、景明等道观。

宋元明三个朝代，统治者把道教提升到国家行为的高度，使湖北的道教活动再次出现了高峰。尤以明永乐年间（1403~1424年）武当山兴建道教宫观为鼎盛。武当山及其周边地区遂建成9宫、8观、36庵堂、72岩庙，历时13年，规模极其宏大。明清时期，佛教、道教出现世俗化倾向，在荆州一带出现了"应门派"的民间化宗教活动。这一时期随各族穆斯林组成的蒙古"探马赤军"深入湖北，伊斯兰教传入湖北并得到稳定发展。晚清到近现代天主教和基督教传入湖北，在内外社会矛盾的交织中缓慢发展。

新中国成立以来，特别是改革开放以来，随着宗教旅游事业的蓬勃发展，宗教建筑也成了人们了解和认识湖北的重要途径之一。湖北境内的佛寺道观、清真寺等宗教建筑，更是当地民族传统文化、灿烂古代文明的凝聚和结晶，展示着湖北劳动人民和古代建筑匠师的智慧和高超技艺。这些建筑中不少是属于国家重点保护的文物，具有历史、艺术、科学价值，记载了湖北传统文化与外来文化的交融及发展。

道教、佛教、伊斯兰教都在湖北留下了丰富的古建筑遗产。而相对应的宗教场所有3500多个，湖北省全国重点宗教活动场所7个，省级重点场所97个。其中，黄梅五祖寺在1983年被国务院批准为全国第一批重点开放佛教寺庙。武当山的道教建筑群在1994年被联合国列入世界文化遗产名录。

第一节 道教宫观

一、武当山道教建筑群

武当山古建筑群大多是根据真武修真的神话来设计布局的。遗存至今的主要是明代永乐年间由朝廷敕建的各类宫观。这些古建筑荟萃了中国古代优秀建筑法式，集皇权至上、神庭天阙的庄严雄伟之大成，又营造出道教崇尚自然的玄虚超然，集中体现了宫殿的宏伟壮丽、道教的神奇玄妙、园林的幽静典雅等多种特色，形成了独特的建筑风格，是古代规划、设计、建筑的典范。其人文景观和自然景观的高度和谐统一（图3-1-1、图3-1-2），也是世界建筑史和景观史上的奇迹。武当山古建筑以瑰丽辉煌、规模宏大、气势雄伟著称于世。1994年12月17日，被联合国教科文组织列入世界文化遗产名录。

金殿，又称金顶，位于武当山天柱峰顶端，是武当山的精华和象征，也是武当道教在皇室扶持下走向鼎盛高峰的标志。

金顶景区包括中观、黄龙洞、朝天宫、古神道

图3-1-1 武当山（图片来源：华中科技大学民族建筑研究中心提供）

图3-1-2 武当山道教建筑群（图片来源：华中科技大学民族建筑研究中心提供）

上的一天门、二天门、三天门和太和宫的金殿、皇经堂、紫金城、朝拜殿，以及元代古铜殿等古代建筑。这里保存着大量各朝代制造的像器、供器、法器等文物珍品。这些都是中国古代建筑和铸造工艺的灿烂明珠，是中华民族智慧和古代科技水平的历史见证，是无价之宝。金殿为铜铸镏金重檐庑殿顶仿木构建筑。基座为花岗石台基，四周环绕汉白玉石栏杆。上下檐置斗栱，殿内有藻井。屋面脊饰、勾头、滴水以及殿内真武帝君、金童、玉女、护法神、神像等均为铜制（图3-1-3）。

紫霄宫位于武当山天柱峰展旗峰下。紫霄宫是利用特殊地貌开展建筑的典范,在纵向陡峭、横向宽敞的地形上构筑轴线建筑。中轴线上分布五级,由下而上依次建龙虎殿、碑亭、十方堂、紫霄大殿、父母殿,逐次升高,两侧设置配房等建筑。同时运用砌筑高大台阶的方法,将紫霄宫分隔为三进院落,构成一组殿堂楼宇鳞次栉比、主次分明的建筑群。远远望去威严肃穆,极具皇家道场的气派。历史上,因紫霄宫是武当道教为皇家祈福之地的特殊地位,所以布局庄重,陈设考究,各殿堂内道教崇奉的神、仙济济一堂,加上神案、供器、法器等,构成了神秘玄虚的神仙世界。这一尊尊按照道教传说塑造的神和仙的祀像,造型生动逼真,神态各异(图3-1-4、图3-1-5)。

图3-1-3 武当山金顶(图片来源:华中科技大学民族建筑研究中心提供)

图3-1-4 武当山紫霄宫(图片来源:华中科技大学民族建筑研究中心提供)

图3-1-5 武当山紫霄宫建筑群(图片来源:华中科技大学民族建筑研究中心提供)

图3-1-6 武当山太子坡山门（图片来源：华中科技大学民族建筑研究中心提供）

太子坡古建筑群，基本上是按照真武修炼的故事来精心设计的，古代建筑匠师巧妙地利用山形地势，建起犹如波浪起伏的夹道墙，被称九曲黄河墙。进入二道山门，豁然显出一处宽阔的院落，漫步走进，只见小院重叠、幽静雅适，前有依岩而建的"五云楼"，中有"皇经堂"、"藏经阁"，后有高台之上的"太子殿"。太子坡整体布局左右参差，高低错落，协调而完美，巧妙且富有神秘色彩（图3-1-6）。

南岩宫，全称大圣南岩宫，南岩宫的古建筑在手法上打破了传统的完全对称的布局和模式，使其与环境风貌达到了高度的和谐统一。工匠们巧借地势，依山傍岩，使个体精致小巧的建筑形成了大起大落、错落有致、颇具气势的建筑群。南岩宫的主要建筑有宫门、碑楼、龙虎殿、玉皇殿、配殿、皇经堂、两仪殿、万圣楼、天乙真庆宫石殿等。南岩宫为全国重点文物保护单位。

天乙真庆宫石殿：在南岩，最负盛名的建筑是一座石殿，叫"天乙真庆宫"。传说真武大帝修炼升天后，在天上的住所就叫"天乙真庆宫"。天乙真庆宫为石砌仿木结构，殿梁、柱、枋、门窗、斗栱、吻饰等，全部是用青石雕凿成构件，然后榫卯拼装而成。整个石殿设计精确，结构精巧，刻工精细，是中国的大型石雕艺术珍品。且石殿建于悬崖之上，其工程之大，难度之高，超乎人们的想象。

太和宫，全称大岳太和宫，位于武当山最高峰——天柱峰的顶端。天柱峰海拔1613米，众峰拱拥、直插云霄，被誉为"一柱擎天"，是武当山的最高胜境。距今600年前，明成祖朱棣下令敕建太和宫，历时4年，在险峻陡峭的峰顶建成了这雄伟瑰丽的建筑群，并嘉封武当山为"大岳太和山"。明嘉靖年间（1521～1566年），太和宫又进行了扩建，殿堂道房多达520间。太和宫整体建筑依山而建，坐北朝南，分布有朝拜殿、钟鼓楼、父母殿、皇经堂等。

玄岳门，是登临武当山的第一道神门，牌坊正中嵌有明朝嘉靖皇帝赐额"治世玄岳"四字。玄岳门实际上是一座石牌坊，建于明嘉靖三十一年（1552年），高20米，宽12.8米，是三间四柱五楼式仿木石构建筑。全部是用巨型青石雕凿成构件后榫卯而成，这座巨型石雕建筑，设计之高超，工艺之精湛，代表着当时石雕艺术的最高水平，被誉为我国石雕艺术中的珍品。额枋、阑柱分别以浮雕、镂雕和圆雕等手法，刻有"仙鹤游云"和"八仙人物"。枋下有鳌鱼雀替相对，卷尾支撑。顶饰鸱吻吞脊，其间饰以各种花卉图案，镌镂精巧。玄岳门为全国重点文物保护单位（图3-1-7、图3-1-8）。

玉虚宫，全称"玄天玉虚宫"，位于武当山主峰西北。相传真武神得道升天后曾被玉皇大帝封为"玉虚相师"，故而得名。玉虚宫建于明永乐十一年（1413年），明嘉靖年间又得到了大规模的扩建。历史上，玉虚宫发生多次火灾和洪涝灾害，大片房屋曾在战乱中被毁没，现存建筑及遗址有：八字墙山门、圣旨碑亭等。亭内有大石龟碑一座，碑高6米（图3-1-9）。

二、荆门白云楼

白云楼位于荆门市东宝区青龙山西麓，清代道教建筑。因相传吕洞宾驾白云来此修仙而得名。清乾隆五十一年（1786年）始建，历8年完工。清嘉庆、同治年间维修。建筑群体由读书台、白云楼、三皇殿、抬鹤亭、仙人道馆、四合院等组成，为洞、台、楼三位一体的建筑格局（图3-1-10、图3-1-11）。

白云楼景区的白云洞，又名太平洞，东汉张

图3-1-7　玄岳门（图片来源：华中科技大学民族建筑研究中心提供）

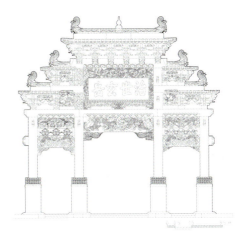

图3-1-8　玄岳门南立面图（图片来源：华中科技大学民族建筑研究中心提供）

图3-1-9　玉虚宫山门（图片来源：华中科技大学民族建筑研究中心提供）

图3-1-10　荆门白云观入口（图片来源：华中科技大学民族建筑研究中心提供）

角创立太平道，为道徒习诵太平经的场所。因此，白云楼的始建年代由"太平洞"一名可上溯到东汉时期。白云洞口之上楷书石刻"卧云"两字，字下两侧浮雕团龙。洞口两侧，四根石柱上，均刻有花卉神木、珍禽异兽的立体图案。其建筑群体宏伟、风格独特，保存至今的石雕、石刻作品，具有重要的历史和艺术价值，1992年被列为省级文物保护单位（图3-1-12、图3-1-13）。洞内一共三间，拱形顶，前室开阔，中室北侧另有"斜月"洞，后室供奉吕洞宾神像，后室西壁设龛，雕刻青龙宝剑松鹤图，斜月洞迂回曲折，静谧异常（图3-1-14）。

图3-1-11 荆门白云楼外观（图片来源：华中科技大学民族建筑研究中心提供）

图3-1-12 荆门白云楼局部（图片来源：华中科技大学民族建筑研究中心提供）

图3-1-13 重建后的荆门白云楼三皇殿（现状）（图片来源：华中科技大学民族建筑研究中心提供）

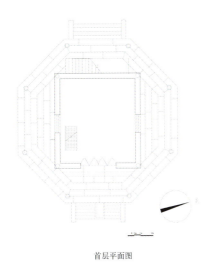
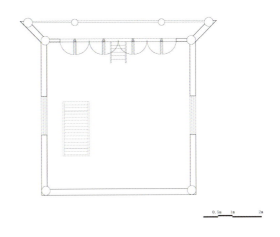

首层平面图　　　　　　　　　　　　　　　二层平面图

图3-1-14　荆门白云楼平面图（图片来源：华中科技大学民族建筑研究中心提供）

三、荆州玄妙观

荆州玄妙观位于荆州市荆北路中段，为全国重点文物保护单位，始建于唐贞观九年（公元635年），原在城西北，元至元五年（1339年）迁现址，并赐额"九老仙都宫"。1010年宋真宗下诏易名"天庆观"。1297年，元成宗下诏更名为"玄妙观"，清代避康熙皇帝玄烨之讳，改名为"元妙观"，今复称"玄妙观"。明正德年间（1505~1521年）遭火焚，后一度改为书院，嘉靖年间复为观，清代增修。玄妙观坐北朝南，占地面积约1.7万平方米（图3-1-15、图3-1-16）。

图3-1-15　重建后的荆州玄妙观入口山门（现状）（图片来源：华中科技大学民族建筑研究中心提供）

图3-1-16　荆州玄妙观老照片（图片来源：华中科技大学民族建筑研究中心提供）

玄妙观原由山门和六座殿阁组成，六殿阁分别为四圣殿、三清殿、玉皇阁、玄武阁、圣母殿和梓潼殿。前四殿依次成直线排列，四殿中最后一殿玄武阁置于高台，台东为圣母殿，台西为梓潼殿。现仅存三座殿阁。前为玉皇阁，中为三天门（图3-1-17），后为置于崇台之上的玉皇阁（图3-1-18），均为明代万历十二年（1584年）重建。玉皇阁重建时做了扩建，面阔、进深均为三间，由大而小，三重檐。屋顶为四角攒尖式，宝顶由莲花座承托，青铜铸就，上镌"大明万历庚辰吉旦"的字样。玉皇阁和三天门顶上均覆盖黄绿两色的琉璃瓦。

玉皇阁前，竖有一块高大的石碑，为元顺帝至正三年（1343年）所立，名为"九老仙都宫记碑"。据碑文叙述，元顺帝当时封观内主持道人唐洞云为八仙之后第九仙，玄妙观因而改名九老仙都宫。碑文为阴文楷书，笔力遒劲，为元代著名的洞庭学士欧阳元撰写，元代大书法家危素手书（图3-1-19～图3-1-22）。

图3-1-17 荆州玄妙观三天门（图片来源：华中科技大学民族建筑研究中心提供）

图3-1-18 荆州玄妙观玉皇阁（图片来源：华中科技大学民族建筑研究中心提供）

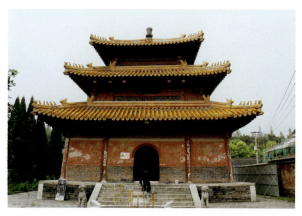

图3-1-19 荆州玄妙观玉皇阁（图片来源：华中科技大学民族建筑研究中心提供）

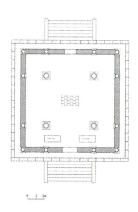

图3-1-20 荆州玄妙观玉皇阁平面图（图片来源：《湖北古代建筑》）

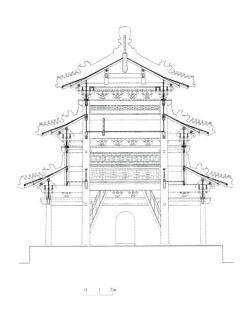

图3-1-21　荆州玄妙观玉皇阁剖面图（图片来源：《湖北古代建筑》）

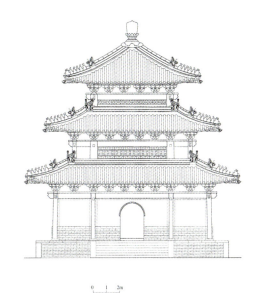

图3-1-22　荆州玄妙观玉皇阁立面图（图片来源：《湖北古代建筑》）

四、荆州开元观

荆州开元观位于荆州市荆州区城西门处，始建于唐开元年间（公元713~741年），故号"开元"，现存建筑为明清遗构（图3-1-23）。至今其中轴线建筑山门、雷神殿、三清殿、天门、祖师殿保存尚好。作为荆州三观之一，开元观被国务院批准列入第六批全国重点文物保护单位。

三清殿建于高约1米的台基上，单檐歇山顶，面阔五间，进深三间（图3-1-24）。雷神殿为单檐硬山式建筑，面阔三间，进深三间。

山门为牌楼式砖石结构，单门道，庑殿式屋顶，脊施蟠龙，形象生动。之前有一窄台面，使高台平面呈"凸"字形。石阶栏板雕刻禽兽、人物及几何图案（图3-1-25）。

祖师殿立于崇台之上，重檐歇山顶，面阔、进深均为三间，平面呈正方形。上檐施五栖重翘斗栱，有部分斗栱施假昂。下檐施四栖单翘斗栱。殿内置井口天花，绘有五色龙凤图案，绚丽夺目（图3-1-26）。

图3-1-23　荆州开元观入口（图片来源：华中科技大学民族建筑研究中心提供）

图3-1-24　荆州开元观三清殿（图片来源：华中科技大学民族建筑研究中心提供）

图3-1-25 荆州开元观天门（图片来源：华中科技大学民族建筑研究中心提供）

图3-1-26 荆州开元观祖师殿（图片来源：华中科技大学民族建筑研究中心提供）

五、荆州太晖观

太晖观是全国重点文物保护单位，位于湖北省荆州市荆州城西门外太晖山上，距荆州市3公里，是文物旅游景点和游览胜地。太晖观原是明代湘献王朱柏所营建的王宫，于洪武二十六年（1393年）开始兴建。朱柏建造的这座王宫，在规模和装饰方面都超过了当时所规定的等级建制（如雕有盘龙的石柱），即将竣工时被人告发，说他有反逆之心。朱柏恐惧，将王宫改为道观，名曰"太晖"。明崇祯八年（1635年）曾重修，有"遍数琳宫，独此雄甲荆楚"的美誉（图3-1-27）。

太晖观坐北朝南，殿宇壮伟，楼阁玲珑，金碧辉煌。前为山门（图3-1-28），两旁建有钟鼓楼，进而为前后排列的四大天王庙、玉皇亭、观音殿。观音殿两侧有东、西两大宫。东大宫后有娘娘殿、圣母殿，西大宫后有王母殿。经观音殿入朝圣门，进祖师顶。现存建筑有朝圣门（图3-1-29）、祖师殿（图3-1-30），建在条石砌成的高台上，台高8.2米，正面和两侧共有石梯三道。登朝圣门，得爬32级石阶梯。阶梯两旁有青石栏杆，栏板上雕刻着各种人物故事图案，妙趣横生。祖师顶四周，设有2米多高的围墙，围墙上镶嵌大小500灵官，千姿百态。大殿原盖铜瓦，金光闪耀，有"小金顶"之称。殿堂廊宇四周，竖有12根青石廊柱，其中正面4根与背面2根透雕蟠龙，龙头伸出柱面，鳞甲片片，状若正在蟠游（图3-1-31）。殿内雕梁画栋，彩绘满布，触目生辉。殿后一泓清池，碧波粼粼。四周苍松翠柏，暗日迷禽。观前流水萦绕，倒影绰约多姿。从前"每当春暮，游人四布，林野百戏竞陈，金翠歌讴，欢连宵旦"。四时游人前来，"相携素侣尽忘饥，双桨摇风入翠微"，尽情游赏，流连忘返（图3-1-32）。

图3-1-27 荆州太晖观（图片来源：华中科技大学民族建筑研究中心提供）

图3-1-28 荆州太晖观山门（图片来源：华中科技大学民族建筑研究中心提供）

图3-1-29 荆州太晖观朝圣门（图片来源：华中科技大学民族建筑研究中心提供）

图3-1-30 荆州太晖观祖师殿（图片来源：华中科技大学民族建筑研究中心提供）

图3-1-31 荆州太晖观祖师殿蟠龙柱（图片来源：华中科技大学民族建筑研究中心提供）

图3-1-32 荆州太晖观老照片（图片来源：华中科技大学民族建筑研究中心提供）

六、钟祥元祐宫

元祐宫为明清道教宫观，位于钟祥市郢中元祐路，始建于元代，名天庆观，明洪武三年（1370年）重建，七年（1374年）改名玄妙观。元佑宫系明世宗嘉靖皇帝朱厚熜御敕再次兴建。自嘉靖己酉年（1549年），至戊午年（1558年），历时9年告成，是兴王封郢、嘉靖登基后在钟祥继兴王宫、明显陵而建的第三大工程。嘉靖赐名元祐宫（图3-1-33）。明末大部分建筑被毁，清代多次修葺。元佑宫坐北朝南，中轴线自南至北有影壁、宫门（图3-1-34）、元祐殿（图3-1-35）、降祥殿和三洞阁。两侧建有钟楼（图3-1-36）、鼓楼、廊房、宣法殿、衍真殿。宫门外两侧设延禧（图3-1-37）、保祚二坊。降祥殿、三洞阁今仅存基址。主体建筑万寿宫，系清初在明代旧址上重建，单檐歇山顶，面阔七间，进深三间，抬梁式木构架，宫门外右侧的延禧坊，为四柱三间五楼木结构牌楼。现为全国重点文物保护单位。

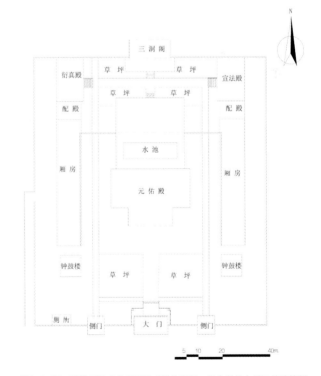

图3-1-33 钟祥元祐宫总平面图（图片来源：华中科技大学民族建筑研究中心提供）

图3-1-34 钟祥元祐宫门前照壁及宫门（图片来源：华中科技大学民族建筑研究中心提供）

图3-1-35 钟祥元祐宫元祐殿（图片来源：华中科技大学民族建筑研究中心提供）

图3-1-36 钟祥元祐宫钟楼（图片来源：华中科技大学民族建筑研究中心提供）

七、武昌长春观

长春观是我国道教著名十方丛林之一，为历代道教活动场所，称"江南一大福地"，位于武昌大东门，为纪念长春真人丘处机而名。长春观历数百年，几经兴废（图3-1-38）。长春观始建于元至元二十四年（1287年），明永乐十二年（1414年）、清康熙二十六年（1687年）重修，后毁，清同治二年（1863年）、民国20年（1931年）按明代风格复建（图3-1-39）。坐北朝南，占地面积约4.5万平方米。依山傍岩，分三路层层递进。中轴对称布局，中轴线上有灵官殿、二神殿、太清殿（图3-1-40）、古神祇坛、古先农坛；西轴线上有十方堂、经堂、大客堂、功德祠、大士阁、束成殿和藏经阁等；东轴线上有斋堂、寮房、邱祖殿、方长堂、世谱堂、纯阳祠等。

主体建筑太清殿为砖木结构，面阔五间16米，进深五间15米，抬梁、穿斗混合构架，重檐歇山小青瓦顶。观内还有许多附属建筑与道经、碑刻等文物。主要建筑为砖木结构，斗栱飞檐，梁柱栏板和殿内神龛的雕刻细腻生动、精致典雅，具有典型的湖北道教建筑艺术特色，为湖北省文物保护单位（图3-1-41、图3-1-42）。

图3-1-37 钟祥元祐宫延禧牌坊（图片来源：华中科技大学民族建筑研究中心提供）

图3-1-38 武昌长春观入口（现状）（图片来源：华中科技大学民族建筑研究中心提供）

八、麻城五脑山庙

麻城五脑山庙为清代道教建筑，又名紫薇侯庙、帝主庙，俗称天星观，位于麻城五脑山南麓，为湖北省文物保护单位。五脑山庙始建于北宋，明嘉靖、清嘉庆、同治年间先后重修。现有庙观为清嘉庆丙辰（1796年）重修，占地面积约1万平方米。山庙坐北朝南，依山势而建，由下至上依次为静心亭、一天门（图3-1-43）、二天门、紫微宫、拜殿、帝王殿、娘娘殿、祖师殿及钟鼓楼等建筑。五脑山帝主庙所奉之神，为紫微侯张瑞，传张瑞为三国时西蜀车骑将军张翼德转世。值得关注的是，山庙建筑群中，唯有娘娘殿的屋面覆以铁质筒板瓦，为明嘉靖年间的遗存（图3-1-44～图3-1-46）。

图3-1-39　长春观20世纪60年代老照片（武昌区志网 www.whfz.gov.cn）

图3-1-40　武昌长春观太清殿（图片来源：华中科技大学民族建筑研究中心提供）

图3-1-41 武昌长春观局部(图片来源:华中科技大学民族建筑研究中心提供)

图3-1-42 武昌长春观王母殿(现状)(图片来源:华中科技大学民族建筑研究中心提供)

图3-1-43 麻城五脑山庙一天门(图片来源:华中科技大学民族建筑研究中心提供)

图3-1-44 麻城五脑山庙斗姥殿（重建）（图片来源：华中科技大学民族建筑研究中心提供）

图3-1-45 麻城五脑山庙天井（图片来源：华中科技大学民族建筑研究中心提供）

图3-1-46 麻城五脑山庙山墙（图片来源：华中科技大学民族建筑研究中心提供）

九、利川三元堂

三元堂为清代道教宫观,位于利川市忠路镇,为木结构殿庑式道观建筑,道家以天、地、水为三元,故称三元堂。建筑依山势而建,坐北朝南,中轴对称布局,中轴线上有门楼、玉皇阁、正殿,两侧分布厢房等附属建筑。现存主体传为三元堂道首罗宗题于清光绪二十七年(1901年)所扩建。整个道观三进,依山势呈阶梯式布局,东西宽50米,南北长60米,建筑面积约3000平方米。正门前有10级石梯,阶沿用整长条石铺就,用料十分讲究。由前殿入天井过道,登石梯进入正殿(图3-1-47)。正殿中堂左右各有过道、厢房。正殿后正中天井上建玉皇阁,高阁耸立,突兀于整个建筑之上。后殿两厢,彩楼回旋,左右对峙。整个道观,布局巧妙,红墙黑瓦,飞檐斗拱,巍峨壮观。殿内穿枋、雀替雕刻精细,内容多为神仙故事。石柱础双层或三层镂空,鹿鸣鹤舞,玲珑剔透,其工艺之精湛,实为罕见。三元堂现为省级文物保护单位。

三元堂建筑受土家族吊脚楼风格影响,建筑结构同时采用抬梁式与穿斗式,屋顶既有歇山样式也有双坡悬山屋顶。门楼、正殿均面阔三间,进深一间,单檐硬山灰瓦顶,抬梁式构架,门楼明间屋顶高出两次间,玉皇阁及左右偏楼面阔、进深一间,重檐歇山灰瓦顶。青石墁地,三级镂孔柱础(图3-1-48、图3-1-49、图8-1-13)。

图3-1-47 利川三元堂(图片来源:华中科技大学民族建筑研究中心提供)

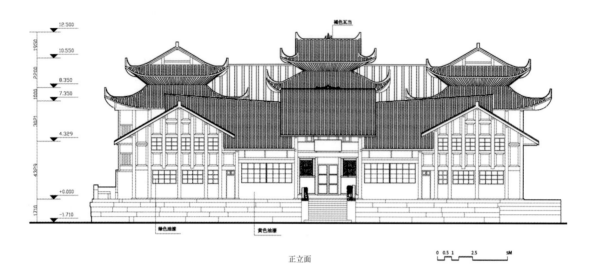

正立面

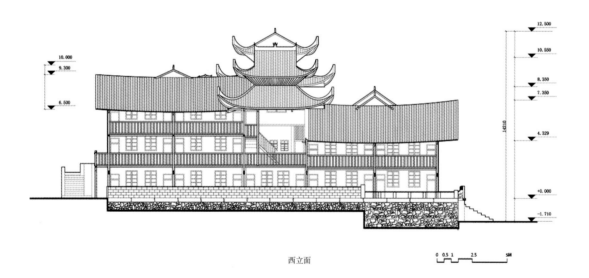

西立面

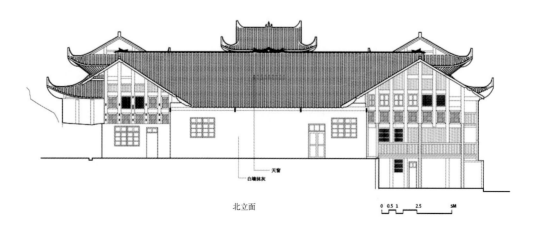

北立面

图3-1-48 利川三元堂立面图（图片来源：华中科技大学民族建筑研究中心提供）

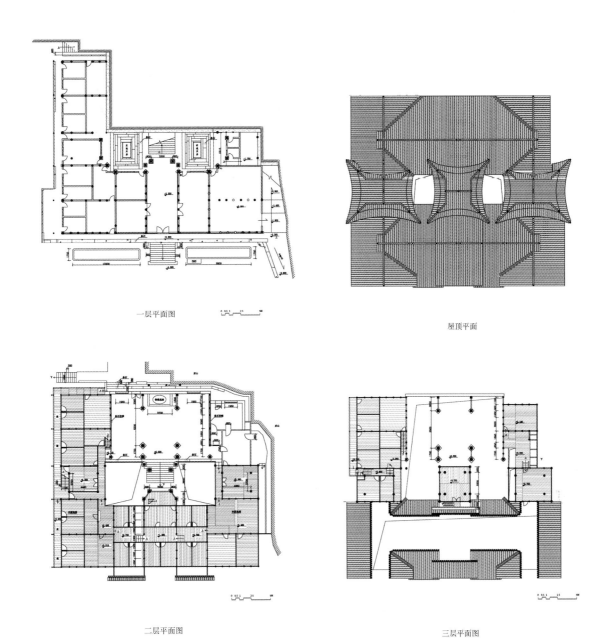

一层平面图　　　　　　　　　　　　　　　　　屋顶平面

二层平面图　　　　　　　　　　　　　　　　　三层平面图

图3-1-49　利川三元堂平面图（图片来源：华中科技大学民族建筑研究中心提供）

十、房县显圣殿

显圣殿（图3-1-50）位于房县城西的军店镇军马河口，为清代道教建筑。该建筑群占地面积约1000平方米，依山就势，坐南朝北，面迎河流，巍然壮观。相传怪人费长房在此显圣，殿因此得名。清乾隆年间（1735～1796年）创建，道光二年（1822年）重修。殿宇依山傍水，悬崖峭壁，巍然壮观。殿基为砖石结构，高约30米。砖雕走脊，飞檐筒瓦，有唐宋遗风。山上林木苍翠，四季常青。清光绪十一年（1885年），续修显圣殿楼阁，为砖木结构的歇山重檐二层建筑，卷棚斗栱，各臻其妙，上下台阶相连，高低回廊可通。现存建筑有武圣宫、藏经楼及真武阁等建筑。藏经楼面阔五间15.6米，进深一间7.6米，单檐硬山灰瓦顶三层楼，封火山墙。真武阁面阔三间5.2米，进深6米，重檐歇山灰筒瓦顶，砖木结构，屋脊施砖雕，殿前设月台，护栏施"哪吒闹海"等神话故事浮雕（图3-1-51～图3-1-53）。现为湖北省文物保护单位。

图3-1-50　房县显圣殿远景（图片来源：华中科技大学民族建筑研究中心提供）

图3-1-51 房县显圣殿真武阁（图片来源：华中科技大学民族建筑研究中心提供）

图3-1-52 房县显圣殿武圣宫山墙面（图片来源：华中科技大学民族建筑研究中心提供）

图3-1-53 房县显圣殿山门（图片来源：华中科技大学民族建筑研究中心提供）

图3-1-54 鄂州观音阁全景（图片来源：高介华提供）

图3-1-55 鄂州观音阁内景（图片来源：《湖北古代建筑》）

十一、鄂州观音阁

鄂州观音阁又名龙蟠矶寺，位于鄂州鄂城东门外长江之中。1280年，由元代监邑铁山始建，明清多次重建、维修。建筑群占地面积1056平方米，呈不规则平面布局。因浩浩长江自巴蜀至吴淞口中仅此一阁，故又被称为"万里长江第一阁"（图3-1-54）。自西向东，分别是观澜亭、东方朔殿、观音殿、老君殿和纯阳楼等。

观音阁坐东朝西，阁长24米，宽10米，高14米，基座厚1米余，用长60厘米、宽20厘米、厚25厘米的条石垒成。阁身以红石青砖砌就，是典型的木框架结构亭阁式建筑，阁身正壁镌有"观音阁"三个遒劲的大字。进阁正门石碑上刻有出自清代官文手笔的"龙蟠晓渡"四字。观澜亭上俯瞰江流，胜景忧宏。2006年被公布为全国重点文物保护单位（图3-1-55）。

十二、建始石柱观

建始石柱观是清代道教宫观，古称蟠龙山朝真观，位于建始高坪镇望坪村，因道观建于孤峰而得名（图3-1-56）。前殿后阁，坐北朝南，占地面积约700平方米，始建于明嘉靖年间，清乾隆、道光、同治年间重修扩建。后多次翻修，1992年12月16日，被湖北省列为省级文物保护单位，并由省拨款修葺。石峰高51米，柱基周长223米，呈三足鼎立状，足与足之间有石洞相通。从山脚到山顶有238级蜿蜒石阶，供游人和朝觐者上下（图3-1-57）。封顶庙宇为中轴对称布局，现存正殿、前殿、耳房、小庙及三座记事碑。石柱观所在的蟠龙山顶空间有限，前堂后殿体量偏

图3-1-56 建始石柱观远景（图片来源：华中科技大学民族建筑研究中心提供）

图3-1-57 建始石柱观(图片来源:华中科技大学民族建筑研究中心提供)

小，大殿之上有一楼阁，外形呈六边形四重檐，体态雄伟，直指云霄，增强了空间的尺度感受。

正殿位于石柱观后部，面阔三间12.15米，进深三间7.35米。重檐歇山灰瓦顶，砖石木结构四层楼，通高10.97米，明间抬梁式构架，两山穿斗式构架，底层以砖石砌筑墙体，明间辟门，二至四层木板装修，三、四层开隔扇门。前殿位于正殿前，面阔三间10.5米，进深一间4.75米。单檐悬山灰瓦顶，梁架结构同正殿。明间为穿堂式门道，设石级通往正殿，次间设楼三层，整个建筑高7.17米。耳房位于正殿、前殿间，面阔2.17米，进深4.18米。小庙位于前殿南侧，面阔3米，进深2米，高3米。耳房、小庙均为单檐硬山灰瓦顶，土木结构，抬梁式构架。

十三、通山祖师殿

祖师殿又称真君石殿，位于通山九宫山云中湖北岸的凤凰岭下，为元代道教建筑。石殿是一座楼阁式六角石塔。残存三层，高约7米（图3-1-58）。南面开门，基座为须弥座式。单筒式殿身，单壁砌置，檐下置四铺作斗栱。2002年公布为湖北省文物保护单位（图3-1-59～图3-1-61）。

十四、房县观音洞

观音洞位于房县城关镇炳公村，始建于唐朝，经过历代维修、扩建形成规模，现为湖北省文物保护单位。主体是奇特的天然洞穴，位于石岩峭壁之中（图3-1-62），分为南北洞。北为关帝洞，深8米，宽6米，高4米，正中供有关帝神像；南为观音洞，深9米，宽13米，高5米，正中供奉观世音神像。洞前有一棵千年春桂，春季开花，四处飘香。观音洞景区内植被茂密、古树参天、登顶眺望，远山近水尽收眼底，房县城区一目了然。

图3-1-58　通山祖师殿正立面（图片来源：华中科技大学民族建筑研究中心提供）

图3-1-59 通山祖师殿局部（图片来源：华中科技大学民族建筑研究中心提供）　　图3-1-60 通山祖师殿石狮（图片来源：华中科技大学民族建筑研究中心提供）

图3-1-61 通山祖师殿石象（图片来源：华中科技大学民族建筑研究中心提供）

图3-1-62 房县观音洞（图片来源：华中科技大学民族建筑研究中心提供）

第二节 佛教寺庙

一、黄梅五祖寺

五祖寺是中国佛教禅宗第五代祖师弘忍大师开山弘法的道场，又名东山寺，位于黄梅城东。弘忍于唐永徽元年（公元651年）得法后，秉达摩禅法之精髓，承四祖改革的端倪，进一步将大乘般若性空思想融合中国传统文化理念，丰富发展了独具本土特色的中国禅宗，因其以东山为弘法基地，被称为"东山法门"。五祖寺建寺已历1300余年，现尚存麻城殿（毗卢殿）、圣母殿、千佛殿、真身殿等建筑。寺前著名古迹有释迦多宝如来佛塔、十方佛塔和飞虹桥等。寺后有大满禅师墓塔。再后有讲经台，台东有授法洞，洞上连舍身崖，高约200米，岩壁刻径约1米大的"福德"二字（图3-2-1、图3-2-2）。

五祖寺自山下蔡田（五祖）镇东的一天门释迦多宝如来佛塔起至东山之巅白莲峰顶，绵延5公里皆属寺区。沿途石板古道蜿蜒，松杉蔽日，石塔引路，两旁山林中僧塔十余幢。经二天门"此间乐"，迂回盘旋至山腰300米处，为东、西园坊。这里殿宇层层，钟鸣磬响。天王殿、大雄宝殿、毗卢殿、真身殿（法雨塔）、讲经台循中轴线五层递升，配殿堂寮，两厢并列。拾级而上，一层有唐代山门（图3-2-3）、千年油朴树、元建道源桥、放龟池。二层有新山门、天王殿、大雄宝殿、法堂、花径、斋堂、客堂、长春庵。三层有锁龟石、东坡流响、地藏殿、圣母殿（图3-2-4）、毗卢殿（图3-2-5）、观音殿（图3-2-6）、禅堂、延寿阁。四层是真身殿（图3-2-7）、法雨塔、新方丈室、六祖殿。继登通天路石阶50米处为第五层中岭堂，这里有讲经台、大满禅师墓塔、舍身崖、授法洞、桃源洞及

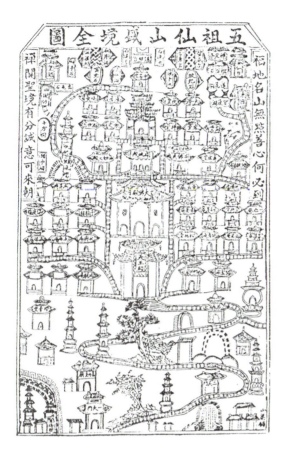

图3-2-1 五祖寺盛境全图（图片来源：《五祖寺志》）

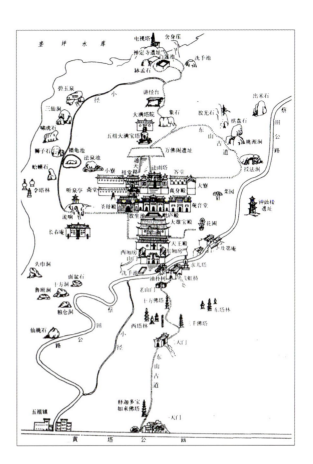

图3-2-2 五祖寺古道图《五祖寺志》（图片来源：《五祖寺志》）

图3-2-3 黄梅五祖寺古山门（图片来源：华中科技大学民族建筑研究中心提供）

图3-2-4 黄梅五祖寺圣母殿（图片来源：华中科技大学民族建筑研究中心提供）

图3-2-5 黄梅五祖寺毗卢殿（图片来源：华中科技大学民族建筑研究中心提供）

图3-2-6 黄梅五祖寺观音殿（图片来源：华中科技大学民族建筑研究中心提供）

图3-2-7 黄梅五祖寺真身殿南立面（图片来源：华中科技大学民族建筑研究中心提供）

图3-2-8 重建后的黄梅四祖寺（现状）（图片来源：http://blog.sina.com.cn）

遍布山前的摩崖石刻。再攀百米峻峭石阶即达白莲峰巅，峰侧有五祖初上东山开建的禅定寺和白莲池遗迹。全寺区佛教建筑遗存和与佛事相关的自然景点共约50余处，分布于10平方公里的山林中。2006年五祖寺被列为第六批全国重点文物保护单位。

二、黄梅四祖寺

四祖寺位于黄梅县大河镇四祖寺村（图3-2-8）。距县城15公里，占地110多亩，与东山五祖寺相隔20公里。寺为唐初佛教禅宗四祖大医禅师道信道场，始建于唐武德七年（公元624年），明正德、万历、清同治年间多次重建。原来寺院规模宏大，后因几遭兵燹而毁。现存唐代毗卢塔，宋代鲁班亭，元代灵润桥，清代重修的四祖殿、慈云阁等建筑（图3-2-9），还有授法洞、卓锡泉、石鱼矶、洗笔池、钓鱼台、瀑布溅飞等古迹，及许多历代名人咏诗题词刻石。四祖寺塔2001年公布为全国重点文物保护单位。

三、汉阳归元寺

归元寺位于汉阳翠微路，由清顺治年间浙江僧人白光、主峰主持修建。归元寺之名取佛经"归元性不二，方便有多门"之语意，始建于清顺治十五年（1658年），顺治十七年（1660年）建成大雄宝殿、斋堂、客堂，康熙三年（1664年）初具规模，咸丰二年（1852年）遭火焚，同治、光绪年间复建（图3-2-10）。1983年被国务院确定为汉地全国重点佛教寺院，是湖北省文物保护单位。

归元寺与宝通寺、莲溪寺、正觉寺合称武汉四大丛林，有藏经阁、大士阁、地藏殿、放生池、钟鼓楼、韦驮殿、大雄宝殿、罗汉堂、普同塔等（图3-2-11）。

归元寺由北院、中院和南院三个各具特色的庭院组成。山门（图3-2-12）之内是中院，中院有放生池。放生池两侧分别为钟楼和鼓楼，正中为韦驮殿，再进是大雄宝殿。其南北两厢为客堂和斋堂，其后为禅堂。还有翠微泉、翠微古池、翠微亭等景观。北院有藏经阁、大士阁、翠微井等建筑。

北院的藏经楼，是一座五开间楼阁式建筑，高约25米，是归元寺的一大宝藏，收藏7000余卷佛经、北魏石刻、唐代石观音及唐以后各代雕塑佛像，还有各种法器及名家字画等附属文物。藏经阁为寺内最高建筑，正面为六柱五楼牌楼形制，阁前两侧配以双亭。

南院的主体建筑是罗汉堂，始建于清道光年间，光绪二十一年（1895年）重建。归元寺的罗汉堂布局成"田"字形。四个小天井给庞大深邃的殿堂提供了良好的通风和采光条件。罗汉堂外侧地藏殿内，供奉着地藏菩萨。殿内的木刻神龛为佳品，其间斗栱飞檐，飞龙滚柱，均极为精巧玲珑，为难得的艺术珍品（图3-2-13）。

四、武昌宝通禅寺

宝通禅寺位于武昌洪山南麓，至今已有1500余年历史。洪山原有唐代古刹弥陀寺，南宋端平年间，经荆湖制置使孟珙奏请理宗照准，将原在随州大洪山的慈济禅院移建于弥陀寺前，并赐号崇宁万寿禅寺，明代改名宝通禅寺（图3-2-14）。现有殿宇多为清同治四年至光绪五年（1865~1879年）所建，是武汉四大丛林之一，现为湖北省文物保护单位。

宝通寺整体坐北朝南，依山就势。自下而上为山门、放生池、圣僧桥、弥勒殿、大雄宝殿（图

图3-2-9 黄梅四祖寺建筑遗存历史照片（毗卢塔、众生塔、灵润桥）（图片来源：高介华先生提供）

图3-2-10 汉阳归元寺（图片来源：华中科技大学民族建筑研究中心提供）

图3-2-11 汉阳归元寺韦驮殿及放生池（图片来源：华中科技大学民族建筑研究中心提供）

图3-2-12 汉阳归元寺山门（重建）（图片来源：华中科技大学民族建筑研究中心提供）

图3-2-13 汉阳归元寺历史照片（图片来源：www.hb.xinhuanet.com〈武汉百年图史〉）

图3-2-14 武昌宝通禅寺鸟瞰（图片来源：华中科技大学民族建筑研究中心提供）

3-2-15）、祖师殿、藏经楼，至此中分，右为禅堂，左为方丈室，再上为铁佛寺、华严祠、华严亭、法界宫，寺后有宝通寺塔。大雄宝殿面阔五间22.5米，进深五间22米，单檐硬山顶，抬梁、穿斗混合构架。其他主要建筑为砖木混合结构，歇山顶，斗栱飞檐，彩绘雕梁。院内存南宋嘉熙年间孟琪所铸大铁钟1口。寺内还有名泉数处，以白龙泉最为著名（图3-2-16）。

进入山门（图3-2-17），可见宋代寿云石刻摩崖、古石刻须弥座、明朝石狮、清代藏经等佛教文物珍品。宝通寺后山洪山宝塔（图7-1-26）原名临济塔，为元代住持赠缘寇所建，至元十七年（1280年）动工，至元二十八年（1291年）竣工，历时11年建成。塔为七级八方，砖石叠成，塔身高十三丈三尺，基宽十一丈二尺，顶高一丈三尺，后经多次修缮（图3-2-18）。

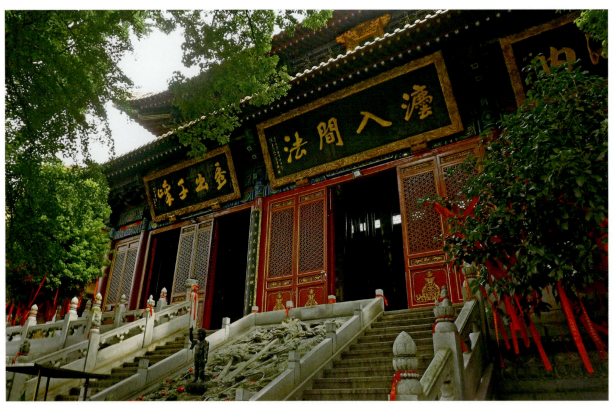

图3-2-15 武昌宝通禅寺大雄宝殿（图片来源：华中科技大学民族建筑研究中心提供）

图3-2-16　武昌宝通禅寺弥勒殿（图片来源：华中科技大学民族建筑研究中心提供）

图3-2-17　武昌宝通禅寺山门（图片来源：http://www.iuchina.cn/cyzn-front/news/news_show/2007-11/10666.html）

图3-2-18　武昌宝通禅寺老照片（图片来源：http://www.997788.com<民国老照片>）

五、当阳玉泉寺

当阳玉泉寺位于当阳市玉泉山东麓,因佛教天台宗创始人智𫖮大师设道场而由隋文帝下诏敕建寺。北宋真宗年间(1017~1021年),皇后明肃因敬仰当时德高望重的慕容禅师,捐银重建玉泉寺,并改名"景德禅寺"。其规模宏大,"为楼者九,为殿者十八,僧舍三千七百间",从此被誉为"星环云绕,为荆楚丛林之冠"。宋、明、清三代均有大规模扩修,占地面积达5.3万平方米(图3-2-19、图3-2-20)。

寺院按中轴对称布局,有天王殿、大雄宝殿、毗卢殿、东堂、西堂、东禅堂、般若堂、藏经楼等。大雄宝殿为明代建筑,余为现代重建。大雄宝殿面阔七间(图3-2-21~图3-2-23),进深五间,重檐歇山顶,穿斗式构架,梁柱斗栱皆采用楠木,天花、藻井施彩画,为寺庙主体建筑(图3-2-24、图3-2-25)。庭院中存有隋代铁镬、唐代吴道子所作观音画像石刻、宋代铁钟和元代铁釜等珍贵文物。殿前有莲池,两侧有讲经、伽蓝二堂。最后高台上建毗卢殿。大殿左边有般若堂,呈四合院形式。玉泉寺为全国重点文物保护单位。

寺院内有一座八角形铁塔,位于玉泉寺内前部,铸于北宋嘉祐六年(1061年)(图7-1-8)。塔体为十三层仿木结构楼阁式塔,双层须弥座,塔高17.9米,铁铸塔座、塔身,铜制塔刹。每层每角铸8个力士,每面有二龙戏珠、海山、水波、海藻浮雕图案。塔身每层出平座,置斗栱出檐相间诸面各设壸门龛和佛像。在二层东、南、西、北四面分别铸有塔名、高度、重量、建造年月及工匠姓名。玉泉铁塔是我国现存最高、最重、最完整的一座铁塔,它对研究中国古代冶金铸造、金属防腐、营造法式、建筑力学、铸雕艺术以及佛教史具有十分重要的价值。

图3-2-19　当阳玉泉寺山门(图片来源:华中科技大学民族建筑研究中心提供)

图3-2-20 当阳玉泉寺门楼（图片来源：华中科技大学民族建筑研究中心提供）

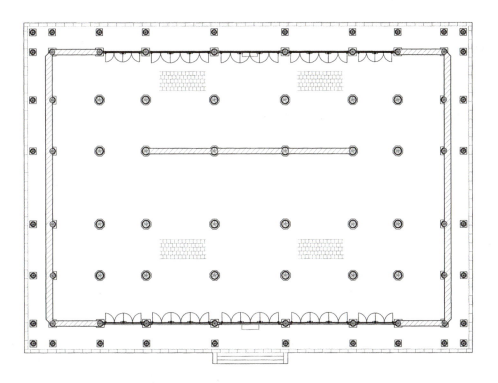

图3-2-21 当阳玉泉寺大雄宝殿平面图（图片来源：《湖北古代建筑》）

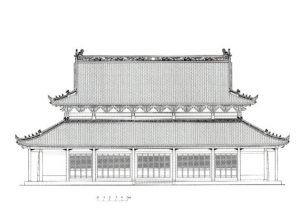 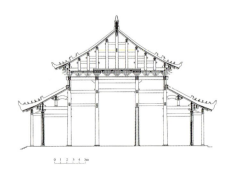

图3-2-22 当阳玉泉寺大雄宝殿正立面图（图片来源：《湖北古代建筑》） 　图3-2-23 当阳玉泉寺大雄宝殿剖面图（图片来源：《湖北古代建筑》）

图3-2-24 当阳玉泉寺大雄宝殿（图片来源：华中科技大学民族建筑研究中心提供）

图3-2-25 当阳玉泉寺大雄宝殿一隅
(图片来源：华中科技大学民族建筑研究中心提供)

六、谷城承恩寺

承恩寺位于谷城县狮子山，始建于隋朝大业年间，原名宝岩禅寺。唐宋以来屡有兴废，明朝重修改名大承恩寺（图3-2-26）。承恩寺背靠狮子山，面对金子山。整个寺院的建筑布局，按照地形高低参差设置（图3-2-27），井然有序，占地面积1237平方米。殿宇坐北朝南，原有殿阁、禅堂200余间，现存水陆崇圣殿、天王殿、和尚殿和钟楼等，为全国重点文物保护单位（图3-2-28~图3-2-31）。

承恩寺大雄宝殿为单层檐歇山顶，天王殿及其配房皆为单层檐硬山顶。所有建筑均为砖木结构，布瓦顶，仅钟楼用琉璃瓦。大殿屋脊饰圈草纹，脊中饰宝瓶，端部饰鸱吻。

水陆崇圣殿是承恩寺的主体，坐落在中轴的中部，正方形平面，殿高空大，聚气藏风。大殿正中端的是高大的毗卢佛盘坐莲台塑像，底座高三十尺，金彩饰就。藻井为清代彩绘的龙、凤、麒麟、天马等图案。此殿和殿内毗卢佛大塑像距今已有500多年的历史（图3-2-32、图3-2-33）。

钟楼（图3-2-34）为两层重檐歇山顶建筑，楼下供如来佛像一尊，楼上悬挂着明宪宗所赐万斤铜钟一口。此钟为明宪宗下诏铸造，钟身除署"皇帝万岁万万岁和大明成化十一年"等汉文外，满铸梵文4889字，并以龙凤花纹装饰，铸造精致。

图3-2-26 谷城承恩寺（图片来源：华中科技大学民族建筑研究中心提供）

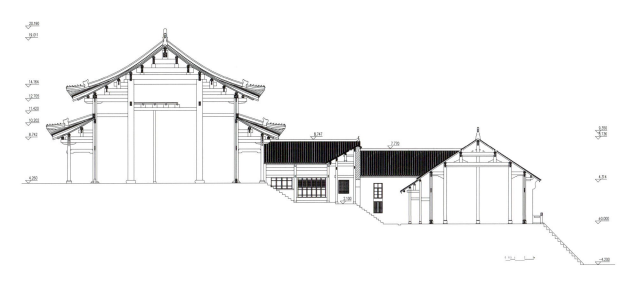

图3-2-27 谷城承恩寺剖面图（图片来源：华中科技大学民族建筑研究中心提供）

图3-2-28 谷城承恩寺水陆崇圣殿入口（图片来源：华中科技大学民族建筑研究中心提供）

图3-2-29 谷城承恩寺水陆崇圣殿及客堂入口（图片来源：华中科技大学民族建筑研究中心提供）

图3-2-30 谷城承恩寺客堂（图片来源：华中科技大学民族建筑研究中心提供）

图3-2-31 谷城承恩寺木构架（图片来源：华中科技大学民族建筑研究中心提供）

图3-2-32 谷城承恩寺水陆崇圣殿（图片来源：华中科技大学民族建筑研究中心提供）

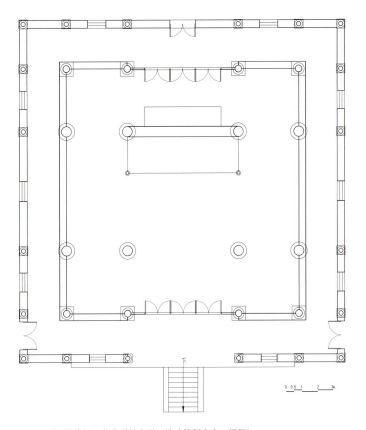

图3-2-33　谷城承恩寺水陆崇圣殿平面图（图片来源：华中科技大学民族建筑研究中心提供）

图3-2-34　谷城承恩寺钟楼（图片来源：华中科技大学民族建筑研究中心提供）

七、天门皂市白龙寺

白龙寺位于天门皂市镇五华山,始建于南朝齐武帝时期,迄今已有1500年的历史。唐鄂国公尉迟敬德将寺院扩建重修,使其拥有前殿、大雄宝殿、后殿、大悲殿、五云堂、五华清憩、官房、禅堂等建筑群体。明正德八年(1513年),清嘉庆十五年(1810年),白龙寺又经几番修葺,使其"廊隘而宏,易敞而整"。后渐失修,现仅存前后两殿(图3-2-35)。

前殿及大雄宝殿,为明代建筑式样(图3-2-36)。两殿均为重檐歇山顶,面阔三间、进深三间,灰筒瓦屋面。檐下斗栱、台基柱石及雕刻等,均为明代式样(图3-2-37)。寺内尚存明清碑碣五座,碑文字体工整,碑额与龟趺,花纹精细(图3-2-38)。白龙寺现为全国重点文物保护单位。

图3-2-35 天门皂市白龙寺(图片来源:华中科技大学民族建筑研究中心提供)

图3-2-36　天门皂市白龙寺大雄宝殿（图片来源：华中科技大学民族建筑研究中心提供）

图3-2-37　天门皂市白龙寺细部（图片来源：华中科技大学民族建筑研究中心提供）

图3-2-38　天门皂市白龙寺碑碣（图片来源：华中科技大学民族建筑研究中心提供）

八、利川石龙寺

石龙寺位于利川团堡镇,始建于明洪武初年(1368年)。传高僧慧明从四川追寻龙脉至此地,即化缘募捐修庙。大佛殿前天井院内有天然卧石,形似蛟龙对佛像盘曲而卧,故得名石龙寺。现存寺院占地计1050平方米,是恩施州内年代最久、规模最大、保存最完整的古寺庙建筑。1993年该寺被列入湖北省文物保护单位(图3-2-39、图3-2-40)。

石龙寺主体建筑为三大殿,建筑四周以条石砌基,火砖砌墙,殿内木质结构,抬梁与穿斗结合。廊柱雄立,图案雕刻,精工细致。额楼雕刻"鱼樵耕读"图案,山墙绘古典神话故事。三进七天井,中轴线上有山门、正殿、大佛殿及后殿,两侧有厢房。寺内保存有清代石碑22通。

清同治年间,廪生冉有恒改寺庙为义学,玉皇阁上悬"从龙书院"大匾。此期间,石龙寺曾两度遭到火焚,寺院损毁十分严重。清光绪五年(1979年),施南知府王庭桢"毁义学及书院",复名石龙寺。民国26年(1937年),团堡民众复建后殿,石龙寺恢复原貌,外形完整。现寺院内存木雕1尊,石雕16幅,石碑25块,石刻对联2幅,保存至今,成为恩施州保存得最完整的唯一古庙(图3-2-41~图3-2-44)。

图3-2-39 利川石龙寺入口(图片来源:华中科技大学民族建筑研究中心提供)

图3-2-40 利川石龙寺远景（图片来源：华中科技大学民族建筑研究中心提供）

图3-2-41 利川石龙寺内景1（图片来源：华中科技大学民族建筑研究中心提供）

图3-2-42 利川石龙寺内景2（图片来源：华中科技大学民族建筑研究中心提供）

图3-2-43 利川石龙寺外观1（图片来源：华中科技大学民族建筑研究中心提供）

图3-2-44 利川石龙寺外观2（图片来源：华中科技大学民族建筑研究中心提供）

九、枣阳白水寺

白水寺，原名山林寺，白水禅林，位于枣阳市吴店镇狮子山上，东眺白水，北临滚河，西南依白云山和香龙山岗。寺内外古木葱郁，清幽宁静。相传此地为东汉光武帝刘秀的故里，寺内原祀刘秀塑像。明宣德年间，主持真隆和尚将正殿改为供佛，以西偏殿祭祀光武，现有光武帝塑像。寺院坐北朝南，寺内有大雄宝殿、刘秀殿、娘娘殿等建筑。僧舍多属清代后期增建。整体布局不求威严，但求雅静，是带有地方宅院风格的佛贤共祀的宗教场所。

寺门面南（图3-2-45），建筑群分东、西、中三个院落（图3-2-46、图3-2-47）。西院为三进两院，前院为诗画廊，后院为四合院，前为殿门，西侧有东西耳房，后为刘秀殿（图3-2-48、图3-2-49）。中院为一进三院，前殿为关公殿，中间为大雄宝殿（图3-2-50），后殿为娘娘殿，为主要佛事场所。前殿面阔与进深均为三间，有石质莲瓣八方柱础，为明代遗构。东院为花园，内有白水井（图3-2-51）、龙井亭、古黄莲等（图3-2-52）。白水碑廊为现在寺院的主要文化景观之一。白水寺为湖北省文物保护单位。

图3-2-45　枣阳白水寺入口（图片来源：华中科技大学民族建筑研究中心提供）

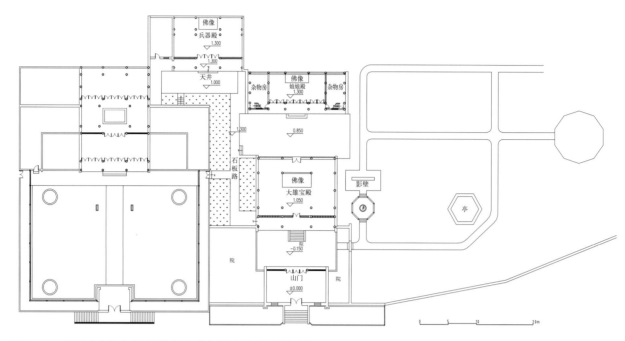

图3-2-46 枣阳白水寺总平面图（图片来源：华中科技大学民族建筑研究中心提供）

图3-2-47 枣阳白水寺剖面图（图片来源：华中科技大学民族建筑研究中心提供）

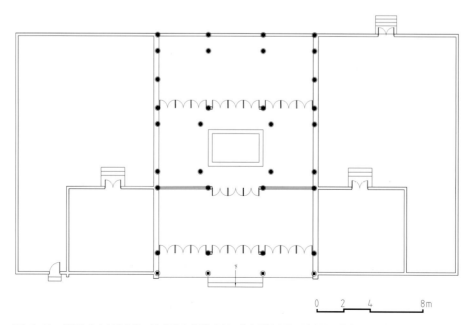

图3-2-48 枣阳白水寺刘秀宝殿一层平面图（图片来源：华中科技大学民族建筑研究中心提供）

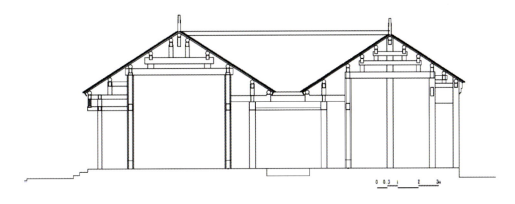

图3-2-49 枣阳白水寺刘秀殿剖面图（图片来源：华中科技大学民族建筑研究中心提供）

图3-2-50 枣阳白水寺大雄宝殿（图片来源：华中科技大学民族建筑研究中心提供）

图3-2-51 枣阳白水寺白水井（图片来源：华中科技大学民族建筑研究中心提供）

图3-2-52 枣阳白水寺三马亭（图片来源：华中科技大学民族建筑研究中心提供）

十、十堰市回龙寺

回龙寺位于十堰市茅箭区西坪村，始建于元末，明弘治二年（1489年）重建，分前、中、后三殿，建筑面积1000多平方米（图3-2-53）。寺院的建筑风格凝秀，形式古朴。前殿陈列四尊石雕，名四大天王，气宇轩昂，魁梧威严。中殿前有"重建回龙寺记"石碑，书法刻石精美。后殿陈列着八尊

图3-2-53 十堰市回龙寺远景（图片来源：华中科技大学民族建筑研究中心提供）

图3-2-54 十堰市回龙寺佛殿（图片来源：华中科技大学民族建筑研究中心提供）

图3-2-56 十堰市回龙寺屋顶细部（图片来源：华中科技大学民族建筑研究中心提供）

形态各异、栩栩如生的菩萨金身，楼阁上绘有笔触细腻、色彩艳丽的巨幅壁画。寺旁两口清澈见底的水井，如龙双睛，寺前萦绕曲流的马家河，似龙回游，因以寺名。现仅存正殿，面阔七间，坐北朝南，单檐硬山式建筑（图3-2-54～图3-2-56），现为湖北省文物保护单位。

图3-2-55 十堰市回龙寺山墙（图片来源：华中科技大学民族建筑研究中心提供）

十一、襄阳铁佛寺大殿

铁佛寺大殿位于襄阳市襄城区西街，始建于唐代宝历年间，以大铁佛闻名。明洪武元年（1368年）重修，改名丛林寺。清顺治年间又重建。现仅存大殿，为单层单檐歇山式屋顶。其用材讲究，全部用楠木构架。大殿面阔五间，进深三间（图3-2-57），梁架为抬梁与穿斗相结合形式，正面用隔扇门，其他三面用砖墙围护。铁佛寺大殿是湖北省文物保护单位（图3-2-58、图3-2-59）。

图3-2-57 襄阳铁佛寺大殿（图片来源：华中科技大学民族建筑研究中心提供）

图3-2-58 襄阳铁佛寺大殿局部（图片来源：华中科技大学民族建筑研究中心提供）

图3-2-59 襄阳铁佛寺大殿屋顶细部（图片来源：华中科技大学民族建筑研究中心提供）

十二、巴东红庙

红庙又称地藏殿,是一座清代祭祀建筑,位于巴东县东口乡的红庙岭,建于清乾隆三十年(图3-2-60)。此殿是专为安葬出入峡口的溺水者而建。因三峡水库而搬迁至新县城。红庙为硬山建筑,面阔三间,四周以砖墙围护,正面明间用四柱三间三楼庑殿顶牌楼门;小青瓦屋面,花脊,如意马头山墙,红色外墙;庙内供奉为地藏王菩萨(图3-2-61、图3-2-62)。红庙现为湖北省文物保护单位。

图3-2-60 巴东红庙(搬迁前照片)(图片来源:《峡江民居》)

图3-2-61 巴东红庙入口(搬迁前)(图片来源:《峡江民居》)

图3-2-62 巴东红庙西山墙(搬迁前)(图片来源:《峡江民居》)

十三、云梦泗州寺

泗洲寺位于云梦县下辛店,坐北朝南,始建于南朝梁代,改建于唐朝,重建于元泰定四年(图3-2-63)。寺内大雄宝殿及钟鼓楼造型古朴,飞檐别致,匠心独运,为湖北省内唯一一座元代风格的古建筑(图3-2-64、图3-2-65)。现尚存正殿与鼓楼,是湖北省文物保护单位。

据寺前元代石碑记载,泰定四年(1327年)曾重修。其主体建筑为大雄宝殿,殿前钟楼、鼓楼分列左右,再前有山门。大雄宝殿为木结构,高9米,面积117平方米,重檐歇山顶,保存较好(图3-2-66)。钟楼东西向,平面近方形,亦重檐歇山顶。

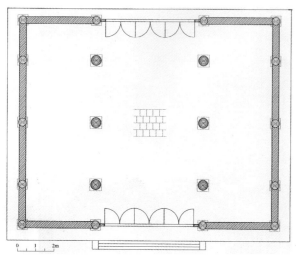

图3-2-63 云梦泗州寺正殿平面图（修复设计图）（图片来源：《湖北古代建筑》）

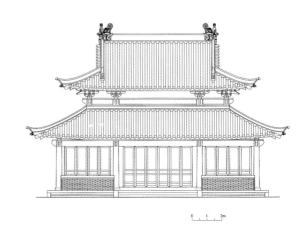

图3-2-64 云梦泗州寺正殿正立面图（修复设计图）（图片来源：《湖北古代建筑》）

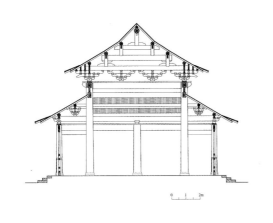

图3-2-65 云梦泗州寺正殿正剖面图（修复设计图）（修复设计图）（图片来源：《湖北古代建筑》）

图3-2-66 云梦泗州寺大雄宝殿（图片来源：http://www.mapshow.cn）

第三节 伊斯兰教建筑

一、武昌起义街清真寺

武昌起义街清真寺建于1862年，因位置处于辛亥革命起义街城楼前，故名起义街清真寺，民间俗称城外清真寺（图3-3-1、图3-3-2）。据史料记载，光绪年间的寺院依山而建，进门就是天井，两边是厢房、回廊，最里面是大厅，大厅后有小天井，天井之后有大殿，大殿后的大院内有一口老井，寺内所有的生活用水都来自这口老井。在大殿的右边有阿訇的住房，还有大、小净室等。抗日战争时，清真寺大部被炸毁，1946年进行了修复。如今，清真寺内有两栋建筑，祷告大厅所在的两层楼房是1984年修建的。我们仍然能通过3座石碑（图3-3-3）和一口古井感受这座寺院数百年历史。

二、樊城清真寺

樊城清真寺，位于湖北省襄阳市樊城教门街（今友谊街）。据寺内残碑载，"樊城清真寺……肇自前明永乐年间，规模整齐"（图3-3-4）。乾隆

图3-3-1 武昌起义街清真寺现状（图片来源：武汉市伊斯兰教协会）

五十七年（1792年），由222户回民捐款重修。道光二十三年（1843年）重修樊城清真寺碑记云，该寺"建自前明，至清初及乾隆年，规模宏广，殿宇辉煌"。据同治六年（1867年）重修樊城清真寺碑所述，该寺建筑年代及规模与残碑相同。寺门为3层飞檐的排式门楼（图3-3-5），门楼两端为"双龙捧寿"的封火墙头，门楼正中上方为一长方形青石，上刻"清真寺"三字，苍劲醒目。门壁左右各镶有壁花及五尺见方的阿拉伯文字屏。寺内主要建筑有礼拜殿、望月楼、南北讲堂等。卷棚、大殿、后窑殿为采用"勾连搭"方式连为一体的宫殿式建筑，道光至清末期间，寺内曾多次举办经堂教育，为鄂西北地区培养了不少宗教人才。樊城清真寺为湖北地区最古老的大寺之一（图3-3-6～图3-3-12）。

三、汉口民权路清真寺

汉口民权路清真寺，原称广益桥清真寺，据宣统元年（1905年）所立清真寺碑刻载，该寺于清"雍正年间（1723～1735年）置产建造"。整个

图3-3-2 武昌起义街清真寺大殿殿内（图片来源：华中科技大学民族建筑研究中心提供）

图3-3-3 武昌起义街清真寺石碑（图片来源：华中科技大学民族建筑研究中心提供）

图3-3-4 樊城清真寺远景（图片来源：http://www.2muslim.com）

图3-3-5 樊城清真寺门楼（图片来源：http://blog.sina.com.cn）

图3-3-6 樊城清真寺石碑（图片来源：http://www.2muslim.com）

图3-3-7 樊城清真寺大殿（图片来源：http://www.2muslim.com）

图3-3-8 樊城清真寺大殿内景（图片来源：湖北省文物局）

图3-3-9 樊城清真寺屋檐装饰（图片来源：湖北省文物局）

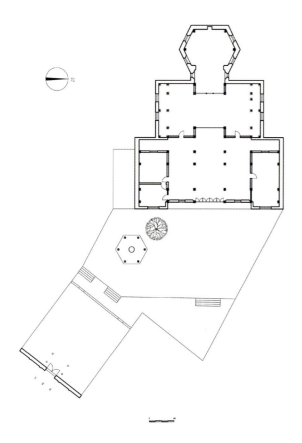
图3-3-10 樊城清真寺总平面图（图片来源：湖北省文物局）

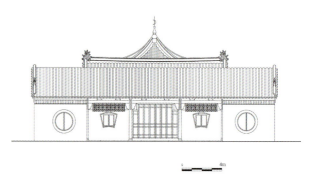
图3-3-11 樊城清真寺东立面图（图片来源：湖北省文物局）

图3-3-12 樊城清真寺明间剖面图（图片来源：湖北省文物局）

建筑面积1200平方米，为宫殿式木质结构。辛亥年（1911年）遭大火焚毁后，又在原地复建如初。1930年拓展汉口马路时，再次重修（图3-3-13）。该建筑为砖木结构的3层楼房建筑。现该寺为一座具有阿拉伯建筑特色的5层楼房建筑，面积940平方米，五楼坪台上耸立着3个穹顶式的"邦克楼"。它是武汉市尚存的3座清真寺中历史最长、规模最大、保持较为完好的一座清真寺（图3-3-14）。

图3-3-13 汉口民权路清真寺老照片（图片来源：《中国内地和边疆伊斯兰文化老照片》）

图3-3-14 汉口民权路清真寺（图片来源：武汉市伊斯兰教协会）

湖北古建筑

第四章 陵墓与祠庙

湖北重点陵墓与祠庙建筑分布图

① 钟祥明显陵
② 武汉江夏楚王陵
③ 当阳关陵
④ 蕲春李时珍墓
⑤ 阳新浮屠镇陈献甲墓
⑥ 红安吴氏祠
⑦ 阳新太子镇李氏宗祠
⑧ 枣阳鹿头镇郭营祠堂
⑨ 竹溪中峰镇甘氏祠堂
⑩ 阳新梁氏宗祠
⑪ 阳新浮屠镇王珑李氏宗祠
⑫ 通山焦氏宗祠
⑬ 阳新三溪伍氏祠
⑭ 阳新太子徐氏宗祠
⑮ 麻城盐田河东界岭雷氏祠
⑯ 鄂西香口乡柯家祠堂（瞿氏祠）
⑰ 洪湖瞿家湾宗伯府（瞿氏祠）
⑱ 秭归新滩郑氏宗祠
⑲ 秭归屈原镇杜氏宗祠
⑳ 秭归香溪王氏宗祠（观音堂）
㉑ 高罗李氏宗祠
㉒ 宜昌黄陵庙
㉓ 汉阴禹稷行宫
㉔ 谷城三神殿
㉕ 恩施武圣宫
㉖ 秭归江渎庙
㉗ 蕲春达成庙
㉘ 襄阳水星台
㉙ 恩施文昌祠

（地图引自：中华人民共和国民政部编．中华人民共和国行政区划简册2014．北京：中国地图出版社，2014．）

陵墓与祠庙建筑在中国古代一直是备受重视的纪念与祭祀建筑类型。陵墓是陵寝与墓葬的统称，包括中国古代埋葬帝王家族或历史上著名人物的陵寝，以及地方重要人物的墓葬。而祠庙则包括祭祀祖先的皇家太庙、民间祠堂，以及祭祀各方神明和先贤庙宇。陵墓与祠庙通常都不是单独一座建筑，而是由主体建筑与一系列门、堂、墙、屋按照特定的制式组成的祭祀建筑群，体现了封建社会的政治制度、伦理观念及象征意义。

（一）陵墓

中国古代墓葬的类型通常依墓主的身份不同而有不同规格的名称。帝王墓称"陵"或"山"，诸臣墓称"封"，王公墓曰"丘"，余者皆为"墓"或"坟"。后世除帝王墓葬称"陵"之外，其余通常都称"墓"。

湖北境内墓葬类型丰富，既有帝王规格的陵寝，又有大量早期臣侯的封丘。已发掘的战国楚墓就有数千座。其中于随州擂鼓墩发掘的曾侯乙墓就以其特殊的规格形制以及大量极其珍贵的随葬器物（如编钟、曾盘等）震惊世界。早期墓葬多未见地面建筑。至明清时期，陵墓的地上系列建筑与墓室并存，这类陵寝遗存留给后世系列高规格的建筑精品和陵园典例。其中包括被列入世界文化遗产名录的明显陵，被公布为全国重点文物保护单位的明楚王墓、九宫山李自成墓、当阳关陵及蕲春李时珍墓等。

明显陵，位于湖北钟祥市城东北7.5公里的松林山，是明世宗嘉靖皇帝的生父朱祐杬、母亲蒋氏的合葬墓，始建于明正德十四年（1519年），迄于明嘉靖十九年（1814年）。整个陵园双城封建，其外罗城周长约4.75公里。显陵由30余处规模不等的建筑组成，依山间台地由南向北渐次布列纯德山碑、敕谕碑、外明塘、下马碑、新红门、旧红门、御碑楼、望柱、石像生、棂星门、九曲御河、内明塘、祾恩门、祾恩殿、陵寝门、双柱门、方城、明楼、前后宝城等，疏密有间，井然有序。建筑群掩映于山环水抱之中。神道两边依次排列着骆驼、大象、麒麟、跪马、立马及武将、文臣等石像生。轴线末端为南北纵列"茔城"（也叫宝城）两座，南茔城和北茔城之间以瑶台相连。南北茔城中心皆为封土堆，分别为王陵前室和后室。砖筑茔城上端四周围嵌汉白玉散水龙头。显陵是我国南方少有的几处明陵之一。显陵于1988年被国务院公布为全国重点文物保护单位，2000年被联合国教科文组织批准列入世界遗产名录。

明楚王墓位于湖北省武汉市江夏区龙泉镇龙泉山，是明朝（1368～1644年）八代九位楚藩王的陵寝。各寝占地均在百亩以上，除墓冢外，原都有碑亭、神道、金水桥、祾恩门、祾恩殿、东西配殿、茔城、祭台等建筑物，现多已不存。这9座陵园，以朱桢的"昭园"为最，它坐落在天马峰下，占地100余亩。"昭园"城墙外左侧建有碑亭，碑是朱桢的孙子楚宪王于正统十二年（1447年）所立。昭园的垣墙呈四方形，总长1400米。正门为3个拱门，左右各一侧门，均为汉白玉、白凡石浮雕砌成。从正门直到大殿，依秩是金水拱桥、朱氏皇堂、享殿、拜台等建筑群。地面上的殿堂早已倒塌，但汉白玉雕刻的九龙头、玉柱、屏栏等依然保存完整。现地面建筑为后世复建，但地宫等地下建筑却保存较好。

当阳关陵，位于湖北当阳市西北，为蜀汉关羽之墓。始建于东汉，称"汉义勇武安王祠"，明嘉靖十五年整修陵庙，始名关陵。东汉建安二十四年（公元219年），关羽败走麦城被吴兵所杀，孙权怕刘备报杀弟之仇，将关羽首级献与曹操，将其正身以侯礼葬于当阳城西北。关陵初为土冢。自隋唐以来，历代帝王为关羽加封，拥其为武圣人，直至关帝。其陵园随之扩大，形成宏伟规模。明嘉靖十五年（1536年），已成陵园建筑群，始名"关陵"，沿用至今。以后曾多次修缮。现陵园内绝大部分建筑均为清代所建，有牌坊、红门、马殿、拜殿、正殿、寝殿、启圣门、钟楼、鼓楼、八角亭等建筑。寝殿后有墓冢，高约7米，周长约70米，筑石为垣，上加石雕栏杆。墓前有碑亭。2006年被国务院批准列入第六批全国重点文物保护单位名单。

湖北历史上著名人物的墓冢有李自成墓、李时珍墓、屈原衣冠冢等。但其地面建筑很少，仅有少量建筑如碑亭、牌坊、甬道等。位于蕲春蕲州东门外雨湖之滨的李时珍墓，墓前有其子明万历年立的李时珍夫妇合葬墓碑。以后多次修缮、修复，并增建了围墙和四柱三间的石牌坊等。

明王朝为了推崇皇权，自太祖朱元璋始恢复了预造寿陵的制度，并且对汉唐两宋时期的陵寝制度作了重大改革。首先，陵墓形制由唐宋时期的方形改为圆形，以适应南方多雨的地理气候，便于雨水下流不致浸润墓穴。其次，陵园建筑取消了下宫建筑，保留和扩展了谒拜祭奠的上宫建筑，相应地取消了唐宋以来陵寝中留居宫女以侍奉亡灵起居的制度，更加突出了朝拜祭祀的仪式，是统治者推崇皇权、巩固统治的一种手段。明代陵墓加强了神道建筑处理，突出陵墓前导部分的气氛，陵体完全宫室化，是对朝会格局的模拟，其中前朝部分为宫室型的纵向院落，而将后寝部分改为明楼宝城。随着南方园林建筑艺术的发展，明代陵园建筑的艺术风格比较以前历代都有较大的突破，形成了由前向后、排列有序的相对集中的木结构建筑群。在建筑与环境的处理上，充分体现"陵制当与山水相称"的意境。这是明清陵寝制度的一个显著特点。

以明显陵为代表的湖北明代陵墓建筑群，强化了中国古代陵墓建筑仪式性、纪念性的空间特点，通过建筑群体格局与环境的处理表现出肃穆、崇高、永恒的氛围。陵区种植长青松柏，表明了陵墓所追求的含义。

（二）祠堂

祠堂是以传统家族文化为背景而形成的建筑类型。中国传统家族文化的重要特点就在于其宗族性。宗族，是以血缘关系为基础、由家庭房份结成的亲缘集团或社会群体组织。在传统社会中，宗族组织通常表现为同一祖先的子孙世代聚居在某一区域，以血缘关系为纽带而形成的一种特殊的社会组织形态。

中国人历来注重"孝道"、"慎终追远"。宗族组织以血缘关系为基础，标榜尊崇祖先，同时用以维系亲情。由此，专门用以祭祀祖先或先贤的建筑——祠堂应运而生。对于封建王朝来说，各朝均设宗庙，即古代帝王、诸侯或大夫、士为维护宗法制而设立的祭祀祖宗的处所。早期宗庙文化是少数人的特权象征，随着社会发展，才由官宦阶层的特权发展至一般的庶民阶层的普及。到明清时期，随着宗族组织的庶民化与普遍化，以祠堂为中心的家族文化，对中国血缘型聚落的出现和发展产生巨大影响。血缘型聚落的普遍特征，就是在以家族祠堂为核心和制约关系的基础上发展起来的。湖北宗祠建筑就是在这样的人文和自然环境中展现其特有的风采。

祠堂，作为一个血缘型聚落的核心建筑，代表着一个宗族或家族的精神力量中心，因而在聚落空间（包括物理空间和居民心理空间）中总是占据最重要的位置。祠堂选址，或位于村落的地理中心，或位于村口或某一高地等显著的位置。这同儒家礼制思想中的等级、尊卑观念相一致。同一村落中祠堂的不同规格同样地代表着这种秩序关系。故祠堂既是一种高标准的建筑形式，同时体现一个家族内部的组织形态。因此，祠堂是一个聚落或者一个家族的标志性建筑。大型村落的祠堂往往有宗祠（族祠）、支祠、家祠等因等级秩序而来的多级建制。其中级别最高的为宗祠（或称总祠），是本村或附近同一血缘的多个村落共同祭祀祖先的地方。

宗祠，一个宗姓合族为祭祀共同的祖先而建的主祠。因其为全家族归属、兴旺和荣誉的象征，故在村落中占据着最重要的位置，建筑规模、等级也最高。家族成员则按照血缘关系的远近，居住于祠堂周围。聚落分区也基本上按支、房关系自然形成组团。而每一组团布局与聚落整体布局具有明显的同构关系。组团则以支祠或家祠为中心。因此形成了"宗—支—家"的层层设置得较严格的伦理格局体系。

祠堂最主要的功能是祭祀祖先。这项活动通常在每年固定的时节进行，如冬至、清明、除夕等。但因其作为一个家族的公共建筑，逐渐派生出一系列其他功能，诸如藏修族谱、训诫后辈、商议族内大事、储存公共财物等。此外，许多祠堂还用以家族聚会、操办红白喜事，甚至成为公共娱乐场所。祭祀者包括该宗族的各房派代表。祭祀是一个庄重肃穆的活动，是后辈对先人表达虔诚敬奉，以求祖灵庇佑的方式。因此，各类祠堂安置祖先牌位和祭台的最后一进房舍，称祖堂或龛室，是最神圣的场所。仪式化是这个场所的主要特征。香案、祭台、牌匾、楹联以及供奉先人牌位的台案均作特别精细的安排，香火缭绕更烘托出肃穆的仪式化氛围。为强化祭祀空间的仪式性，鄂东一些祠堂还特别从祖堂延伸出一个方形的亭台，从而加大了祭祀空间的进深感。这个方形的亭台往往成为建筑装饰的重点，如通山焦氏宗祠后进院中的方形祭亭，檐下斗栱额枋以及天花藻井极其精美，尤其额枋、雀替上的深浮雕游龙、坐龙栩栩如生，在偏僻的山乡得见这样的艺术精品，令人叹为观止。而阳新伍氏宗祠甚至以宽廊直接将后两进房屋在中部连为一体，形成一种"抱厅"的格局。

与之对比鲜明的，是祠堂的第一进院落。那是一个相对世俗化的空间。通常是村民集会和举行庆宴的场所。许多祠堂均在这个院落中设戏台，大型祠堂在这个院落两侧还设置敞廊，表明这里兼有乡村娱乐中心的功能。如红安吴氏宗祠，第一进院两侧建有双层长廊，廊宽达3.4米，长约20米。据介绍，每当家族聚会时，两侧廊道上下均可摆酒席，全族各户代表在此把酒看戏，成为村落中最热闹的场景。此时的宗祠，便成为地地道道的乡村娱乐中心。

祠堂作为村落中最高级别的建筑，这在多方面都有体现。其一是规模。宗祠常常有三进以上院落，有的在横向还有跨院。祠堂后部为祭祀空间——供奉先辈牌位的祖堂，前部则是议事等公共场所。无论增加多少进房舍，第一进和最后一进功能上是相对固定的，即活跃的娱乐空间和肃穆的祭祀空间。中间一进房舍往往成为过渡性空间，中有屏风相隔，可作议事厅之用，又可作为娱乐空间或祭祀空间的延伸，常被称为享堂。主入口立面处理非常讲究，常常建有牌坊式的门墙，并以该姓氏题铭牌，如"伍氏宗祠"、"焦氏宗祠"等。其内部空间宽阔高敞，有多进院落或天井以及附属用房，建筑形体远高大于周边住宅。其二为装饰。从装饰对象到装饰题材均为村落建筑之中的最高等级。如高大而气派的云墙，仅祠堂建筑才有。主入口多以石门框、过梁、转角石和石门墩，常常是雕饰的重点部位。在住宅建筑中一般禁用的斗栱，在祠堂里却可以大展风采。祠堂的斗栱多为如意斗栱，形式多样而活泼。其三是用材。祠堂屋宇高大，建筑所用木、石等均为大而优质的材料。在鄂东的祠堂中，给人印象至深的是高大的石柱础。这里的柱础一般都呈方形平面样式，普通柱础就是方棱柱形。而重要位置（如正厅、祖堂、祭台等）的柱础往往做得十分高大，常常高达1.2米，呈方形宝瓶式样，四面均有精细的雕饰纹样。面向天井的檐柱，为避免雨水的侵蚀，往往被做成整石柱或半石柱样式。半石柱的上部与同样截面的木柱相连接。这种"一柱双料"的做法成为湖北地区传统建筑构造的一大特色。

（三）宫庙

宫庙是中国古代建筑中重要的组成部分之一，主要用于祭祀。宫庙建筑主要有两类，在湖北地区分布也较广泛。

一是祭祀朝廷表彰的历史人物和祭祀名山大川的宫庙，如位于恩施的武圣宫，是拜祀关公关羽的庙宇；位于武汉的禹稷行宫，就是用来祭祀治水英雄大禹以及大禹的助手后稷；位于宜昌的黄陵庙，主祀禹王；秭归屈原祠为纪念屈原而建。祭祀名山大川的如江渎庙，又名杨泗庙，位于秭归县，是先人祭祀水神的所在。据著名古建筑专家罗哲文介绍，江渎庙除具有浓厚的地方建筑特色，其建筑样式和建筑风格除在三峡库区少见外，还是全国为数不多的保存完好的"江淮河济"四渎庙之一，具有较深厚的文化积淀和十分丰富的古建筑文化价值。

二是祭祀与民众生活有密切关系的神灵的民间杂祀庙，如位于蕲春的祭祀洞庭神的达成庙；位于谷城的祭祀财神、水神、火神的三神殿；位于巴东的祭祀地藏王的地藏殿，位于襄阳的水星台等。其中，襄阳水星台相传为晋代喜占卜之术、擅游仙诗的文学家郭璞始建，位于襄阳市樊城区定中门西约50米处樊城城基上，因于城基上筑台建庙以祀水星而得名。

湖北古代建筑里，祭祀建筑占有相当的数量。此外，在民间的祭祀活动中，各地建筑的万年台也是祭祀活动的场所之一。如浠水、蕲春、钟祥的万年台和戏台就是当时当地演戏酬神、祭祀神灵的场所。

祭祀建筑的艺术特征，主要表现在以满足精神功能为主，充分体现出祭祀对象的崇高伟大，祭祀礼仪的严肃神圣。

第一节 陵墓

一、钟祥明显陵

位于钟祥市城东郊松林山的明显陵，作为明世宗嘉靖皇帝的父亲和母亲的合葬墓，是明代帝王陵寝中颇具特色的一组建筑群，为全国重点文物保护单位。

显陵始建于明正德十四年（1519年），于嘉靖十九年（1540年）建成，显陵总用地183.13公顷，是明代帝陵中单体面积最大的皇陵。其中陵寝部分占地约52公顷，在这广阔的区域内，所有的山体、水系、林木植被等都作为陵寝的构成要素被统一布局和安排。整个陵园双城围合，外罗城长达4730余米，墙高6米，墙体厚达1.6米，蜿蜒起伏于重峦叠嶂之中，雄伟壮观，是我国历代帝王陵墓中遗存最为完整的城墙（图4-1-1）。

陵园由内外罗城、前后宝城、方城明楼、祾恩殿、祾恩门、神厨、神库、陵户、军户、神宫监、功德碑楼、新红门、旧红门、内外明塘、九曲御河、龙形神道等30余处规模宏大的建筑群组成，其布局构思精巧，建造工艺精湛。

陵寝外围即是平面呈"金瓶"形状的外罗城。外罗城前端因池塘和东南砂山影响，宫门的建造基址偏离陵园轴线左侧，因地制宜，依山就水，名新

图4-1-1　钟祥明显陵外明塘处看红门和明楼（图片来源：华中科技大学民族建筑研究中心提供）

图4-1-2 钟祥明显陵正红门（图片来源：华中科技大学民族建筑研究中心提供）

图4-1-3 钟祥明显陵碑亭（图片来源：华中科技大学民族建筑研究中心提供）

图4-1-4 钟祥明显陵神道（图片来源：华中科技大学民族建筑研究中心提供）

红门。新红门为歇山顶，面阔18.5米，进深8米，有券门三洞。门前左右立碑两座，上书"官员人等至此下马"。新红门右侧在原有池塘的基础上改建成外明塘，外明塘后为三道并列的御桥。过御桥则为正红门，正红门红墙黄瓦，歇山顶式，面阔18米，进深7.8米，有三洞券门（图4-1-2）。入正红门甬道，正中矗立着高大的"睿功圣德碑亭"，平面呈方形布局，面阔进深均为18.3米，占地334平方米，汉白玉台基，下设石须弥座，上为重檐歇山顶，四边各开有券门，正中立龙首龟趺睿功圣德碑（图4-1-3）。碑亭后63米处再设有三道并列的御桥。

过御桥为陵园核心区。迎面立汉白玉望柱一对，通高12米，下为方形须弥座，柱身为六棱形，柱顶有两层束腰云盘托着圆柱形有云龙纹浮雕望柱头。望柱后列12对石像生，有蹲狮、獬豸、卧骆驼、卧象、蹲麒麟、立麒麟、卧马、立马各1对，簪缨武臣2对，梁冠文臣2对。这组雕工精细的石像生群，是明显陵的石雕艺术之精华（图4-1-4）。

石像生北端，立石坊一座，亦称龙凤门或棂星

图4-1-5 钟祥明显陵棂星门（图片来源：华中科技大学民族建筑研究中心提供）

门（图4-1-5）。棂星门由三门六柱四楼组成，是砖、石、琉璃件构成的仿木建筑。通面阔24.43米，中门高，两侧门略矮。每根柱子的顶端都蹲踞着一只朝天犼，柱上端左右装有云板，额枋上有火焰宝珠，故亦称"火焰牌枋"。三座门之间，由琉璃影壁夹楼相连接，影壁下为须弥座，夹楼上覆金色琉璃瓦。影壁南北两面都镶嵌着中心花和岔角花，方柱的南北两面分别拥以抱鼓石（图4-1-6）。

从棂星门再经御桥便是一条长达290米的神道，该神道并非按传统的通直原则，而呈弯曲龙行状，被称之为龙形神道。接龙形神道是最后三道并列的御桥。九曲河由东北向西南蜿蜒而过，河道为砖石砌筑，河中根据高差建有九道拦水坝。过九曲河最后一道御桥为内明塘，内明塘（图4-1-7）为圆形，直径33米，周边砌有青石护岸。两边各设有碑亭一座，分别为纯德山祭告文"碑亭和"瑞文碑"亭"。内明塘后，为棱恩门，面阔三间，进深二间，建有月台，前后三出云龙丹陛，门两边有琉璃影壁，影壁正面为绿色琉璃的蟠枝图案，背面为双龙腾跃，有藏龙护生之意。

棱恩门外东侧，建有神厨、神库、宰牲亭等。西侧建有神宫监、礼生乐户直房等。棱恩门后，左右设配殿，面阔五间，进深二间，前出檐廊。再后为棱恩殿，歇山顶，后出抱厦，面阔五间，进深四间。前出月台，石雕须弥座台基，雕栏龙凤望柱。棱恩殿后为陵寝门，面阔三间，砖石琉璃结构。其后为二柱门，现仅存石柱，蹲龙战鼓，木构无存。二柱门后为石五供。供案两侧各有碑亭一座，分别

图4-1-6 钟祥明棱恩殿遗址（图片来源：华中科技大学民族建筑研究中心提供）

图4-1-7 钟祥明显陵内明塘（图片来源：华中科技大学民族建筑研究中心提供）

为御赐祭文碑亭和御赐谥册志文碑亭。供案后是方城明楼（图4-1-8），方城面阔、进深皆为22.2米，设券门一道，门前有御道踏跺（远观明显陵方城明楼）。门后左右设有御道台阶以供上下。方城上建有明楼，面阔、进深均为17米，重檐歇山顶，石须弥座基础，四道券门，内供"大明睿宗献皇帝之陵"圣号碑，通高4.69米。

方城后左右连接着前后宝城，前宝城呈椭圆形，东西宽112米，南北长125米。宝城内为宝顶，宝顶下的玄宫为正德十五年（1519年）所建。宝城与方城之间建有月牙城，内有琉璃影壁一座。前后宝城由瑶台相连。瑶台为长方形，面阔11.5米，进深40.5米。后宝城为圆形，直径110米。内为宝顶，宝顶下玄宫为嘉靖十八年（1539年）所建，玄宫内停放恭喜献皇帝和皇后棺停。后宝城与瑶台之间建有月牙城，内有琉璃影壁一座。两座宝城上共有向外悬挑的散水螭首16个，设计精巧，为独特的排水系统。陵区外围沿祖山、东西砂山、案山建有显陵卫、东果园、西菜园、更铺及巡山铺等。显陵之奇特主要缘于其是由王墓改帝陵而形成的一陵双冢的

图4-1-8 钟祥明显陵明楼（木构部分为20世纪90年代重建）（图片来源：华中科技大学民族建筑研究中心提供）

孤例。（图4-1-9）明显陵建筑和环境风貌保存完好，建筑规模宏大，陵寝结构独特，文化内涵丰厚，堪称中国帝陵的璀璨明珠（图4-1-10）。

显陵以其独特的环境风貌、精巧的布局构思、宏大的建筑规模、丰富的地下宝藏及其珍贵的历史价值而受到国家文物专家的高度重视，1988年被列入全国重点文物保护单位，1999年3月国家文物局又将其作为明代唯一的一座帝陵，向联合国世界遗产委员会申报世界文化遗产。2000年1月7日，联合国专家让·路易·卢森先生视察显陵后感到十分惊讶，称显陵为"神奇的明显陵"，对至今已历时115年仍保持完好的外罗城感到"简直不可思议"。同时对显陵的保护维修工作给予了充分肯定。2000年12月初，联合国教科文组织世界古迹遗址委员会第24届会议正式将显陵评为世界文化遗产。

二、武汉江夏楚王陵

武汉江夏楚王陵位于湖北省武汉市江夏区龙泉镇龙泉山，是明朝（1368～1644年）九位楚藩王的陵寝。从明代楚王朱桢开始，龙泉山成为从明初至明末楚王八代共九王的茔园，它贯穿明代始终，历代楚王均在此修建茔墓，这里于是成为昭、庄、宪、康、端、愍、恭、巴陵卓、简九王的陵寝与陵园，逐渐形成"三龟九寝十二景"。繁盛的"灵泉古市"就此被蚕食成森冷的楚王茔域，形成了北京有明十三陵，武汉有明九王墓的奇观。这里逐渐形成了一个完整的明代藩王葬制，且明楚王墓布局规整，保存完好。

九座陵寝的形制基本相同，由荷花池、配殿、神帛炉、地宫等建筑组成。昭、庄、端三国各有一碑亭，亭内石碑保存较好。其中又以昭王陵保存最好，其地面建筑台基、中央"神道"、东西"御道"基本完好，地宫保存完好（图4-1-11、图4-1-12）。

这九座陵园，以朱桢的"昭园"为最，它坐落在天马峰下，占地100余亩。"昭园"城墙外左侧建有碑亭，内竖石碑一座。碑下赑屃（又名霸下，样子似龟，好负重，龙九子之一）高1.4米，碑高

图4-1-9 俯视钟祥明显陵墓冢（图片来源：华中科技大学民族建筑研究中心提供）

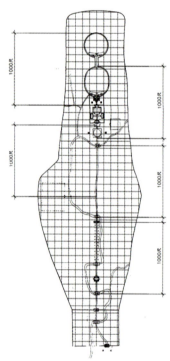

图4-1-10 钟祥明显陵总平面图（图片来源：华中科技大学民族建筑研究中心提供）

图4-1-11 楚王陵建筑基址与碑亭（图片来源：华中科技大学民族建筑研究中心提供）

5米，宽1.5米，是朱桢的孙子楚宪王于正统十二年（1447年）建立的。昭园的垣墙呈四方形，总长达1400余米，厚1米，高2.8米。砖为官窑特制的青砖，每口重达18公斤。正门三个拱形圆门，左右各一侧门，均为汉白玉、白凡石浮雕砌成。从正门直到大殿，全用1米见方的白凡石铺设路面，之后依次是金水拱桥、朱氏皇堂、享殿、拜台等建筑群。地面上的殿堂早已倒塌，但汉白玉雕刻的九龙头、玉柱、屏栏等依然保存完整（图4-1-13、图4-1-14）。

图4-1-12　楚王陵棱恩门基址与棱恩殿（重建）（图片来源：华中科技大学民族建筑研究中心提供）

图4-1-13　武汉江夏楚王陵金水桥（图片来源：华中科技大学民族建筑研究中心提供）

图4-1-14　武汉江夏楚王陵棱恩殿月台（图片来源：华中科技大学民族建筑研究中心提供）

1982年，昭王陵进行了较大规模的修整。1991年湖北省考古所和武汉市考古所对昭王墓进行了抢救性发掘，出土了金册（铜质）、玉印、腰带等100余件珍贵文物。为对于研究明代藩王的葬制、葬俗具有重要的学术价值。2001年明楚王陵经国务院批准列为第五批全国重点文物保护单位。

三、当阳关陵

当阳关陵为清代陵园，位于当阳市玉阳关凌路西，为纪念三国蜀将关羽而建（图4-1-15）。

当阳关陵始建于明成化三年（1467年），关陵在宋以前只有土冢，南宋浮熙十五年（1188年）建祭亭。元代建墓道墓门。自隋唐以来，历代皇帝为关羽加封，尊称其为武圣人，直至关帝，他的陵园随之扩建，逐渐形成现今的宏伟规模。明嘉靖十五年（1536年），已成陵园建筑群，始名"关陵"，沿用至今。以后曾多次修缮，但仍保留着明代的建筑风格。其后又重修增建。于嘉靖十五年（1536年）形成规模，占地面积约4.6万平方米，关陵建筑群以宫墙相连，全是红砖黄瓦，富丽堂皇。陵园呈中轴对称布局。陵园内现有神道、碑亭、石牌坊（图4-1-16）、三元门（图4-1-17）、马殿（图4-1-18）、拜殿、正殿（图4-1-19）、寝殿（图4-1-20）、春秋阁、伯子祠、八角亭、来止轩、佛堂、斋堂和墓冢等建筑。寝殿后有墓冢，墓前有碑亭（图4-1-21）。

陵园的主体建筑为正殿，前檐悬"威震华夏"金匾。殿内供奉关羽父子和周仓的大型塑像，造型生动。寝殿内有台湾同胞捐资铸塑的高3.6米、重800千克的关公铜像。墓冢位于关陵后部。在墓冢四周砌筑石垣。墓冢高约5米，底周长70余米，外

图4-1-15 重建手当阳关陵入口（现状）（图片来源：华中科技大学民族建筑研究中心提供）

图4-1-16 当阳关陵石牌坊（图片来源：华中科技大学民族建筑研究中心提供）

图4-1-17 当阳关陵三元门（图片来源：华中科技大学民族建筑研究中心提供）

图4-1-18 当阳关陵马殿（图片来源：《湖北古代建筑》）

图4-1-19 当阳关陵正殿（图片来源：华中科技大学民族建筑研究中心提供）

图4-1-20 当阳关陵寝殿（图片来源：华中科技大学民族建筑研究中心提供）

图4-1-21 当阳关陵墓碑亭（图片来源：华中科技大学民族建筑研究中心提供）

图4-1-22 蕲春李时珍墓李时珍像（图片来源：华中科技大学民族建筑研究中心提供）

围砌条石台基和护栏。甓石为垣，加上石雕栏杆，刻有"巨龙如海"等图案。前有方形祭亭，单檐歇山顶，上覆绿琉璃瓦。亭内立碑1通，高1.95米，碑阳楷书"汉寿亭侯墓"，"钦守巡荆西道上邓题"，"万历丙子夏日立"款。

关陵，风景幽丽、古柏参天、远山近水、四季常新，是中国的三大关庙之一，在当地有着"关公头枕洛阳、身困当阳、魂归故乡"之说。

四、蕲春李时珍墓

李时珍（1518—1593年），字东璧，号濒湖，蕲州（今湖北蕲春）人，是杰出的医药学家，所著《本草纲目》是本草学一部巨著。

李时珍墓建于明代，位于蕲春薪州东门外雨湖之滨。李时珍因其对人类的杰出贡献被列为世界文化名人之一（图4-1-22）。墓前有李时珍之子李建元、李建中、李建方所立李时珍夫妇合葬墓碑。墓园有四柱三间石牌坊等建筑（图4-1-23）。现今的李时珍墓在新中国成立之后进行了多次的修缮。陵园由牌坊、莲池、拱桥、花坛、花圃、李时珍塑像、墓冢、陈列室以及药圃等组成（图4-1-24）。1949年后修葺了墓冢，建成"李时珍陵园"，陵寝占地面积约5.3万平方米。园内立李时珍塑像，塑像底座镌刻郭沫若亲笔题词。

墓冢南依群山，北临湖水。塑像后并立两座墓冢，东侧为李时珍与其妻吴氏合葬墓（图4-1-25），西侧为其父李言闻与母张氏合葬墓（图4-1-26）。墓冢封土高均为2米，纵径6米，横径4.5米，呈椭圆形，周围以青石条砌护。墓前有万历年间其子所立石碑1通，高1.15米，宽0.6米，上部及两侧以条石镶框。碑文楷书。1982年李时珍墓被列为全国重点文物保护单位。

图4-1-23 蕲春李时珍墓墓园石牌坊（图片来源：谭刚毅摄提供）

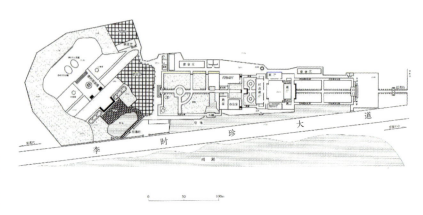

图4-1-24 李时珍墓墓园总平面图（图片来源：《湖北古代建筑》提供）

图4-1-25 蕲春李时珍墓墓冢（图片来源：谭刚毅摄提供）

图4-1-26 李时珍墓合葬墓（图片来源：《湖北古代建筑》提供）

五、阳新县浮屠镇陈献甲墓

陈献甲墓（图4-1-27）位于阳新县浮屠镇陈献甲村，为明代古墓，其建筑结构精巧，花纹雕刻密布，保存完整。

墓主为陈献甲。据《陈氏宗谱》记载："陈献甲，字廷试，号云峰，生于明嘉靖戊子年二月十三日，殁于明万历戊戌年正月二十四日。"据有关资料介绍，陈献甲当时是富甲一方的商人，急公好义，乐善好施，享誉鄂东南。

该墓建于明万历年间，占地面积约146平方米，由石牌坊、前室、祭台、墓室、墓碑等部分组成（图4-1-28），均以青石为材料。墓石上刻满灵芝、梅花等植物花卉。墓室用长方条石砌成五层台形状，中间饰以莲花图案。其入口由石牌坊与两侧用整块石雕做成的"八"字照壁组成，牌坊为三间四柱，柱不出头式，明间的冲天石柱疑是后来所加，石质不一（图4-1-29、图4-1-30）。石柱内侧南北对称雕刻侍人手捧梅花鹿、官帽。横梁正面刻有"双凤朝阳"，反面则装饰有极富地方特色的"渔、樵、耕、读"图案（图4-1-31）。两扇小门以独角兽、麒麟、凤凰、飞雁等图案雕饰（图4-1-32）。前室和祭台均有数块大小一致的方石板做成的围栏，石板上雕有奔马、松鼠、"鱼跃龙门"、"犀牛望月"等鸟兽虫鱼图案。在陈献甲明墓中发现的多达60多件雕刻构件（图4-1-33、图4-1-34），具有较高艺术价值和保护意义。整个墓冢序列明确，建筑结构精巧，雕刻精美，保存完整，为湖北省文物保护单位。

图4-1-27 陈献甲墓（图片来源：华中科技大学民族建筑研究中心提供）

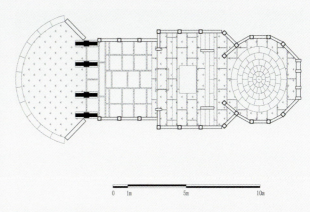

图4-1-28 陈献甲墓平面图（图片来源：华中科技大学民族建筑研究中心提供）

图4-1-29 陈献甲墓墓碑（图片来源：华中科技大学民族建筑研究中心提供）

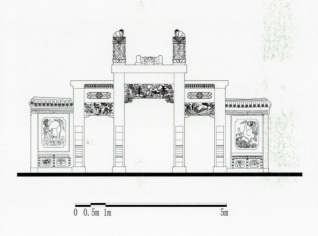

图4-1-30 牌坊立面图（图片来源：华中科技大学民族建筑研究中心提供）

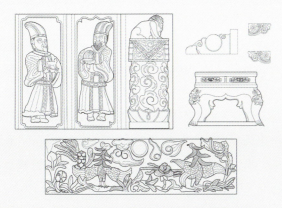

图4-1-31 大样1（图片来源：华中科技大学民族建筑研究中心提供）

图4-1-32 大样2（图片来源：华中科技大学民族建筑研究中心提供）

图4-1-33 细部1（图片来源：华中科技大学民族建筑研究中心提供）

图4-1-34 细部2（图片来源：华中科技大学民族建筑研究中心提供）

第二节 宗祠

一、红安吴氏祠

红安吴氏祠位于湖北红安县八里湾陡山村，有着"鄂东第一祠"的美誉。吴氏祠始建于清乾隆廿八年（1763年），同治十年（1871年）重修，现吴氏祠为光绪廿八年（1902年）新建。吴氏祠建筑考究，布局严谨，保存较好，集建筑、木刻、陶塑、石雕等艺术于一体。牌楼式的入口石雕非常精致，每块大青砖上均有楷体的"吴氏祠"，想必是为此堂专门订做。牌楼正中悬挂着一块笔力遒劲的竖匾，上书"吴氏祠"。牌楼内还有一块横匾，上面同样也是龙飞凤舞的四个字"家承赐玉"。建筑内部木雕更是异常精美。祠内门、柱、廊无一不雕龙画凤，题材广泛，造型生动，令人叹为观止。当推门而入时，一种久远的时空氛围扑面而至，依然让人们感觉到虽经百年的沧桑，看起来却依然富丽堂皇（图4-2-1）。

吴氏祠的平面格局为典型的鄂东祠堂格局（图4-2-2）。祠堂面朝南向，占地面积1410平方米。面阔五间共25米，通进深56米。布局方式为合院式，有前厅（戏楼）、中厅（享殿）、正殿（寝殿）及偏房。进门为戏台"观乐楼"，两侧为两层观戏用的厢廊，走过前院，就是祠堂的上殿——拜殿，这里殿厅宽阔，为宗祠议事之处。第三进为寝殿，是家族头人们议事后休息住宿的地方。后庭的东西两边为厢房，每间厢房的房门皆镂空雕花，"渔、樵、耕、读"四字由无数只凤鸟组成，随意赋形，巧夺天工（图4-2-3）。

戏楼平面呈"凸"字形，分前后台，前台为单

图4-2-1 红安吴氏祠入口（图片来源：华中科技大学民族建筑研究中心提供）

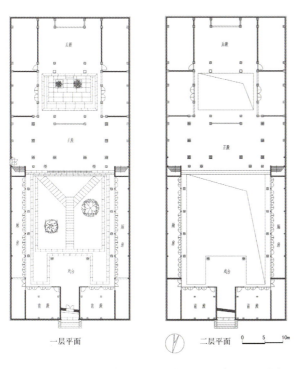

图4-2-2 吴氏祠平面图（图片来源：华中科技大学民族建筑研究中心提供）

檐歇山灰瓦顶，后台为单檐硬山灰瓦顶。明间屋顶高出稍间2.5米，分上、下两层。中厅、正殿为单檐硬山灰瓦顶，明间结构方式为穿斗抬梁混合构架，次、稍间则为穿斗式构架（图4-2-4）。吴氏祠堂规模较大，入口处设有一戏台，在举行家族仪式活动的时候可能会聚集大量人流，所以需要一个相对较大的室外空间。

关于祠堂内的木雕，据说吴氏祠的建筑班底是当时最负盛名的肖家石匠班子和闻名两湖（湖北、湖南）的"黄孝帮"木工班子，极尽雕画镌刻之能事。其有彩绘《八仙图》、《太极图》，浮雕《武汉三镇》、《大禹耕田》、《文王访贤》、《群英会》，镂空雕《金鼠戏葡萄》，陶塑《凤凰》、《仙鹤》，石雕《狮子》等，尤以《武汉三镇》和《金鼠戏葡萄》等最为珍贵。"武汉三镇江景图"位于吴氏祠的戏台"观乐亭"的楼檐台裙上，是一处绝无仅有的木

图4-2-3 吴氏祠厢房的门扇上"渔、樵、耕、读"主题的雕饰（图片来源：华中科技大学民族建筑研究中心提供）

图4-2-4 红安吴氏祠戏台（图片来源：华中科技大学民族建筑研究中心提供）

图4-2-5 阳新太子镇李氏宗祠外观（图片来源：华中科技大学民族建筑研究中心提供）

图4-2-6 阳新太子镇李氏宗祠内院（图片来源：华中科技大学民族建筑研究中心提供）

雕精品，近9米长，令人叹服（图4-2-22）

红安吴氏祠已被列为全国重点文物保护单位。

二、阳新太子镇李氏宗祠

阳新李氏宗祠位于湖北省阳新县太子镇镇中心区域（图4-2-5、图4-2-6），地处现太子镇政府附近，占地约1500平方米，是鄂东南占地最大的祠堂之一。据李氏后人描述，现有李氏宗祠建筑始建于清代末年。民国时期曾遭战火焚毁，民国25年（1936年）重建。1990年再次翻修。李氏宗祠现为老年活动中心，为附近居民提供休闲活动场地。遇逢年过节、子女升学等情况，附近李姓村民还要至此祭拜。"文革"期间曾用作中学、小学。

李氏宗祠除具有鄂东南祠堂的一般特征外，还

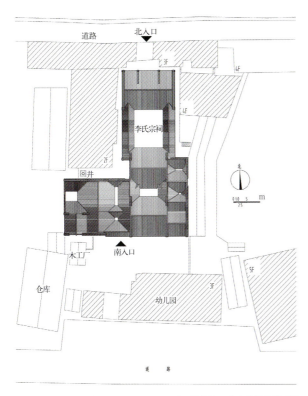

图4-2-7 阳新太子镇李氏宗祠总平面图（图片来源：华中科技大学民族建筑研究中心提供）

有不少与其他祠堂不同的特点。李氏宗祠周边现为住宅。该祠堂由三进院落组成。建筑入口面北，院落序列沿南北轴线展开。入口为槽门形制——明间墙体缩进1.5米形成门廊，入口背面有戏台。第二进厅堂名为秉礼堂，联系前后两进院落。最后一进为祭祀堂，有祭台。两个天井边由过廊联系。与鄂东南其他祠堂不同，李氏祠堂第三进两侧向东西向各扩展出两进院落，使得整个祠堂布局呈"T"字形。（图4-2-7）。

第一进戏台规模宏大。戏台表演区域5.1米见方，上有藻井。戏台后有3.2米进深的后台空间。戏台由第二进两侧的楼梯登上，并穿过院落两侧廊道两层到达。第二、三进厅堂屋架为穿斗式结构。第二进天井两侧阁楼屋顶做法特异，该处屋顶两侧对称向北侧起飞檐。前后两个天井两侧过廊檐下柱子采用一柱双料做法，防止雨水侵蚀。柱础多有精美石雕装饰，图案各异（图4-2-8）。

李氏宗祠屋顶采用小青瓦，由于院落进深较

图4-2-8 阳新太子镇李氏宗祠戏台（图片来源：华中科技大学民族建筑研究中心提供）

大，屋顶未敷设亮瓦。屋脊中央有象征"平安富贵"的宝瓶装饰。戏台两侧硬山封火墙为云墙做法。墙面为青砖砌筑。墙檐下有檐画装饰。整个祠堂装饰装修因时代差异而良莠不齐。柱础石雕工艺较高，戏台额枋、雀替、窗棂、藻井，祭台及厅堂木板屏风等处雕饰精美，所饰的书法字画也有较高艺术水平（图4-2-9，图4-2-10）。但后期装修所填补的外墙檐画水平难与其他地方媲美。

相传李氏宗祠为唐明皇赐姓。传说唐明皇李隆基某年路过此地，游历了附近"太子庙"后，来到李氏宗祠的前身——驿馆休息，对此处建筑的雄伟、布局的精美大加赞赏。当驿馆负责人请他御赐墨宝时，他不加思索地在第一进的大门上写下一个"十"字，第二进的廊柱上写一个"八"字，第三进的屏风上写下一个"子"字。众皆不明其意，面面相觑。这时，唐明皇身边的宦官高士撑寻一甩，高声宣曰："圣旨下：奉天承运，皇帝诏曰，太子庙旁驿馆，大有皇家建筑风范，为便于加强保护，使之不受侵害，特赐该驿馆为李姓。钦此。"众人恍然大悟，纷纷跪伏谢恩。自此以后，这座庞大的建筑就逐步衍变成为太子镇附近一带李姓公有的李氏宗祠。李氏家族成立了专人管理，共同出资对该宗祠定期进行管理和修缮。

三、枣阳鹿头镇郭营祠堂

郭营祠堂位于枣阳市鹿头镇郭营村，距鹿头镇北约一公里，是郭氏家族祭祀祖先的场所，始建年代不祥，现留存的一组古建筑为清代建筑（图4-2-11）。

图4-2-9 阳新太子镇李氏宗祠祭台（图片来源：华中科技大学民族建筑研究中心提供）

图4-2-10 阳新太子镇李氏宗祠雀替（图片来源：华中科技大学民族建筑研究中心提供）

图4-2-11 枣阳鹿头郭营祠堂正立面（图片来源：华中科技大学民族建筑研究中心提供）

该祠堂坐北朝南，偏房和正殿组成院落，中轴对称布局，为一座带门楼的三合院，占地面积约为400平方米（图4-2-12）。主体建筑有门楼、两侧厢房及中部正堂，东侧带一个不规则偏院。房屋建筑古朴典雅，穿枋上雕刻有各种花纹，工艺细腻精湛，保存较好。郭营祠堂的门楼外观十分特别，它采用了单片高墙上贴两级仿木砖砌斗栱牌楼门头，仅设两侧步柱带瓜头不落地，门楣上方嵌上下、长短两片石匾，上部刻有三个篆书字体，下部为两侧斜卍字纹拱卫的"义路礼门"四个正楷大字。

图4-2-12 枣阳鹿头郭营祠堂庭院（图片来源：华中科技大学民族建筑研究中心提供）

门洞为砖砌，两侧设两个砖砌十字孔漏窗，门内侧是一片较简单的单坡屋架（图4-2-13）。厢房为面阔三间、进深两间的独立、对称式单体建筑，两侧山墙为硬山带向院内墀头装饰，南侧山墙与门楼共同构成祠堂丰富的正立面。厢房正立面均朝内院，明间设带亮木门，门上设四个圆柱状门簪，两侧次间设带亮木制密格窗。檐面出檐较大，为支承檐口，明间梁架的主梁向外延伸悬挑立短柱来解决。正堂与厢房分开约2米，面阔五间，进深四间，抬梁式结构，山面穿斗，硬山灰瓦顶，有浮雕山花。正堂构架为内外双排柱（图4-2-14），中部抬梁架空形成正堂祭祀空间。前排双柱形成柱廊，上设轩顶，下部每间均有月梁，月梁两面均设不同内容的浮雕（图4-2-15、图4-2-16）。外部穿枋外施浮雕，上嵌漏雕。正堂背后为实墙，厢房背后在次间开有两个窗。西侧偏院与主院落用圆形月洞门连接西侧厢房与正堂（图4-2-17、图4-2-18）。

图4-2-13 枣阳鹿头郭营祠堂屋架（图片来源：华中科技大学民族建筑研究中心提供）

整个建筑古朴典雅，保存较好。2008年，郭营祠堂已被批准为第五批湖北省文物保护单位。

四、竹溪中峰镇甘氏祠堂

甘氏宗祠位于十堰市竹溪县中峰镇甘家岭村，是当地甘姓人家祭祀祖先、聚会议事的场所，始建于清乾隆二十二年（1757年），后几经修建扩建。现存主院落建筑为2007年所修复，为国家级重点文物保护单位（图4-2-19）。

甘氏宗祠坐北朝南，建筑面积约2000平方米，

图4-2-14 枣阳鹿头郭营祠堂两排柱子（图片来源：华中科技大学民族建筑研究中心提供）

图4-2-15 枣阳鹿头郭营祠堂浮雕1（图片来源：华中科技大学民族建筑研究中心提供）

图4-2-16 枣阳鹿头郭营祠堂浮雕2（图片来源：华中科技大学民族建筑研究中心提供）

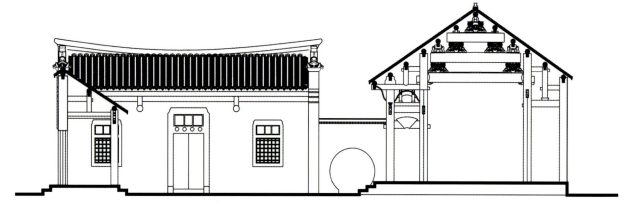

图4-2-17 枣阳鹿头郭营祠堂剖面图（图片来源：华中科技大学民族建筑研究中心提供）

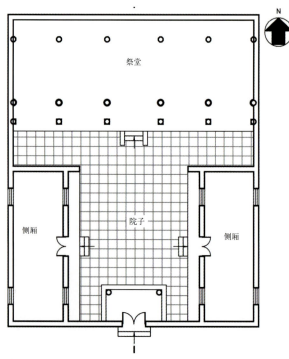

图4-2-18 枣阳鹿头郭营祠堂平面图（图片来源：华中科技大学民族建筑研究中心提供）

为两路两进四合院偏正布置。东一路为该宗祠的主院落，前厅及一进院平面均有明显对称轴线（图4-2-20、图4-2-21）。正门采用三间四柱牌楼式门头，砖砌仿木贴壁柱不落地，牌楼正中、门楣上方嵌有一方石匾，上横书"甘宗祠"三个楷体大字，两侧山墙墀头精致。门楣及门脸都有石雕装饰，抱鼓石半人高（图4-2-22），且往内收进，上置小石狮子。前厅、正堂均面阔三间，左右厢房面阔两间，正中置天井。正堂外檐柱开间较内柱宽，因此形成八字梁枋。正院的木柱均较粗大，配以精雕石制柱础，显示出正堂的威严。正院西侧开有一个侧门，连接西侧的偏院，门外上方也采用了单间双柱不落地门头装饰。偏院为三合院，南面开有一门，门上方也设有单间双柱不落地门头装饰，只是宽度较大。门楣上方也嵌有一方石匾，上刻"燕序处"。

图4-2-19 竹溪中峰甘家祠堂外观（图片来源：华中科技大学民族建筑研究中心提供）

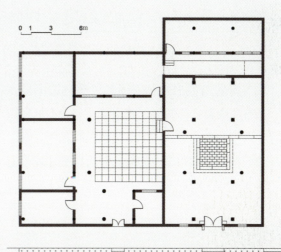

图4-2-20 竹溪中峰甘家祠堂平面图（图片来源：华中科技大学民族建筑研究中心提供）

图4-2-21 竹溪中峰甘家祠堂内庭院（图片来源：华中科技大学民族建筑研究中心提供）

图4-2-22 抱鼓石（图片来源：华中科技大学民族建筑研究中心提供）

该偏院虽是辅助性院落，但木柱、石柱础、木雕望板、轩顶等做工十分精美（图4-2-23）。该宗祠最特别之处就是后院是从偏院进入，而非对称入口布置。后院天井十分狭窄而扁长，后堂前壁开窗，两侧边开门，窗上部是木制拼花漏窗和雕花雀替，窗下部是砖墙。后堂据说是作为教学场地所用，在后院正堂的背墙上有精细的线描工笔壁画，因年代久远已经不甚清楚，但隐约能看到建筑、人物等。东侧官厅为民国3年（1914年）修建。墙体由青砖平砌而成，单檐硬山灰瓦顶，前有檐廊。内部结构为

图4-2-23 轩顶（图片来源：华中科技大学民族建筑研究中心提供）

前堂后室，均面阔五间，长21.2米，进深分别为6.8米、7.26米。堂内立柱为楠木，下部有石柱础，地面铺青石板。

该宗祠的山墙形式是鄂西北传统建筑中最多的，共有马头墙、半圆墙、硬山墙、三级不对称猫弓背等四种。宗祠屋顶均为单檐硬山灰瓦顶，两山穿斗式构架，中部抬梁式构架。甘氏宗祠，规模宏大，布局合理，设计精密，保存完整，源远流长，在全省范围内独具特色，在全国的古代建筑中具有较高的保护研究价值。

五、阳新梁氏宗祠

梁氏宗祠（图4-2-24），号曰光裕堂，位于大冶市阳新县白沙镇梁公铺，钟灵毓秀之大虎山上。坐北朝南，建筑面积2475平方米，始建于清康熙年间，距今约有300多年的历史。宗祠的修建主要是为供奉梁氏家族的始祖梁灏（距今大约700多年）。据梁氏族人介绍，当年主持祠堂修建的是清康熙朝正二品大员梁勇孟（梁灏第十八代孙），并由当时分布于阳新境内及附近地区的梁氏宗族的六大户头出资出力共建而成（图4-2-25）。

梁氏宗祠踞于老村口的咽喉地段，前面案山，背靠高坡，门前地势缓降，视野开阔（图4-2-26～图4-2-29），气宇轩昂。宗祠规模宏大，正面三个入口呈中轴对称，两边为次入口，中央主入口八字门墙（图4-2-30），有抱鼓石分立两侧。整个建筑分为前后三进：大门与戏台合为一进，中间是享堂，最后一进为祖宗堂。主入口大门两边八字门墙的后面为特别设置"乞丐房"，在举行大型的宗族聚会等活动时用来施舍收容乞丐。戏台与享堂之间为观戏场（图4-2-31），两侧有双层宽敞的回廊。族里举行大型活动时，各分户头会轮流出资请

图4-2-24 梁氏宗祠（图片来源：华中科技大学民族建筑研究中心提供）

图4-2-25 梁氏宗祠屋面（图片来源：华中科技大学民族建筑研究中心提供）

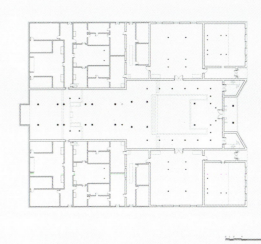

图4-2-26 梁氏宗祠平面图（图片来源：华中科技大学民族建筑研究中心提供）

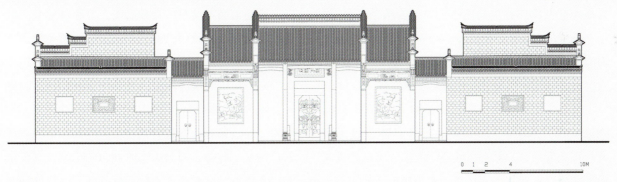

图4-2-27 梁氏宗祠正立面图（图片来源：华中科技大学民族建筑研究中心提供）

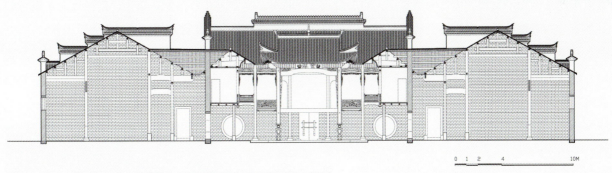

图4-2-28 梁氏宗祠纵剖面图（图片来源：华中科技大学民族建筑研究中心提供）

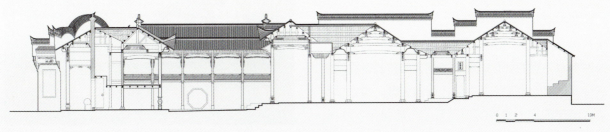

图4-2-29 梁氏宗祠横剖面图（图片来源：华中科技大学民族建筑研究中心提供）

图4-2-30 梁氏宗祠主入口（图片来源：华中科技大学民族建筑研究中心提供）

图4-2-31 梁氏宗祠戏台（图片来源：华中科技大学民族建筑研究中心提供）

戏班唱戏，并摆下酒席款待各地来的族人及宾客，故观戏场两侧回廊之后还建有对称的两个宴会厅，称"酒厅"。酒厅面积极大，可同时摆下百桌以上的酒席。由此可见当年梁氏宗族人丁之兴旺，财力之雄厚。享堂宽敞大气，有巨大匾额高悬。

推开古老厚重的木门，历史的质感清晰可触。绕过正面的木墙，便是开阔的享堂，享堂进深很大，却宽敞明亮。站在享堂迎门而立，可以见到四根朱红色巨大的方形木柱将一座约16平方米的戏台稳稳托举在大门正上方。戏台以朱红为底色，辅以五彩画饰及倒狮子雕塑，屋顶则画着巨大的黑白八卦图案，戏台整体给人以热情、动感之美，但又隐隐含有中华传统的静态美。

享堂与祖宗堂之间有右双天井的分隔，以抱厅相连，亦称前厅。前厅分为前后两部分，后端靠近寝堂的地方设有歌诗台，是私塾先生传道授业之处，它前方的空旷之处则为子弟端坐学习之处。前厅与寝堂相接之处有鼓乐楼两座，左右分立，气势威武。每座鼓乐楼的前方均有天井，当阳光从空中投下照亮屋上的瓦片和鼓乐楼的前立面时，鼓乐楼的后端则藏在浓浓的阴影中。光与影协同将鼓乐楼映衬得分外凝重。由鼓乐楼拾阶而上便是寝堂，此处供奉着先祖的牌位，是整个祠堂的核心。祖宗堂正中间供奉的便是阳新的梁氏始祖梁灝。祖宗堂两边（酒厅的后方）还另外设置了先贤祠和乡贤祠。分别供奉的是梁氏族人、孔子七十二贤之一的梁志

鳣和梁庭风（阳新人，元朝进士）的牌位。

梁氏宗祠不仅整体规模甚大，许多细部做法也颇具特色。很远就可以看见封火墙头的滚龙脊是鄂东南一带宗族祠堂的典型标志（图4-2-32）。

入口八字门墙区别于本地其他宗祠的牌坊门样式，配合较大的尺度，颇有怀抱苍穹、胸有天下的气魄。大门背后，石柱将戏台抬起的高度恰好合适入口尺度，既适合面向内院的戏台的使用又不致使入口太压抑。享堂为十六柱，规格甚高，抱厦顶与戏台相映成趣。据悉，梁氏宗祠内部算上阁楼共99间房，两侧天井形态复杂众多，据说没人在楼下数清楚过。整个祠堂建筑面积达2400多平方米。

2008年梁氏宗祠春被湖北省人民政府审批为省级文物保护单位。

图4-2-32 梁氏宗祠衮龙脊（图片来源：华中科技大学民族建筑研究中心提供）

六、阳新浮屠镇玉堍李氏宗祠

玉堍村李氏宗祠位于湖北省阳新县城西北浮屠镇，东倚黄姑山，西临大泉溪。村落形成于清代中期，距今已有数百年的历史。村内至今保存有大量具有浓郁鄂东南风格的传统民居建筑和富有特色的水井体系，村落布局较为完整。李氏宗祠坐落于村落的中心地段。

李氏宗祠为三进四合院。同当地其他宗祠一样，进入大门先要穿越戏台下部，然后进入一个大的院子——前院，两侧原来应是连接前后两进的双层连廊（已毁）。戏台对面的厅堂体量高大，面阔三间，进深七间，高约8米。两进之间的天井相对狭小，使得厅堂的大空间显得比较幽深（图4-2-33～图4-2-36）。

从外观看，李氏宗祠的主入口立面同典型的阳新乡土建筑不同。不仅没有如住宅建筑入口明间墙体缩进形成门廊的做法，也没有如其他宗祠有高高的牌楼直接伸出屋面。李氏宗祠入口上部墙体伸出檐口，与两侧山面云墙组合成"山"形轮廓（图4-2-37）。以这片墙体为背景，正面有三开间牌坊式门楣，其下是石制门框，上有"李氏宗祠"四个阳文石刻。两侧硬山封火墙做云墙形态显示出该建筑的重要地位。正立面上没有开窗洞，因而主入口显得格外突出（图4-2-38）。

高墙的另一面则是面向厅堂的戏台。李氏宗祠的戏台气势宏大，大致呈方形的平面，面阔进深都约5米。戏台屏风后应是贯通的后台空间。戏台屋面做歇山顶，嫩戗发戗（图4-2-39）。

厅堂屋架中部为抬梁式，两侧由砖墙直接承托横枋、檩、椽和屋面。檐下做平棊天花，遮盖屋架

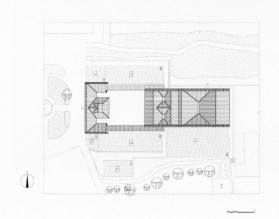

图4-2-33 李氏宗祠总平面图（图片来源：华中科技大学民族建筑研究中心提供）

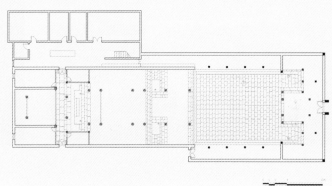

图4-2-34 李氏宗祠一层平面图（图片来源：华中科技大学民族建筑研究中心提供）

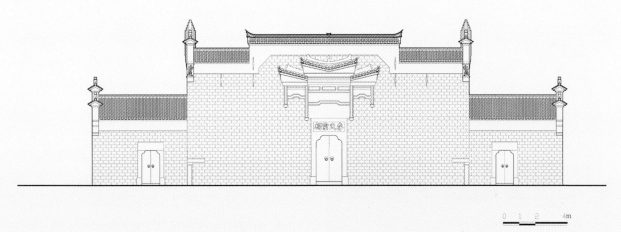

图4-2-35 李氏宗祠正立面图（图片来源：华中科技大学民族建筑研究中心提供）

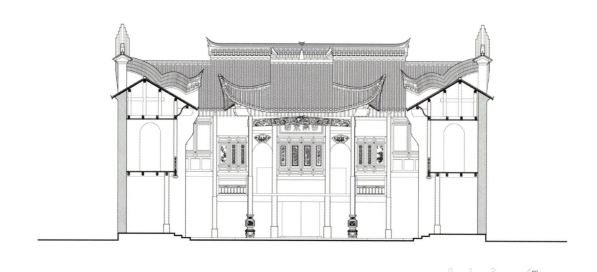

图4-2-36 李氏宗祠戏楼剖面图（图片来源：华中科技大学民族建筑研究中心提供）

图4-2-37 玉塊李氏宗祠外观（图片来源：华中科技大学民族建筑研究中心提供）

图4-2-38 宗祠内景（图片来源：华中科技大学民族建筑研究中心提供）

图4-2-39 戏台（图片来源：华中科技大学民族建筑研究中心提供）

构造。戏台正中，厅堂中间天花都做藻井，有斗四藻井和斗八藻井（图4-2-40）。石柱础皆为方形截面，有多种规格。地势最高、最不易淋雨的最后一进厅堂的柱础高约半米。最容易被雨水淋湿的柱础最高，可高达1.2米，其上为石木对接的方柱，石柱高达5米，直至檐下。阁楼的立柱也出现了与底层立柱不对应，落在梁上的状况。

李氏宗祠的装饰装修比较丰富。如后院厢房隔扇，花心用冰裂纹样，裙版绘以不同瓶花等等。戏台额枋（看梁）饰精美木雕，木板屏风也饰以书法字画。但是后期修缮时将所有木构件以油漆涂抹艳俗色彩，将柱涂成鲜红或黑，所有木板涂成鲜红，

图4-2-40 玉塊李氏宗祠藻井（图片来源：华中科技大学民族建筑研究中心提供）

甚至额枋木雕也涂上天蓝粉红的颜色，藻井内也施以彩画，装饰原貌不存。宗祠内石柱础（图4-2-41）上以动物花鸟为主要内容的雕饰非常精美，也很具匠心。另外天池排水口巧妙地做成动物形态的砖雕，所幸得以保存，未遭到破坏。

七、通山焦氏宗祠

通山焦氏宗祠位于通山县闯王镇高湖芭蕉湾村，为晚清建筑。宗祠位于村落东侧，坐西朝东。焦氏宗祠为三进院落，砖木结构，硬山搁檩。第一进为前院，考察发现曾建有戏台，惜早年已毁，第二进为空旷的大厅，第三进为祭祀祖先的神台，后两进均得到完整保存。建筑面积400余平方米。

祠堂地理位置极佳，占据了村中的"风水宝地"。左前为一棵参天古榕，右为碧水一潭。前方一片开阔的田野连接远处秀美起伏的山峦。

中厅为享堂，建筑较高大，8根方形石柱与木

图4-2-41 玉塊李氏宗祠柱础（图片来源：华中科技大学民族建筑研究中心提供）

柱对接，为典型的"一柱双料"做法。两山砖墙皆直接承托檩条，排山为抬梁式构架，童柱和梁头均做精美的雕饰。其前后檐廊均做拱轩装饰（图4-2-42）。明间一对挑尖梁做成硕大雄壮的龙首鱼尾形象，称"鳌鱼挑"（图4-2-43），背抵拱轩，尾承房檐，极有气势。中间排山与脊檩交接处通过类似如意斗栱的米字形构件承托，称"燕子步梁"。

三进祠前天井正中设方形石砌祭台，祭台尽端为供奉先祖的神龛。两侧为双层廊道式鼓乐楼，楼上均为木质雕花栏杆。祭台上建木构方亭（图4-2-44），飞檐翘角，气韵生动。亭内有藻井天花，以四福盘寿雕饰。亭檐下饰如意斗栱，额枋、雀替皆为木刻透雕，极为精美。尤其额枋上"三龙戏珠"透雕栩栩如生（图4-2-45），堪称鄂东南传统建筑木雕之极品。

焦氏宗祠，一座民间艺术的宝库，被湖北省古建筑和文物专家称为"古民居极品"。

八、阳新三溪伍氏祠

伍氏宗祠位于阳新县三溪镇，占地面积2000多平方米，始建于1645年，祠堂拜殿有一尊石香炉，刻着"乾隆十九年（1754年）重修"。宗祠背倚屏山，坐南朝北。整个宗祠由牌楼门墙、戏台、场院、厅堂和围绕场院的老房子等组成。门楼、戏

图4-2-42 U型天井（图片来源：《华中科技大学民族建筑研究中心提供》）

台、宗祠在同一轴线上。

门楼有三个入口，中间为主入口，在戏台背面，是一座完整的三间五楼砖砌牌坊门。两个次入口位于两侧对称位置，亦作牌坊式门楼，但高度比中间低，且立柱不落地。门楼上施以较多的灰塑和彩绘（图4-2-46）。

主入口石制过梁和转角石均有精致的雕刻。尤

图4-2-43 鳌鱼挑（图片来源：《华中科技大学民族建筑研究中心提供》）

图4-2-44 祭亭（图片来源：《华中科技大学民族建筑研究中心提供》）

图4-2-45 "三龙戏珠"透雕（图片来源：《华中科技大学民族建筑研究中心提供》）

图4-2-46 阳新三溪伍氏祠（图片来源：华中科技大学民族建筑研究中心提供）

图4-2-47 阳新三溪伍氏祠门楣（图片来源：华中科技大学民族建筑研究中心提供）

其转角石上对称布置一对石狮雕刻栩栩如生。门两侧有一对高大的抱鼓石，显示出该建筑气度不凡（图4-2-47）。

祠堂主体建筑面阔三间，纵深三进。两侧有附属用房构成的跨院。前厅向戏台所在的场院开敞。其檐柱为木石双料，尤以明间二柱石料高大。两侧硬山山墙紧贴于木构架排山，但不作为承托屋面的支承，其出屋面部分作云墙式样。明间挑檐檩下为四根垂花短柱，柱底木雕花篮极其精美。前两进平面为矩形，每面三间（面阔开间比进深开间稍大）。两进之间以东西向狭长的窄天井相连。进入前两进空间没有阻隔，只有进入第三进院落有门墙相隔。最后一进院落是设祭坛的祖堂空间，周围环以双层连廊，中间抱厅，连通中厅和祭台。祭台地坪抬高，强调其重要性（图4-2-48～图4-2-50）。

伍氏宗祠的建筑用材大且讲究，柱距宽，形成室内大空间。窄天井是该祠堂空间的另一特点。除前两进厅堂之间的东西向窄天井外，第三进院落中间为抱厅式祭台，因而在两侧又形成一对南北向狭长天井。窄而长的天井在幽深的屋顶上构成了一条条透入天色的光带（图4-2-51）。尤其祭台两侧的天井，每当晴日早晚间，金色的阳光斜射进

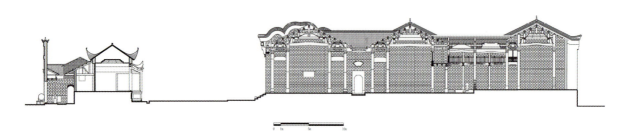

图4-2-48 阳新三溪伍氏祠轴向剖面图（图片来源：华中科技大学民族建筑研究中心提供）

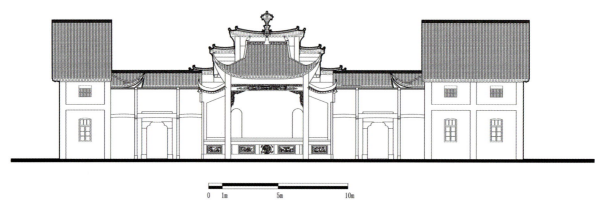

图4-2-49 阳新三溪伍氏祠立面图（图片来源：华中科技大学民族建筑研究中心提供）

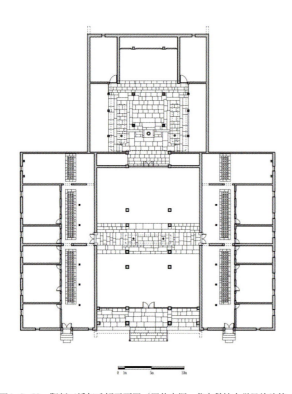

图4-2-50 阳新三溪伍氏祠平面图（图片来源：华中科技大学民族建筑研究中心提供）

图4-2-51 天井（图片来源：华中科技大学民族建筑研究中心提供）

来，聚撒在祭台和石制香炉上，与厅堂和祭坛深处的幽暗对比鲜明；几柱青色的香烟轻绕在梁柱间，更营造出一种神秘、肃穆而又宁静、安详的氛围（图4-2-52）。

伍氏祠堂内做平棊天花，并在前两进殿堂明间的正中和抱厅下做斗四、覆斗等多个藻井。藻井内运用大量如意斗栱，龙、蝠等吉祥图案。门楼处装饰以石浮雕为主。内容以人物、典故为主。祠堂内前两进殿堂空间宽敞但装饰较为节制，但在第三进殿堂中就出现大量精美的木雕、石雕。木雕主要展现在檩、枋、梁、柱、雀替以及隔扇、栏杆、垂花门等构件上。雕刻手法有浮雕、镂雕、透雕等等。雕刻题材包括花纹、人物、动物、植物等多种造型。精美石雕不仅出现在门框、柱础上，还有一个置于祭台前中心的位置一个石香炉，其底座为八边形，中段束腰为上下两段圆形截面，而上部焚香钵又呈六边形，通体上下各面均有雕饰，题材多为动植物图案，是一个十分罕见的石雕艺术品（图4-2-53）。

九、阳新太子徐氏宗祠

阳新县太子徐氏宗祠就屹立在阳新太子镇四门楼村田野中，于清光绪年间，为当地人徐庭堂所创建。徐氏族谱记载：徐庭堂，生于清光绪1841年，经营麻行，徐庭堂当上掌柜后，表现出特别的商业才智，很快成为当地赫赫有名的富商。徐庭堂赚钱后，重新选址，出巨资修建了这座徐氏祠堂，备受徐氏家族的敬重（图4-2-54）。

太子镇至徐氏祠堂不足1公里，沿途林木茂盛，在徐氏祠堂前面不远处，有两棵百年古樟，形同卫

图4-2-52 祭亭（拜亭）香炉（图片来源：华中科技大学民族建筑研究中心提供）

图4-2-53 阳新三溪伍氏祠内景（图片来源：华中科技大学民族建筑研究中心提供）

图4-2-54 阳新太子徐氏宗祠外观（图片来源：华中科技大学民族建筑研究中心提供）

士，守望着古祠堂。其中一棵如撑开的巨大的伞，遮天蔽日，树干要三个人才能合抱。另一棵却十分奇特，中空外直，只剩下五分之三薄薄的树皮，据说曾遭雷击后起火，树心被烧空，它还顽强地生长着，让人叹服。

整个建筑面积约1000多平方米，规模宏大，极具气势。伫立在古祠堂间，从每个角度审视它，都可以感受到古人一种古朴的天人合一的愿望被融入这座古祠堂中，同时，也能感受到建造者徐庭堂当时一种美好的愿望。

建筑为三间三进两天井，在第一进院落中结合入口建一个面向天井的戏台。进门从背向戏台的下部空间进入，经过天井便是中间的主要厅堂，厅堂中部设立屏风，从两侧空间可以进入第二进院落，穿过厅堂能够豁然开朗地看到空间的高潮部分——安放祭台的最后一进，多进的天井与过厅的明暗空间交替，一直通向祭台，祠堂显得格外深远和肃穆。与第一进世俗喧闹的戏台空间相比，中部的厅堂空间显得更加肃穆，与最后一进的祭台空间的幽静相得益彰，空间序列的变化也在这巧妙地空间布局中凸显出来（图4-2-55、图4-2-56）。

站在古祠堂外眺望，硬朗的"马头山墙"和柔美的"滚龙屋脊"都在这座古祠堂中完美地体现，从灰墙黛瓦和轻盈的飞檐可隐约感受到徽派建筑风格的影响。戏台的歇山屋脊上有一座5层的宝塔，宝塔两侧是两条青龙（图4-2-57）。古祠堂前两侧为滚龙脊，脊上有数条天狗向天眺望，故称天狗望月。滚龙脊两端的飞檐为龙尾造型。古祠堂屋脊上建宝塔和双龙，在江南民居中不足多见，再建天狗望月，更为少见。入祠堂内，古戏台、古亭台上均是龙凤、人物、花卉等精美的木雕，其人物走兽形象生动，惟妙惟肖，花卉动物，件件栩栩如生。雕刻技巧高超，刀法工整，层次分明，疏密有致（图4-2-58）。

十、麻城盐田河东界岭雷氏祠

雷氏宗祠位于盐田河百亩堰村，始建于嘉庆六年（1801年）（图4-2-59）。

雷氏宗祠占地1300平方米。分前、中、后三殿，分别为门厅（戏楼）、享殿和寝殿，另有鼓乐楼。两侧分别设有边室、花厅后室、耳房等，分布对称。明间为石柱抬梁结构，次间为穿斗构架。祠立石柱20根，设天井8眼，垒石门17座（图4-2-60）。祠内设有大戏楼、议事厅、香火堂和9间偏殿，有9

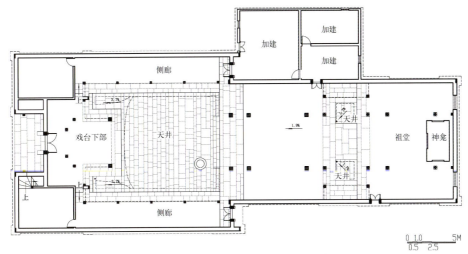

图4-2-55 阳新太子徐氏宗祠一层平面（图片来源：华中科技大学民族建筑研究中心提供提供）

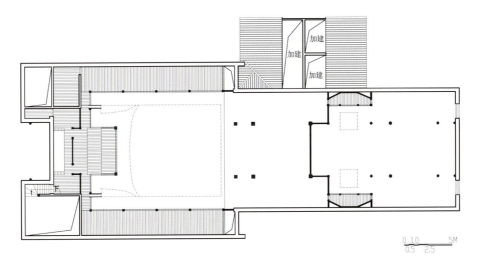

图4-2-56 阳新太子徐氏宗祠二层平面（图片来源：华中科技大学民族建筑研究中心提供提供）

图4-2-57 屋脊脊饰（图片来源：华中科技大学民族建筑研究中心提供提供）

图4-2-58 戏台（图片来源：华中科技大学民族建筑研究中心提供）

图4-2-59 雷氏祠外观（图片来源：华中科技大学民族建筑研究中心提供）

图4-2-60 雷氏祠内景（图片来源：华中科技大学民族建筑研究中心提供）

图4-2-61 雷氏祠入口装饰（图片来源：华中科技大学民族建筑研究中心提供）

图4-2-63 郧西县香口乡柯家祠堂外观（图片来源：华中科技大学民族建筑研究中心提供）

图4-2-62 雷氏祠祭台（图片来源：华中科技大学民族建筑研究中心提供）

口天井。祠内雕梁画栋，人像动物惟妙惟肖，栩栩如生；祠外飞檐翘角，狮兽奔腾，气宇非凡。正门左右置立式石狮一对。内部装饰以前殿戏楼、盘龙柱石雕和丰富的人物故事石雕及木雕装饰为突出特色。其雕刻作品以雕工精细繁缛、内容丰富多彩著称（图4-2-61、图4-2-62）。

1985年雷氏祠被公布为麻城第一批文物保护单位，2008年列入湖北省文物保护单位。

十一、郧西县香口乡柯家祠堂

柯家祠堂（图4-2-63）位于十堰市郧西县香口乡，1985年8月15日被宣布为郧西县第一批县级文物保护单位，1947年曾为陕南军区医院旧址。

柯家祠堂，坐北朝南，面阔三间，四合院布局，占地约250平方米。前后均为马头山墙灰瓦顶，山墙墀头上原有兽形灰塑装饰，现已毁。墙砖上间或出现铸有"柯祠堂"字样的定制砖。该祠堂前厅正门还保持着原有带两个圆形门簪的形式，门楣上方嵌横向砖匾，字迹已毁，两侧的窗已经被换成现在民宅上常用的三扇平开窗了。内院天井为横向扁长形，两侧厢房进深较浅，正堂为带檐廊的抬梁式构架，进深为两边小中间大的三间，两山墙承檩。因正堂需要较为开敞的空间，因此正脊及两边檩条均用短柱支承，再用大梁承载短柱跨越正堂中部空间。两边小跨丰富了建筑空间，减小了大梁的跨度，后部自然形成牌位、供桌、案几的祭祀空间，前部形成檐廊（图4-2-64、图4-2-65）。

十二、洪湖瞿家湾宗伯府（瞿氏祠）

洪湖瞿家湾宗伯府建于清乾隆年间（约1765年），现位于瞿家湾老街西段南侧（图4-2-66）。第二次国内革命战争时期，瞿家湾曾是湘鄂西苏区的革命中心。现在，湘鄂西革命根据地旧址是全国重点文物保护单位。

祠堂原是瞿氏家族祭奠先祖、聚会议事的场所。1931年6月至1932年9月，湘鄂西省苏维埃政府、联县政府、新六军军部驻此。1983年秋至1984年秋，对该建筑进行了保护性维修，复原拜殿、止殿及左右礼宾厢房楼，同时复原当年革命机构的室内陈设，并在拜殿内布置瞿家湾革命历史遗迹陈列室。

建筑坐南朝北，三进二天井，砖木结构，单檐硬山灰布瓦顶。通进深30.4米，通面阔16.2米，建筑面积500平方米。第一进为朝门，第二进为拜殿，第三进为正殿。祠堂的入口立面（图4-2-67）为牌楼的形式，是砖仿木结构，六柱五间五楼（图4-2-68～图4-2-70）。

图4-2-64 郧西县香口乡柯家祠堂侧面（图片来源：华中科技大学民族建筑研究中心提供）

图4-2-65 郧西县香口乡柯家祠堂柱础（图片来源：华中科技大学民族建筑研究中心提供）

图4-2-66 洪湖瞿家湾宗伯府侧面（图片来源：华中科技大学民族建筑研究中心提供）

图4-2-67 洪湖瞿家湾宗伯府入口（图片来源：华中科技大学民族建筑研究中心提供）

图4-2-68 洪湖瞿家湾宗伯府室内（图片来源：华中科技大学民族建筑研究中心提供）

图4-2-69 洪湖瞿家湾宗伯府内景（图片来源：华中科技大学民族建筑研究中心提供）

十三、秭归县新滩镇的金贵宗祠

金贵祠堂（图4-2-71）位于秭归县新滩镇，在新滩祠堂历史上占据着重要的位置。当时有南岸"三郑"、北岸"三杜"之说，而金贵祠堂则为"南岸第一郑"的祠堂，可以想见当时该祠堂是相当富丽堂皇的。

该祠堂为二进四合院式布局，坐西朝东，占地面积215平方米。第一进面阔三间13.76米，进深四间12.4米，第二进进深一间5.8米。单檐硬山顶，小青瓦屋面，穿斗式构架。马头墙，六抹头隔扇门。

两进厅堂均三开间，前檐为牌楼，六柱五牌式，其柱枋上的装饰大都是用青花瓷片镶嵌（图4-2-72、图4-2-73），仿彩绘效果。两进厅堂皆为两面坡如意封火山墙式建筑，如意跌叠线条自然流

图4-2-70 洪湖瞿家湾宗伯府内院（图片来源：华中科技大学民族建筑研究中心提供）

图4-2-71 金贵祠堂（历史照片）（图片来源：湖北省文物局）

图4-2-74 秭归县新滩镇金贵宗祠入口侧牌坊立面图（图片来源：湖北省文物局）

图4-2-72 青花瓷片贴饰（历史照片）（图片来源：湖北省文物局）

图4-2-73 金贵祠堂牌楼稍间翼角青花瓷片贴饰（历史照片）（图片来源：湖北省文物局）

图4-2-75 秭归县屈原镇杜氏宗祠入口侧牌坊（历史照片）（图片来源：湖北省文物局）

畅，外观优美（图4-2-74）。因该建筑位于三峡工程淹没区内，现已不存在。

十四、秭归县屈原镇的杜氏宗祠

杜氏宗祠（图4-2-75）位于秭归县屈原镇龙马溪村，建于清代，为县级文物保护单位。祠堂坐南朝北，占地面积404平方米。

杜氏宗祠依山势而建，顺应山势走向，四合院式布局，中轴线上依次为牌楼式入口、厅堂、天井空间和堂屋，两边辅以厢房。砖木混合结构，主体梁架为砖墙承重，整个院落布局整齐，高低错落有致。正立面为一座六柱七楼式的牌坊，十分华丽。整个建筑平面呈长方形，厅屋和堂屋面阔三间，进深一间，次间上、下两层，山墙为硬山前后出墀头，厢房面阔二间，进深一间，整个建筑砖墙承重。祠堂堂屋有同本地区的其他四合院式民宅相类似的做法，明间后一部分设后门，有转堂屋。因该建筑位于三峡工程淹没区内，现已不存在。

十五、秭归县香溪镇的王氏宗祠

王氏宗祠（图4-2-76）位于秭归县香溪镇，是现存唯一一座两进院落的祠堂。从碑刻记载以及

图4-2-76 王氏宗祠外观（图片来源：湖北省文物局）

图4-2-77 王氏宗祠远眺（图片来源：湖北省文物局）

图4-2-78 高罗李氏宗祠外观（图片来源：华中科技大学民族建筑研究中心提供）

图4-2-79 高罗李氏宗祠侧墙（图片来源：华中科技大学民族建筑研究中心提供）

建筑的整体风格、特点、细部做法等多方面来看，推测应是清乾隆时期所建（图4-2-77）。

整个建筑以厅屋、中堂、天井和后堂为中轴，两边辅以厢房，为穿斗式和民间抬梁式相结合的结构体系。据现存乾隆三十八年（1773年）碑刻记载，王氏族人先祖约明成仕年间流徙于此，明末清初，经历艰难，清雍正年间和族公议建祠以祀先灵，乾隆三十五年（1770年）重修正殿、两厢，三十八年（1773年），族长王世禄、王世松又重修之并镌石为志。另还有乾隆、嘉庆、同治、咸丰、光绪年间六通碑刻。王氏宗祠建筑规模较大，现存建筑是两进天井院落，厅屋明间二楼为戏楼，屋顶高于两次间，歇山做法。前面两厢房二层与戏楼相通，中堂隔离两天井院，厅屋、两厢及中堂设二层，后两侧厢房和后堂均一层，后面两厢房各存有碑刻一通，后堂用于摆放牌位。王氏宗祠整体建筑风格朴素典雅，同时又不失大气，让人能依稀领略到盛期的风采。因该建筑位于三峡工程淹没区内，现已搬迁至秭归凤凰山，是全国重点文物保护单位的组成部分之一。

十六、高罗李氏宗祠（观音堂）

高罗李氏宗祠（图4-2-78）又称观音堂宅院，位于恩施州宣恩县高罗乡黄家河村9组，距209国道约1公里。建于清光绪丁酉年（1897年），布局为四合天井院式，保存完好（图4-2-79～图4-2-81）。

宅址选于大小龙洞之间。宅院占地面积8亩，建筑面积1238平方米，坐西北朝东南，木结构瓦屋，四周高墙相围，形式古朴。整个建筑有两层，共三进。一进已毁，二进中堂和三进后厅正中各一

图4-2-80 高罗李氏宗祠内院（图片来源：华中科技大学民族建筑研究中心提供）

图4-2-81 高罗李氏宗祠正面（图片来源：华中科技大学民族建筑研究中心提供）

个鼓楼抱亭（图4-2-82），亭左右为天井。厢房将各亭连同天井相围，形成4个四合天井院。三进为一横排七间木房，后厅大堂是供奉李氏先祖的神位，厅、堂和厢房五柱四骑到九柱六骑不等，两侧房屋对称。

宅内柱子的选择也很讲究，柱头用料是"柏、梓、枫、侯"。磉礅（图4-2-83）、门窗、隔扇均精雕细刻图案和字画。后厅大堂的"瓦灰地平"就好似地板砖。制作方法是将布瓦碾成灰，混以石灰和桐油凝成，可于面上刻画花纹。传说宅院初建时烧瓦费时三年（图4-2-84、图4-2-85）。

李氏祠堂在现高罗乡政府院内，为省级文物保护单位。

图4-2-82 高罗李氏宗祠鼓楼抱亭（图片来源：华中科技大学民族建筑研究中心提供）

图4-2-83 磉礅（图片来源：华中科技大学民族建筑研究中心提供）

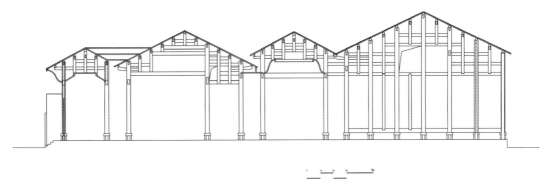

图4-2-84 观音堂纵剖面图（图片来源：华中科技大学民族建筑研究中心提供）

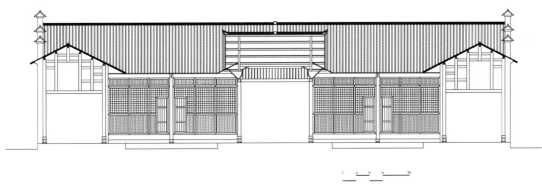

图4-2-85 观音堂横剖面（图片来源：华中科技大学民族建筑研究中心提供）

第三节 宫庙

一、宜昌黄陵庙

宜昌黄陵庙（禹王殿、武侯祠），原名"黄牛祠"，位于宜昌长江西陵峡中段南岸。相传为汉代建造，于唐代重建，后屡有重建，现存建筑为明代所建（图4-3-1）。现有山门、禹王殿和武侯祠等建筑。黄陵庙相传始建于东汉建安十六年（公元211年），由三国时蜀汉丞相诸葛亮主持扩建。唐大中元年（公元847年）复建，名黄牛祠，宋欧阳修改名黄陵庙，主祠禹王，后多次重修。

建筑坐北朝南，占地面积约8300平方米。虽然面积不是很大，建筑也不多，但却有一定的布局，特别是其主要建筑是见证长江特大洪水的实物资料，在长江水文考古史上有其重要的地位，禹王殿内最珍贵的两根水文柱被誉为"三峡治水的魂"。黄陵庙的内部建筑大体分为主轴线建筑和附属建筑两大部分。

黄陵庙内建筑现均为单栋建筑，庙主轴线上的建筑有山门、禹王殿、屈原殿、祖师殿（亦谓佛爷殿），分别建在逐级升高的四个台地上，各台基相距高度约2米左右。其中以正对山门的禹王殿最为精彩。

山门（图4-3-2）建造在海拔75.56米的江边台地上。现存山门为清光绪十二年（1886年）冬季重新修建的，为穿架式砖木结构建筑。山门外尚有石阶三十三步又十八级，寓意三十三重天和十八层地狱。

图4-3-1 宜昌黄陵庙远眺（图片来源：华中科技大学民族建筑研究中心提供）

图4-3-2 宜昌黄陵庙山门（图片来源：《华中科技大学民族建筑研究中心提供》）

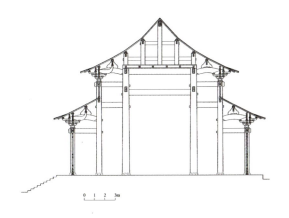

图4-3-3 黄陵庙禹王殿剖面图（图片来源：《湖北古代建筑》）　　　　图4-3-4 黄陵庙禹王殿正立面图（图片来源：《湖北古代建筑》）

禹王殿（图4-3-3、图4-3-4）是整个建筑群最精彩的部分，位于黄陵庙山门北侧。建筑群的主体建筑，修建在比山门地基高19米的台地上，重檐歇山顶，穿斗式木结构体系，八架橡屋，面阔进深均为五间，面阔18.44米，进深16.02米，高15.84米。柱网面积295.4平方米，台明高19米，通高17.74米，占地面积4000平方米。明万历四十六年（1618年）重建，清光绪十七年（1891年）大修。前后设隔扇门。明间金柱保存有清同治九年（1870年）洪水墨书题记。门额下檐悬明崇祯十四年（1641年）惠王朱常润题"玄功万古"扁，上檐置清乾隆十四年（1749年）爱新觉罗·齐格共主题"砥定江澜"匾。殿中塑大禹像。

屈原殿坐落在比高于禹王殿台基27米的台地上，清雍正年间已有该殿，咸丰、同治年间重修过，抗日战争时期被国民党三十军所部拆毁烧了。

祖师殿又称佛爷殿。该殿建筑在比屈原殿台基高15米的台地上，据《游黄陵庙记》提供，此殿始建于明代，且明朝历代皇帝多信奉道教。毁败情况同屈原殿。

附属建筑有武侯祠（图4-3-5），是后人为纪念诸葛亮重建黄牛庙的功德而修，始建年代不详。现存武侯祠为清光绪十二年（1886年）罗缙绅重建，原本倚靠在禹王殿左侧台明处，正与禹王殿前檐基本成一条线，台基比禹王殿低70厘米。建筑占地155.6平方米，面阔三间12.2米，进深四间12.58米，穿架式砖木结构，单檐硬山顶，小青瓦屋面，通高9.6米。1983年对禹王殿拟定维修方案时，专家们鉴于武侯祠紧连大殿，既破坏了大殿凝重壮观的形象，又妨碍大殿搭架施工，故将武侯祠原物迁建到大殿后东北角，另成轴线。该建筑占地160平方米，祠内表现三国历史故事的塑像和壁画惟妙惟肖，悬挂飘拂的帷幄中羽扇纶巾的诸葛亮坐像，再现了诸葛亮足智多谋的形象。

黄陵庙是三峡地区一处重要的历史文化遗产，1956年被湖北省人民政府公布为湖北省第一批文物保护单位，2006年黄陵庙作为明代古建筑，被国务院批准列入第六批全国重点文物保护单位名单。

图4-3-5 宜昌黄陵庙武侯祠（图片来源：《湖北古代建筑》）

图4-3-6 汉阳禹稷行宫山门（图片来源：华中科技大学民族建筑研究中心提供）

图4-3-7 汉阳禹稷行宫内院（图片来源：华中科技大学民族建筑研究中心提供）

图4-3-8 汉阳禹稷行宫庭院（图片来源：华中科技大学民族建筑研究中心提供）

图4-3-9 汉阳禹稷行宫前门（图片来源：华中科技大学民族建筑研究中心提供）

二、汉阳禹稷行宫

汉阳禹稷行宫（图4-3-6）又名禹王庙，为清代祭祀建筑，位于汉阳龟山东麓禹功矶上，东对长江，与武昌黄鹤楼隔江相望。庙东侧为晴川阁。庙内供奉大禹及后裔、伯益、八元、八恺等18位先哲。禹稷行宫为硬山式小布瓦木构建筑。

禹稷行宫始建于南宋绍兴年间，由司农少卿张体仁于南宋绍兴年间（1131年）创建，后成为武汉历代祭祀大禹之地。元大德八年（1304年）、明成化年间（1465~1487年）、天启五年（1625年）、清顺治九年（1652年）、雍正五年（1727年）重建，乾隆年间毁，同治二年（1863年）复建。这个大殿叫禹稷行宫，也就是禹和稷的别墅。"禹"就是指治水英雄大禹，"稷"则指后稷，是大禹的助手。相传大禹治水，救民于水火，稷则教民种植五谷杂粮，救民于饥寒，由此禹稷得以并称。

建筑为四合院布局，通面阔三间13米，通进深三间18米。有前殿、大殿及左右偏殿，均为硬山顶，砖木结构，抬梁、穿斗混合构架，封火山墙。占地面积为380平方米，由大殿、前殿、左右廊庑、天井等构成院落式建筑。正立面为砖体牌楼式（四柱三楼三门）面墙，其他三面为砖构半砌封火墙（图4-3-7~图4-3-10）。

1984年大修后，大殿檐下施平身科如意斗栱，额枋遍施苏式彩画，中轴线两侧卷棚吊顶廊庑与宫室连通，形成长方形天井。院内用镂空落地罩进行分割。大殿内塑3.8米高的大禹像一尊。院外空坪上重建六角攒尖顶禹碑亭。大殿为硬山顶式厅堂，正立面前檐用如意半栱装饰并承托出檐，正脊两端升山较大，但屋面无折水。天井两厢如廊式，均为单坡屋面。行宫屋面盖青小瓦，檐头屋脊装饰沟头、滴水、脊吻、坐兽等。修缮一新的禹稷行宫，是武汉地区现存不多的具有代表性的清代木构建筑，为全国重点文物保护单位。

三、谷城三神殿

谷城三神殿始建年代待考。现存建筑为明末清初风格的祭祀建筑，位于谷城城东南部，是用以供奉财神、水神、火神的建筑，故称三神庙（图4-3-11～图4-3-13）。建筑坐南朝北，占地面积约2400平方米，三进四合院式对称布局。虽所有建筑处于同一平面，但主体建筑的高度自前至后逐步提升，主轴上依次为门楼（戏楼）、前殿、中殿、后殿。

门楼（戏楼）：平面呈"T"字形，通面阔五间18.7米，单檐硬山灰瓦顶，四柱三间二重楼仿木结构贴面门，中间三间升高向后延伸作戏楼。明间屋顶升高，明、次间后壁延长，通进深9.2米，单檐歇山灰瓦顶，上部为戏台，下部为过道。稍间进深4.61米（图4-3-14～图4-3-17）。

前殿：面阔三间14.7米，进深一间5.48米。单檐硬山灰瓦顶，九架抬梁式构架。前后分别有宽2.9米、1.15米的檐廊。前后壁设隔扇。中殿：面阔三间14.7米，进深三间6.82米。单檐硬山灰瓦顶，前后分别有宽1.15米、2.9米的檐廊。前壁设槛窗，后壁设隔墙。后殿：面阔三间14.7米，进深三间9.51米。单檐硬山灰瓦顶，双层七架抬梁式构架，前有宽1.73米的檐廊。前壁施隔扇，东西设侧门。

谷城三神殿为湖北省文物保护单位，现辟为谷城县博物馆。

四、恩施武圣宫

武圣宫（图4-3-18），又名关帝庙、关庙，是拜祀关公——关羽的庙宇，位于恩施市城内，建筑占地面积3960平方米，建筑面积1057平方米，为砖石墙体歇山顶木瓦结构宫庙建筑。

于台基下仰望武圣宫，给人以庄严、雄伟之感，白粉墙面与正中石门洞形成虚实对比，石质大

图4-3-10 汉阳禹稷行宫正殿（图片来源：华中科技大学民族建筑研究中心提供）

图4-3-11 谷城三神殿（华中科技大学民族建筑研究中心提供）

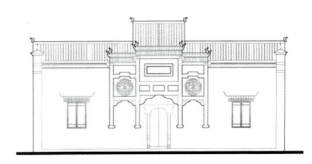

图4-3-12 谷城三神殿山门（华中科技大学民族建筑研究中心提供）

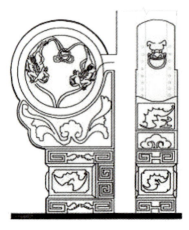

图4-3-13 报鼓石纹样（华中科技大学民族建筑研究中心提供）

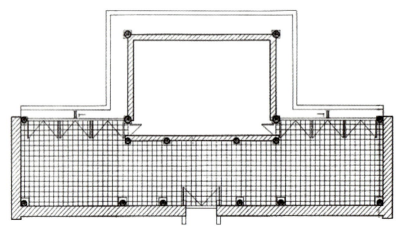

图4-3-14 戏楼平面（华中科技大学民族建筑研究中心提供）

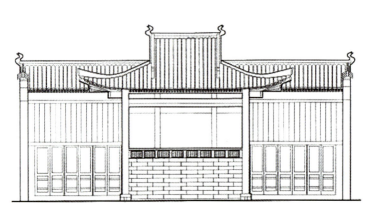

图4-3-15 戏楼立面（华中科技大学民族建筑研究中心提供）

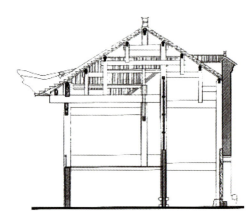

图4-3-16 戏楼纵剖面（华中科技大学民族建筑研究中心提供）

图4-3-17 戏台（图片来源：（华中科技大学民族建筑研究中心提供））

图4-3-18 恩施武圣宫山门（图片来源：《湖北古代建筑》提供）

图4-3-19 恩施武圣宫外观（图片来源：华中科技大学民族建筑研究中心提供）

图4-3-20 恩施武圣宫侧墙（图片来源：华中科技大学民族建筑研究中心提供）

门宽1.6米，高2.5米，石门上方竖刻"武圣宫"三字庙额，马头墙纵横错落，脊瓦勾滴色彩灰暗，墙顶线角优美（图4-3-19、图4-3-20）。

武圣宫平面是"四合院式"布局，东西窄南北长，沿南北轴线依次为入口（上为戏台）（图4-3-21）、庭院、抱厦和大殿。戏楼外方形，长宽均为8.3米，两侧各有耳室一间，宽2.7米，进深4.3米，戏楼下原有石马一对，今仅存石马踩蹲的柱形磐石。庭院宽13.7米，深12.3米，戏楼下侧地面及庭院均为石板嵌成，抱厦宽13.6米，深3.57米，抱厦与正殿连在一起，地基比庭院高1.1米，庭院两侧有石级阶梯至抱厦，两旁是木质两层看楼，深17.7米，宽3.4米，高离地面2.1米。抱厦两侧各有一个天井。大殿及抱厦顶部内侧檐水经墙壁内下水道至天井及排水地沟排出室外。

武圣宫大殿（图4-3-22）面阔三间13.6米，进深三间14.5米，木柱、额枋高大雄伟，与抱厦一样，地面为三合土铺成，抱厦和戏楼下石质礅墩加短柱石高达1.8米。

武圣宫内有着清代多位皇帝的众多题字等珍贵古碑。

2002年10月湖北省人民政府审核公布其为省级文物保护单位，2003年恩施市政府筹资维修，同年12月1日恩施州建州二十周年之际，对外开放。

五、秭归江渎庙

秭归江渎庙，又名杨泗庙，地址位于秭归新滩镇，市文物保护单位（图4-3-23、图4-3-24）。江渎庙是中国四大渎庙之首，也是现在唯一幸存的渎庙。新滩是长江上游有名的"镇以滩名"的集镇，因滩险拉纤而形成。古时，从滩头到滩尾约120米距离，水的落差竟达7米，船行到此都要停留，因此集镇发展起来。而江渎庙正位于这个集镇建筑群的中心（因三峡工程已迁移复建于新秭归县城）。江渎庙原有南北两座，现仅存南庙。

图4-3-21 恩施武圣宫戏台（图片来源：《湖北古代建筑》）

图4-3-22 恩施武圣宫大殿（图片来源：《湖北古代建筑》）

图4-3-23 江渎庙东北角鸟瞰（图片来源：华中科技大学民族建筑研究中心提供）

图4-3-24 秭归江渎庙入口（图片来源：华中科技大学民族建筑研究中心提供）

江渎庙始建于北宋，屡毁屡建，现为清代重建。建筑坐南朝北。四合院式布局，由前堂、厢房和正厅等组成（图4-3-25~图4-3-30）。通面阔三间21.9米，通进深三间39.2米。门厅前有一个小院，另有正厅、厢房、偏房和天井。青石铺设的天井，给人以江渎庙昔日繁忙和辉煌的印象。明间抬梁式构架，次间穿斗式构架。梁与梁之间用雕饰如意云纹的驼峰承托，雀缩檐，朗轩，卷草吊挂楣，隔扇门，雕花栏杆。前堂如意式山墙，正厅"人"字式山墙。厢房设有楼，厢房外有廊桥。江渎庙屋面为硬山式，盖以小青瓦，但瓦头则用白灰堆塑成四叶花瓣，卷草花纹滴水为土坯烧制，山花上堆塑有如意云纹（图4-3-31、图4-3-32）。

六、蕲春达成庙

蕲春达成庙（图4-3-33）现为清代祭祀建筑，位于蕲春达成庙乡达成庙村。始建年代不详，清康熙、嘉庆十六年（1811年）两次重修。建筑坐北朝南，占地面积约1000平方米。三进四合院式布局，有庙门（图4-3-34）、前殿、中殿、正殿及偏

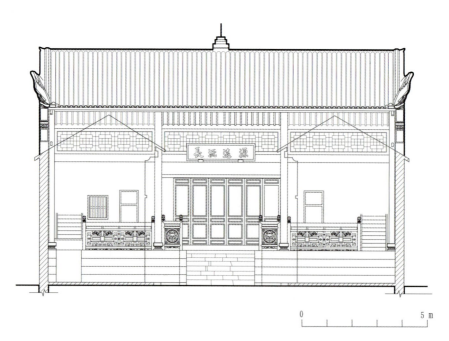

图4-3-25 秭归江渎庙立面图1（图片来源：华中科技大学民族建筑研究中心提供）

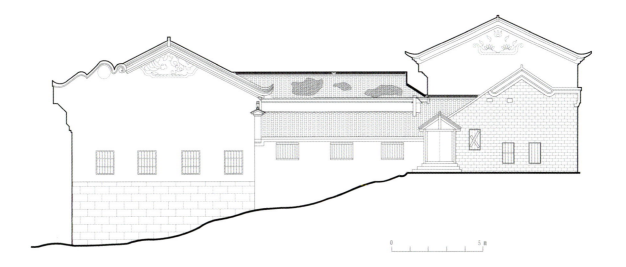

图4-3-26 秭归江渎庙立面图2（图片来源：华中科技大学民族建筑研究中心提供）

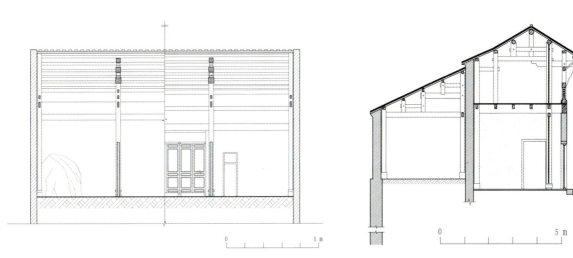

图4-3-27 江渎庙剖面图1（图片来源：华中科技大学民族建筑研究中心提供）

图4-3-28 秭归江渎庙西厢房剖面图2（图片来源：华中科技大学民族建筑研究中心提供）

图4-3-29 秭归江渎庙内院（图片来源：华中科技大学民族建筑研究中心提供）

图4-3-30 秭归江渎庙屋顶结构（图片来源：华中科技大学民族建筑研究中心提供）

图4-3-31 秭归江渎庙山墙（图片来源：华中科技大学民族建筑研究中心提供）

图4-3-32 秭归江渎庙山墙局部（图片来源：华中科技大学民族建筑研究中心提供）

图4-3-33 蕲春达成庙（图片来源：华中科技大学民族建筑研究中心提供）

殿。庙门为四柱三间仿木结构牌楼式，额书"达成庙"。前、中、正殿均面阔三间16.1米，进深三间9米，单檐硬山灰瓦顶，封火山墙，檐下施斗栱（图4-3-35～图4-3-38）。现为湖北省文物保护单位。

七、襄阳水星台

襄阳水星台（图4-3-39）为清代祭祀建筑，湖北省文物保护单位，位于襄阳市樊城区。因于城基上筑台建庙以祀水星而得名。相传为晋代喜占卜之术、擅游仙诗的文学家郭璞始建。明嘉靖十九年

图4-3-34 蕲春达成庙庙门（图片来源：华中科技大学民族建筑研究中心提供）

图4-3-35 蕲春达成庙戏台（图片来源：华中科技大学民族建筑研究中心提供）

图4-3-36 蕲春达成庙细部（图片来源：华中科技大学民族建筑研究中心提供）

图4-3-37 蕲春达成庙内院（图片来源：华中科技大学民族建筑研究中心提供）

图4-3-38 蕲春达成庙入口石狮（图片来源：华中科技大学民族建筑研究中心提供）

图4-3-39 襄阳水星台（图片来源：华中科技大学民族建筑研究中心提供）

（1540年）重建，后曾5次扩建整修，光绪二十七年（1901年）为最后一次整修。

建筑坐北朝南，平面呈长方形，左右对称布置，砖石围砌的夯土台上有合院式建筑，中轴线上有前后殿，前殿正面为牌楼式立面，后殿为三开间硬山式建筑。整个建筑占地约750平方米，台高8米，残长约30米，宽22.4米。台基南面有蹬台石阶，共36级，青条石砌筑。石阶宽4米有余，台高约7米，今庙保存完好。

前后殿形制基本相同，均面阔三间共9.85米，进深分别为8.92米、9.32米，单檐硬山青瓦顶。前殿正面设砖砌仿木四柱三间牌楼坊墙门，前殿前檐仿木结构的牌楼门额上竖匾书"水星台"三个大字。前后殿是以卷棚相连接的整体型殿宇，后又在东西两侧各接一套民居式小四合院。大殿内墙上仍嵌有明、清碑刻7块及1994年修水星台纪念碑刻1块。东、西厢院内建筑亦分前后两部分，东侧前、后厢房面阔三间7.7米，分别为进深7.1米、7.4米，中间小院8米×6米，西侧厢房前栋面阔三间9.3米，进深7.6米（图4-3-40～图4-3-45）。

1984年10月水星台由市政府公布为襄阳市文物保护单位。1992年12月由省政府公布为第三批湖北省文物保护单位。

八、恩施文昌祠

恩施文昌祠又称文昌宫、文昌庙，位于恩施市鳌脊山顶，为清代佛教建筑（图4-3-46）。据《恩施县志》记载，文昌庙原建于城南门外，嘉庆三年（1798年）移于今址。建筑坐西朝东，为双重檐歇山顶无斗栱砖木结构建筑，东西长25米，南北宽15米，占地375平方米。

文昌祠正门为牌坊式，出檐飞角，饰以人物、山水、花草。石门框上雕刻吼狮云龙，富丽堂皇，为祠中建筑之精华。祠内分前中后三进，前为天井，

图4-3-40 襄阳水星台内院（图片来源：华中科技大学民族建筑研究中心提供）

图4-3-41 襄阳水星台山墙（图片来源：华中科技大学民族建筑研究中心提供）

图4-3-42 襄阳水星台内部结构（图片来源：华中科技大学民族建筑研究中心提供）

中为卷厅，后为正殿（图4-3-47～图4-3-49）。

天井中原有戏台，是演唱鄂西地方戏——南戏的主要场所之一。卷厅为木构建筑，高4.5米，进深7.5米，有圆柱8根顶撑屋面（图4-3-50、图4-3-51）。正殿又名桂香殿，高10米，进深8.5米，以24根圆柱顶撑屋面。枋间衬体及石柱础上雕刻麒麟、斗兽等动物及莲花、棋、琴、书、画等图案，线条简洁流畅。（图4-3-52）

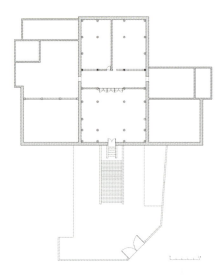

图4-3-43 襄阳水星台平面图（图片来源：华中科技大学民族建筑研究中心提供）

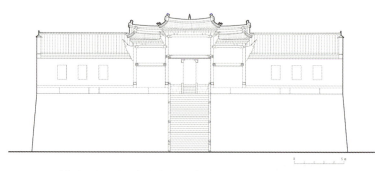

图4-3-44 襄阳水星台立面图（图片来源：华中科技大学民族建筑研究中心提供）

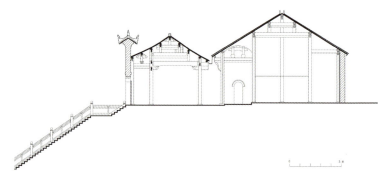

图4-3-45 襄阳水星台剖面图（图片来源：华中科技大学民族建筑研究中心）

图4-3-46 恩施文昌祠（图片来源：华中科技大学民族建筑研究中心提供）

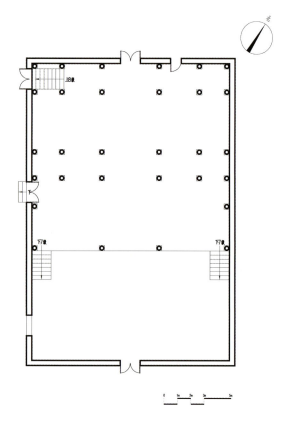

图4-3-47 文昌祠平面图（图片来源：华中科技大学民族建筑研究中心提供）

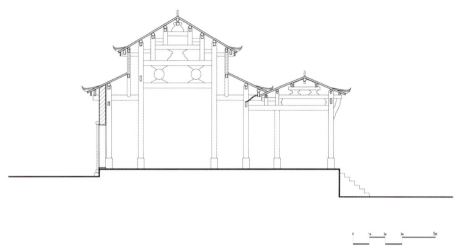

图4-3-48 文昌祠剖面图（图片来源：华中科技大学民族建筑研究中心提供）

图4-3-49 文昌祠后门（图片来源：华中科技大学民族建筑研究中心提供）

图4-3-50 文昌祠卷厅（图片来源：华中科技大学民族建筑研究中心提供）

图4-3-51 文昌祠卷厅三花檩构造（图片来源：华中科技大学民族建筑研究中心提供）

图4-3-52 文昌祠桂香殿（图片来源：华中科技大学民族建筑研究中心提供）

湖北古建筑

第五章 会馆、戏场、学宫、书院

湖北重点会馆、戏场、学宫、书院建筑分布图

① 襄阳山陕会馆
② 襄阳抚州会馆
③ 黄龙古镇会馆群
④ 郧西城夫会馆群
⑤ 上津古城山陕会馆
⑥ 蕲春横车长石庙万年台
⑦ 浠水马坡福主庙万年台
⑧ 团风回龙山岳庙南万年台
⑨ 丹江口六里坪秦山庙南戏台
⑩ 随州解河天齐庙戏台
⑪ 郧阳府学宫大成殿
⑫ 浠水文庙
⑬ 竹山文庙大成殿
⑭ 襄阳文庙至殿
⑮ 罗田文庙大成殿
⑯ 枣阳黉学大殿
⑰ 蕲春金陵书院
⑱ 利川如青书院
⑲ 神农架三闾书院
⑳ 新洲问津书院
㉑ 建始五阳书院

（地图引自：中华人民共和国民政部编. 中华人民共和国行政区划简册2014. 北京：中国地图出版社，2014.）

（一）会馆

会馆是中国古代各类建筑中较晚形成的一种建筑类型，它是由商业、手工业行会或外地移民集资兴建的一种公共活动场所，是中国古代一种特殊的公共建筑。会馆建筑在中国古代建筑中是一种满足特定社会需求的城镇公共建筑。它属于一种特定人群的活动场所，而不是向全社会开放的公共建筑。因为会馆往往具备强烈的同乡组织特征，其建筑的乡土特征也极为明显。可以说会馆的产生是中国古代商业经济的发展和传统文化心理两者共同作用的结果。

会馆是中国明清时期都市中由同乡或同业组成的团体活动场所，始设于明代前期。到明代后期，工商性质的会馆虽比重渐大，但这些工商业会馆通常保持着浓厚的地域观念，绝大多数仍然是工商业者的同乡行帮会馆。即使到了清代后期，突破地域界限的行业性会馆仍然只是相当个别的。即使出现了一些超地域的行业组织，大多也以同业公会的面目出现。另有因商业上恪守诚信，奉祀关公，形成跨行业的关帝信阳场所。明清时期大量工商业会馆的出现，在一定条件下，对于保护工商业者的自身利益，起了某些作用。湖北地区存在的会馆，有在汉口等商业大邑存在的以工商业者、行帮为主体的同乡会馆，更多的是入清以后在"湖广填四川"移民路线上由陕西、湖广、江西、福建、广东等省迁来的客民建立的同乡移民会馆。而这些在移民路线上的会馆建筑群，往往也是移民原乡建筑文化拓展的产物。

会馆建筑在功能上具有很大的综合性特点，譬如整合了戏场建筑的功能，建筑形制上具有兼容性，既有某些官式建筑主体布局方式及形制特征做法，又较多地采用了地方民间建筑的做法。在艺术风格上既有商业气息，又有地方文化特色。这使它在中国古代各种建筑类型中独树一帜，不论在功能布局、空间组合，还是在建筑的技术和艺术上都取得了很高的成就。在移民原乡文化与迁入地本土文化的磨合中，不断同化、改良。会馆建筑正是这两种文化作用力与反作用力直接物化的结果。可以说它是中国古代民间建筑成就的体现，同时又反映了各种地域文化的特点，是中国民间建筑技术艺术的典型。

湖北地区的现存会馆建筑，以同乡移民会馆为主。这些会馆建筑群往往位于交通路线上的中心城镇，在城镇中沿中心街道毗邻布置。由于湖北地区现存的会馆建筑群往往出现在比较小或次等的城镇，这些城镇规模也较小，因此往往形成一条该城镇中最为繁华的商业街，进而成为这一城镇所在区域的商业主干。街道因串联会馆建筑而形成，座座民居沿街道簇拥在会馆之间。

随着时间的流逝，许多会馆建筑失去了原有的功能，以至于很多当地居民对于其本来面目也不甚了解。但从建筑的名称来看，还是很容易辨别出会馆建筑的存在；从建筑形制上，也依稀能看到会馆建筑的原有形象。

（二）戏场

中国古代的戏台源于神庙、宫廷祭祀场所的献祭、乐舞场所，早期多为露台，不设屋盖。据《隋书·音乐志》记载，隋唐时期每逢佳节，"百官起棚夹道"、"建国门内，绵亘八里皆为戏场"，说明当时的百戏表演尚不依赖戏台这类建筑。五代至北宋时期是我国民间艺术大发展时期，《东京梦华录》中有"于殿前露台上设乐棚"的记载，其中有"台"与"棚"的组合，已具备戏台的基本元素，但当时对戏台的称谓尚不统一，有舞楼、乐楼、舞厅、乐厅等说法。中国传统戏曲成熟于南宋时期，至元代始常用"戏台"一词，元杂剧《蓝采和》中出现"再不去戏台上信口开河"的台词。宋、元时期戏台建筑多出现在两种场所，一是神庙中，二是瓦肆勾栏中的演出场地。至明代，朝廷制度允许士庶营建祖庙，于是各地出现大批宗祠建筑，宗祠建筑功用其实与神庙无异，多数也设有戏台。到明代中期以后，商业发展迅速，各水陆码头出现大量会馆建筑。作为同乡之间的精神纽带，会馆常与神庙结合在一起，致使会馆建筑中必然有戏台设置。

我国南方素有聚族而居的传统，祠堂建筑又以闽、粤、湘、赣最为普遍。明清时期，湖北地区民间村镇聚落中存在的戏台建筑主要有万年台、祠堂台、会馆戏台、神庙戏台等类形。所谓万年台也就是永久性戏台的意思，是针对临时搭建的"草台"而言的。往年乡村遇有节庆或某人家红白喜事，常请戏供全体村民欣赏，以示庆祝或答谢，早期多临时搭建戏台，部分条件较好的村落则筹资兴建永久性公共戏台供村民共用，此即万年台的由来。万年台多独立存在于村庄集镇之显要位置，利用主要路口、晒场等作为观看场地，共同组成一个观演场所。由于独立性强，不受其他建筑限制，其尺度、朝向、屋顶形式等均较为自由，最能体现地方风格特征。

自元代以后，戏台形制逐渐定型，通常由演出用的台面和背后的戏房两部分组成，两者间由上、下场门联系。廖奔先生在其所著的《中国古代剧场史》中根据两者关系将戏台形制分为三类：双幢纵（竖）联式、台口前凸式和三幢并联式。所谓双幢纵联式是指舞台和戏房结构各自独立，两者前后串联并且面宽相等的样式。台口前凸式仍是舞台与戏房各自独立前后串联，不同之处在于舞台宽度略小于戏房，所以第一、二种类型虽无本质区别，但外观上差异明显。三幢并联式与前两者区别较大，是将戏房一分为二，布置在台面两侧，舞台与戏房实际上可以是一幢房屋分为三间，这种形式较为少见。从现有资料来看，湖北地区明清戏台以前两种居多。

湖北地区祠堂及会馆戏台一般形制多为"台口前凸"式，极个别出于多功能考虑，采用"三幢并联耳房式"。戏台通常处于建筑群中轴线上，坐南朝北，面向正堂、祭台方向。利用合院两廊、正堂及院落作为观众区，共同组成一个完整的观演场所。此类戏台须服从于建筑群体要求，作为整个建筑群之局部存在。由于戏台建筑位于中轴线上，就必须解决与建筑主要交通线路的关系问题，其处理方式大体有戏台下方穿过和戏台两侧穿过（或绕过）两类。戏台位置根据建筑群的规模，也有居于门楼处或前厅、堂处的区别。相对而言，会馆戏台因其商业背景，多半较为富丽奢华，而祠堂戏台较简洁平实。特别是湖北及湖南洞庭湖流域，祠堂戏台风格多半较为简洁，多为"凸"字形平面，单檐歇山屋顶，与整个建筑群保持协调，无喧宾夺主之嫌。个别祠堂甚至将戏台隐藏于门楼中，平时难以发现。例如位于黄梅杉木乡牌楼湾民居群内的一座戏场建筑，其规模很小，极少装饰，平日用木板封起，几乎看不出它曾是戏场。出于建筑的整体性考虑，采用了三幢并联的形制，较为罕见。据记载，它是清代所建，平面格局采用与大门相结合的布局方式，台下为建筑主入口。阳新县白沙镇黄塘村村口的梁氏宗祠，始建于清康熙年间，主要是为纪念从山东迁移而来的阳新梁氏家族的始祖梁灏（距今大约700多年）。宗祠第一进即为戏台和两侧戏楼。宗祠大门背后，石柱将戏台抬起的高度恰好合适，既收藏内部空间又不致使入口太压抑。戏台与享堂之间为观戏场。族里举行大型活动时，各分户头会轮流出资请戏班唱戏，并摆下酒席款待各地来的族人及宾客，故观戏场两侧还建有对称的两个酒厅，酒厅面积极大，可同时摆下百桌以上的酒席。祠堂入口由戏台下穿过，戏台单檐歇山屋顶，风格中庸，尺度把握得当。与之相似的还有湖北阳新太子镇的李氏宗祠，都是湖北祠堂戏台的典型范例。

神庙戏台目前实例多为单一戏台，庙宇建筑多已无存，难以考证其与庙宇建筑群体的关系。现存戏台都采用"台口前凸式"，戏台建筑风格上仍体现湖北地区戏台建筑的基本特征。例如丹江口六里坪泰山庙戏台，"凸"字形平面，单檐歇山顶，装饰简约，尺度适当，风格端庄稳健，与当地祠堂戏台风格基本一致。

湖北在明清时期经济文化发展迅速，长江中下游于明朝中后期成为全国商业经济中心区域，祠堂、会馆建筑亦较其他地区更为兴盛。由于上述因素，湖北地区明清时期各类戏台建筑大量兴建，至今仍有相当数量的遗存。另外,由于湖北地区居于明清商贸和移民通道枢纽位置,易于接受外来艺术特征,与本地传统风俗结合形成了具有一定地方特色的戏台建筑,对于研究长江流域传统建筑文化乃至传统戏剧的发展演变具有较高的文化价值。

(三) 学宫

学宫,是古代的官学教育场所,在中国古代教育体系中,官学应该是历史最为悠久的,指的是由国家各级政府设立,并由官方提供办学设施、经费以及负责对教师的聘用、管理等的教育机构。

商周时期,是中国古代教育的开创时期,后世用"学在官府"来形容当时的教育,所说的就是商周时期官府垄断了整个社会的学校教育和一切学术文化,在当时只有贵族才有机会接受教育,平民百姓很难接触到书本知识。夏代建立庠、序和校这三种学校,到商代继承并发展了夏代的教育体系,并建立了当时的大学——"辟雍"。西周社会是一个非常讲究宗法礼制的社会,所以对学校教育也建立了一个自上而下的完备的奴隶制官学体系。当时的官学体系可以分为中央国学和地方乡学两类,国学是专门为上层贵族子弟设立的,平民只能在地方乡学接受教育。国学又分为小学和大学,大学有两类,由天子设立的叫作"辟雍",诸侯建立的叫作"泮宫",小学一般是设在王宫附近为贵族子弟年少时学习之用。除了国学之外,在西周还按地方行政等级依次建立了序、庠、塾、校四种地方官学,称为"乡学"。

至西周末年,奴隶制社会向封建社会过渡,"学在官府"这一说法也逐渐失去了社会基础,社会逐渐出现私学和封建官学取代西周的官学体系。尽管经历了多个朝代的演变,官学的结构体系却大体如前:由国家举办中央官学,中央官学既是国家最高级别的学校,同时也是管理全国官学的最高行政机构;地方官学由各行政级别依次建立,学子在地方官学的学习也会经过一个层层选拔的过程。

官学在唐代又有了新的变化,这一改变大体上奠定了后来官学的发展方向。首先唐代的官学与科举制度结合了起来,成为国家选拔人才的重要机构,这时的官学教育的目的主要就是应举;其次在唐代首次将孔子尊为圣贤,地方官学皆设孔子庙,成为当地弘扬儒家文化的中心,形成了庙、学结合的制度,现在我们看到的很多地方的文庙也是当地的官学所在,例如湖南省浏阳市文庙其实也是古代浏阳的官学所在。正是由于官学属官府辖制,所以官学有严格的门第等级和地域名额限制,其兴盛与否往往受政局人事等种种影响较重,在历代发展中也是时兴时废。也正是由于这一原因,才带动了私学、书院的兴盛,大体上官学与私学、书院保持着一个此消彼长的状态,但最终还是这三者的共同作用推动了传统文化的传承。

(四) 书院

书院制度是我国封建社会特有的一种教育规制,从宋到清末,延续近千年,对我国封建社会中后期人才的培养、学术文化的发展都曾起到过重大作用。同时书院也是地方社会教化的主要实施者,通过教学、讲学和祭祀活动在民间传播儒家思想文化,推动文化的普及与传播,促进区域文化的发展,在化民成俗、教化地方社会方面发挥不可替代的作用。

书院分官方和民间两种形式,为官府或私人设立的供人读书、讲学的处所。其建筑一般具有三个明显的特点:

第一,书院大多选山林名胜之地为院址。书院创立之初深受佛教寺庙选址的启发,佛教僧侣喜欢在名山胜地修建寺庙,所以就有了"名山僧占尽"、"天下名山僧占多"的说法。这种"择胜"的选址观对书院颇有启发,古代书院在创立之时,儒家学者也多将书院修建在风景名胜区,所谓"择胜地,立精舍,以为群居读书之处"、"泉清堪洗砚,山秀可藏书"。这种"择胜"的选址观也与士人的隐逸思想有直接联系,书院服务于古代读书人,选址山林风景名胜地,可以躲避战乱、世俗事物的干扰,可以潜心治学。

第二,书院建筑群一般以讲学、藏书和供祀建筑作为书院的主体建筑。讲学功能体现着书院对社会的人文教育教化作用，所以书院的基本功能就有自由地讲学和传道。讲学功能类似于现代学校的教育功能，有所区别的是古代书院的讲学功能包括普通教学与学术思想传播两大方面。书院在宋代以后的发展十分迅速，几乎在全国各地都有建设，逐渐承担起古代社会教育普及、儒家文化推广的任务，在教育方面，起到了"补学校之所不及"的作用。祭祀是古代书院的一种主要的德育方法，通过祭祀这一活动为学子们树立模范榜样，以达到劝诫规励、见贤思齐的目的。前文已介绍了书院不同于官学的祭祀，其祭祀对象不仅仅是孔孟先师，还包括学派的创始人物或与书院有密切关系的乡土先贤等，所以书院所设祭祀处的选择较为自由，每个时代都有着不同的特点。藏书功能是书院最原始的功能之一，甚至比起书院的教学功能的历史还要久远，具有一定建设能力的书院都会设有藏书楼、藏书阁或其他藏书机构。藏书功能是为讲学论道服务的，书院依靠这些书本进行文化传播。中国古代书院藏书规模依书院自身条件的差别表现出很大的不同，大型书院如岳麓书院会设有气势恢宏的御书楼，不仅仅有藏书功能还有一定的刻书、印书的功能，而一些民间小型书院由于藏书较少，没有划分单独的藏书区。但无论书院规模的大小，藏书仍然是书院必不可少的一个功能。

第三，书院十分注重人文环境的塑造，存有较多名人学者碑刻。书院对场所的人文历史环境的塑造十分看重，选址结合历史文化古迹、圣贤遗迹、名人踪迹，做到文景结合，以达到"远尘俗之嚣，聆清幽之胜，踵名贤之迹，兴尚友之思"。湖北地区的书院择地有很多是古代著名人物的学术活动地或与其生平事件有关，例如湖北的问津书院就因《论语》中孔子周游列国至楚国孔子使"子路问津"于长沮、桀溺典故而建，问津书院志中留下许多以孔子车辙经过为题材的诗歌，体现了书院浓厚的历史文化底蕴。优美的自然山水环境加上悠久的历史人文环境，二者紧密相连，陶冶心性的同时又启迪思想，此类文景结合的名胜地是建立书院的理想场所。

湖北书院的鼎盛时期是明嘉靖以后，由王守仁、湛若水等一批著名理学家倡导私人讲学，各府州县乡设书院，书院进入繁荣时期，前后在鄂境共建书院近百所。书院的建置与经济、文化的关系相当密切。明代，湖北地区的书院多集中在经济、文化发达的东部和中部，西部则寥寥无几。清代，随着湖北整体经济、文化水平的提高，书院遍布各地。明清时期湖北书院的经济来源主要是出自学田或官府拨给或官商捐助等。

湖北现存的书院多为清代的民间书院。建筑布局也多为合院式，建筑结构一般为砖木结构硬山式，多为单檐，基本单元由门厅、戏楼、廊庑、正屋及院落或天井等构成，如武汉的问津书院、蕲春的金陵书院、建始的五阳书院、利川的如膏书院、神农架林区的三间书院等。现在尚存的书院建筑大约有十余处，主要分布在汉水流域，如襄阳、荆门、钟祥等地，均为文物保护单位。

第一节　会馆

一、襄阳山陕会馆

襄阳山陕会馆建于清康熙五十二年（1713年），名关帝庙，乾隆三十九年（1774年）兴建了祭祀天、地、水的三官庙，嘉庆六年（1801年），重修了山门及戏楼。据晋商研究资料显示，当时"在湖北襄阳一带就有70余家商号，十几家当铺。于是山、陕两省在樊殷商大贾为了叙乡谊，通商情，接官仕，祭神财，集资建造了这座会馆。"

襄阳山陕会馆位于樊城三条街巷交会处，是襄阳会馆中唯一采用琉璃瓦的会馆。原会馆与庙宇相结合的建筑群总面积达数千平方米，殿阁楼堂百余间，规模之大，居全城各会馆之首，是樊城历史上作为繁华商埠的缩影。现建筑群大部分被毁，仅剩二殿、钟鼓亭（图5-1-1～图5-1-3），但仍能展示它当年的盛况。1983年被公布为襄阳

图5-1-1 襄阳山陕会馆（图片来源：华中科技大学民族建筑研究中心提供）

图5-1-2 襄阳山陕会馆正立面（图片来源：华中科技大学民族建筑研究中心提供）

图5-1-3 襄阳山陕会馆钟鼓亭（图片来源：华中科技大学民族建筑研究中心提供）

市文物保护单位。

会馆中轴线上布置有戏楼、前殿和正殿。门前立有2座石狮，两侧有龙凤图案的琉璃影壁，呈"八"字形排列左右。（图5-1-4）殿前院两侧为钟鼓楼，歇山绿琉璃瓦顶。

前殿高10.2米，宽16.6米，进深14.2米，十二檩卷棚硬山顶，碧绿琉璃瓦盖。殿内梁枋（图5-1-5）之上饰以人物及花鸟图案。正殿为四柱三间，高12.35米，宽16.6米，进深13.4米，檐柱为阴四角方石柱，余柱为木质圆柱，径约0.6米，硬山金黄琉璃瓦顶。昔正殿内供奉有关云长坐像，左有关平手捧金印，右有周仓持青龙偃月刀，站立其旁。正殿西南侧尚有配殿计十余间，内供神态各异的站立泥塑彩绘神像数十个。

二、襄阳抚州会馆

清代抚州商帮在樊城沿江大道陈老巷口设抚州会馆（图5-1-6），坐北朝南，原占地面积很大，建筑群落十分壮观。现仅存戏楼和正殿、后殿，占地面积约2000平方米，均为土木石混合建筑，富有浙赣建筑风格，为省级文物保护单位。

会馆门脸素面内敛，青石门框上有石匾书"抚馆"（抚馆）二字。戏楼（图5-1-7）为木构架二层四柱五牌楼。面阔12.4米，进深8.4米，楼下中间是过道，两侧为厢房，戏楼面向正殿。歇山、庑殿相结合的屋顶，有17脊18翼角。明间抬梁构架，两山穿斗构架，明楼、夹楼满铺如意斗栱（图5-1-8），且栱雕有龙头、兽头、麻叶头。边楼抹角如意斗栱支撑。正面匾额题"峙若擬岷"（"峙若

图5-1-4 襄阳山陕会馆八字墙装饰（图片来源：华中科技大学民族建筑研究中心提供）

图5-1-5 襄阳山陕会馆前殿梁枋（图片来源：华中科技大学民族建筑研究中心提供）

图5-1-6 襄阳抚州会馆正立面（图片来源：http://blog.sina.com.cn/）

图5-1-7 襄阳抚州会馆戏楼正立面（图片来源：http://blog.sina.com.cn/）

图5-1-8 襄阳抚州会馆戏楼斗栱（图片来源：http://blog.sina.com.cn/）

图5-1-9 襄阳抚州会馆牌匾（图片来源：http://blog.sina.com.cn/）

拟岘"）四字（图5-1-9）。会馆现整体破损严重，戏楼已被封闭，院内住有居民。

三、黄龙古镇会馆群（武昌会馆、黄州会馆）

黄龙古镇位于秦巴山麓，堵河之畔，素有"小汉口"之称。古镇分前街、后街、上街、河街四个部分。现保存较完整的有江西会馆、黄州会馆、鄂州会馆、陕西会馆、山西会馆、武昌会馆、天主教堂、意大利神父教堂等，占地约3000平方米。在建筑布局上，会馆建筑多采取中轴对称式，讲究豪华、气派，重点修饰门面与厅堂，无论公私，建筑都有硕大的门厅、卷厅和祖堂。各会馆所用脊砖上都刻有"山西、黄州、江西、鄂邑"等明显字样。

武昌会馆（图5-1-10、图5-1-11）建于嘉庆年间，坐北朝南，硬山顶砖木结构。前后分进殿、戏楼、石门、拜殿、正殿，进殿檐高3.06米，通高7.85米，通长2.08米，通宽10.08米，为七柱九檩。正殿由1个大殿和4个耳房组成。梁架上部用梁与矮柱重叠，以支撑层面檩条。大殿前有走廊和两侧耳房相通，现有面积958平方米。顶部房檐四角翼角翘起，设有封火墙（图5-1-12），墙壁有"喜鹊登梅"等壁画，院内设有天井，排水设施合理。正殿分为前殿、后殿，建筑立于高55~58厘米的石座之上，墙体及围墙每块砖烧刻有"鄂邑"二字（图

图5-1-10 郧县黄龙镇武昌会馆俯视（图片来源：华中科技大学民族建筑研究中心提供）

图5-1-11 黄龙镇老街武昌会馆（图片来源：华中科技大学民族建筑研究中心提供）

5-1-13）。鄂邑即江夏，是武昌的别称，说明当时会馆的建造者特别慎重，建筑用砖是另定造烧制。据查，郧阳府唯在此处设有武昌会馆，属独一无二的遗址，是黄龙镇上规模最大、最具特色的一座，为省级文物保护单位。现在前殿和戏楼早已荡然无存，且遗憾的是原来前殿所在的地方今建有一栋六层住宅楼，生生切断了整个建筑群。

黄州会馆（图5-1-14）始建于咸丰七年（1827年），紧临武昌会馆，坐北朝南，轴线与武昌会馆平行。规模较武昌会馆小。由于年久失修，会馆建筑群已荡然无存，仅存正殿，基本保持原会馆形式。

图5-1-12 黄龙镇武昌会馆封火墙（图片来源：华中科技大学民族建筑研究中心提供）

图5-1-13 黄龙镇武昌会馆用砖（图片来源：华中科技大学民族建筑研究中心提供）

图5-1-14 黄龙镇会馆群黄州会馆俯视（图片来源：华中科技大学民族建筑研究中心提供）

黄州会馆布局较为独特,砖木混合,单檐硬山灰瓦顶。形似一个小型天井院,前厅仅一间,并与两侧偏房、正殿连为一体,中间有一个小小的天井,约5米见方,现已被填平,上空还新增加了一个玻璃顶。正殿面阔五间,进深三间,第一进跨度较小,约为2米左右,顶部施卷棚吊顶装饰,做工较为精美,推断为正殿檐廊所在;正殿中部空间高耸,明间较宽,两侧现设有夹层,并与偏房、前厅夹层连为一个整体,楼梯设在正殿西侧檐廊处;偏房面阔二间,进深一间,内天井檐口约2.5米见方。整个会馆十分紧凑,正殿适合作为集会或举行仪式的场所。

从正殿的对称形式和所处位置可以推断,原会馆也像武昌会馆一样为中心对称单进四合院式布局。黄州会馆正殿立面不像武昌会馆门厅那样采用多重且形式多样的山墙装饰,而是同鄂西北民居前堂做法,用砖石材料砌筑,其门头也采用砖石仿木牌楼式贴面,牌楼略高于屋面,强调了正殿的入口。正殿山墙十分简洁,仅用硬山,没有墀头装饰。外墙的多处砖面上显现出"黄州"两个凸起字样,说明当时各会馆建造时十分重视用专门制作的建筑材料。

大殿内部夹层的用材较为粗糙,做工并不十分精细,像是后期改造而成,但是从建筑原有构架看,选料和制作都较精细,特别是檐廊顶棚、柱础、抬梁垫木等尤为考究。由于缺乏保护,会馆立面门窗已有较大改动,建筑外围也搭建了一些临时性房屋,内部部分柱子下部已腐烂,正殿内的设施及应有的木隔扇等构件已不见踪影。

四、郧西城关会馆群

郧西,北依秦岭,南临汉江,史称"秦之咽喉,楚之门户",是历史上兵家必争之地,也是湖北省内最早得到解放的县份之一。

在郧西县城关镇民联社区保存有山陕会馆(当地有称"两西馆")、黄州馆、江西馆(图5-1-15)。山陕会馆建于清康熙四十八年(1709年),为山西、陕西两省旅居客民所建,占地面积10多亩,建筑十分宏伟。黄州馆(图5-1-16)又称地主庙,于清雍正年间由黄州府游居客民集资兴建,占地过10亩,建筑气势可与山陕会馆相媲美。江西馆地处黄州馆以北,与黄州馆仅一墙之隔,占地约6亩,清雍正九年(1731年)由江西旅居郧西的客民集资所建。会馆有殿宇两重,后殿供奉数尊神像,殿前有戏楼一座,抵街而进,殿宇、戏楼与黄州馆并列,但建筑气势则稍逊于黄州馆。

图5-1-15 郧西城关会馆群俯视(图片来源:华中科技大学民族建筑研究中心提供)

图5-1-16 郧西城关会馆群黄州会馆(图片来源:华中科技大学民族建筑研究中心提供)

五、上津古城山陕会馆

位于上津古城东北山坡之上的山陕会馆，是明清时代山西、陕西两省商人在上津所建的会馆，它不仅是古代驻津会馆保存最完好的一座，也是郧西目前保存最完整的会馆之一，是国家重点文物保护单位组成部分之一。

山陕会馆（图5-1-17），又名南会馆或陕西会馆。它坐落于上津古城外东北方的后山腰上。整个会馆坐东朝西，总长约17.8米，宽约11.6米，占地面积约为207平方米。该建筑为单路单进式，结构体系采用抬梁与砖墙混合承檩式结构。建筑面阔三间，前后厅中间围合出小型天井并设有半圆形台阶与后厅连接。根据推测原始主入口应当位于建筑西面，但因某些原因西立面被毁坏，当地居民将此立面用砖墙封闭并开以窗户。现有建筑也仅在天井南侧设有小门供人进出。屋顶为硬山灰瓦顶（图5-1-18），其中前厅部分为少见的卷棚式，后厅则为传统的两坡式硬山顶（图5-1-19）。山墙垂脊（图5-1-20）上原有的精美花草雕饰如今也残缺不全，破坏严重。墙砖上多刻有"山陕馆"字样。

图5-1-17　上津山陕会馆（图片来源：华中科技大学民族建筑研究中心提供）

图5-1-18 山陕会馆屋面（图片来源：华中科技大学民族建筑研究中心提供）

图5-1-20 山陕会馆背后墀头（图片来源：华中科技大学民族建筑研究中心提供）

图5-1-19 上津山陕会馆北立面（图片来源：华中科技大学民族建筑研究中心提供）

第二节 戏台

一、蕲春横车长石庙万年台

横车长石庙万年台（图5-2-1）位于横车镇长石村石湾西20米，始建于乾隆十年（1745年），光绪十年（1884年）扩建，是湖北省文物保护单位。该万年台为砖木结构，坐南朝北，平面"凸"字形，分前、后台，为三面观式。前台面阔5.5米，进深5米，单檐歇山灰瓦顶，青石台。

戏台正脊与垂脊为透心花筒子脊，正脊正中置四层四色宝顶（图5-2-2）。两檐柱为石质八角柱，鼓镜柱础，鼓下置八方座，八方座下另垫低矮的四方座。台口三面均设有石花格心栏杆，檐下施红色木质通花牙子，前檐挂一匾额，上书"万年台"三

图5-2-1 横车镇长石庙万年台（图片来源：华中科技大学民族建筑研究中心提供）

字。台基正中嵌有汉白玉长石条，上雕有福、禄、寿等精美的中国古代神话人物，两侧台基上亦有以古代神话为典故的汉白玉石雕（图5-2-3）。

后台面阔三间8.93米，进深一间4.32米，单檐硬山灰瓦顶。正脊与垂脊亦为透心花筒子脊，两侧山墙开圆形窗，为石质菱花格心，山墙侧面的墀头雕有虎形瑞兽。

二、浠水马垅福主庙万年台

福主庙建于道光九年（1829年）。福主庙戏台（图5-2-4）坐南朝北，由前台、后台、化妆室三部分组成，平面呈"凸"字形，三面观，为双层飞檐斗栱塔式砖木结构。其中前台台基用白石砌成，两侧有木质栏杆，高1.8米，台基正中嵌墨青方石，刻南北二星下棋图。前台通高9米，面阔6.1米，进深5米（图5-2-5、图5-2-6），面积30.5平方米，两檐柱上的斜撑为雄狮舞球、雌狮育子雕刻；前檐下雕有彩凤，作飞腾状；前额雕刻有双龙戏珠；后额雕刻有飞鸟、鹿、松树、石、牡丹、麒麟等。上层飞檐下悬"云管阳春"四字匾额，"云管阳春"是出自杜甫《赠花卿》的"锦城丝管日纷纷，半入江风半入云"，借以赞美戏台上的音乐美妙动人，匾额上方有清晰的人物浮雕。台中板壁原挂有江西景德镇瓷器商人于道光甲申年（1824年）赠送16扇一格一堂绘人物故事的彩色瓷屏，上绘有人物，其中一扇上书"道光乙酉年仲秋月榖旦"，现存3扇，收藏在浠水县博物馆。板壁另挂一匾额，上书"神鳌薄庆"。前后台间设两拱形上下场门，门上挂"去往"、"今来"牌，现已佚。

后台面阔三间12.04米，进深一间6.2米，面积74.6平方米，进深一间6.2米，单檐歇山灰瓦顶。前、后台以木板相隔。两侧檐下置直棂槛窗4扇，上部额枋上有抚琴、放牛、乘舟、读书等以民间乡村生活为主题的浮雕。化妆室在后台下部。

戏台前台屋顶为重檐歇山灰瓦顶，正脊中瓦至三角形饰，垂脊微上翘，檐下置如意斗栱；后台为硬山灰瓦顶，檐下亦置如意斗栱，两山为三山屏风山墙。现为全国重点文物保护单位。

三、团风回龙山东岳庙万年台

东岳庙万年台位于回龙山镇回龙街北端，始建于明洪武年间（1368～1398年），明万历二年（1574年）重修。1927年，湖北农民协会负责人郭述申、谭平山陪同苏联顾问基诺莫夫等到来黄冈检查农民运动时，曾在戏台发表演讲。

图5-2-2　长石庙万年台正立面（图片来源：彭然《湖北传统戏场建筑研究》）

图5-2-3　横车镇长石庙万年台石雕（图片来源：彭然《湖北传统戏场建筑研究》）

图5-2-4 浠水马垅福主庙万年台（图片来源：华中科技大学民族建筑研究中心提供）

图5-2-5 浠水马垅福主庙万年台正立面（图片来源：华中科技大学民族建筑研究中心提供）

图5-2-6 浠水马垅福主庙万年台翼角（图片来源：华中科技大学民族建筑研究中心提供）

戏台坐南朝北，正对东岳庙山门，距离山门约40米，台前广场，青石铺砌，可容数千人。戏台分前后台，"凸"字形平面，三面观形式，面阔三间，其中明间面阔3.65米，次间面阔3.33米（图5-2-7）；进深两间，其中前台进深4.27米，后台进深4.17米；台高为2米。前台为单檐歇山灰瓦顶，分上下两层，飞檐塔式砖木结构，后台为单檐硬山灰瓦顶，两山为封火山墙。戏台主体为抬梁式构架，两山为穿斗式构架，前檐下施九踩如意斗栱，侧檐下施重翘无昂装饰性斗栱，台内置八卦藻井，现已毁坏，不过轮廓依然可见。前后台用直棂木隔扇区分，两侧设有上下场门，上层飞檐下悬大幅匾额，上书"春台"二字（图5-2-8）。

戏台装饰精美，浮雕栩栩如生。额枋与雀替均雕刻有龙凤花纹，雀替另雕刻有梅花、竹叶等植物图案；斜撑正反两面分别为游龙与圣女雕刻（图5-2-9）；阑额与由额垫板上的浮雕为对弈、饮酒、吟诗、作画等古代生活场景与张良拾鞋等历史传说。现为湖北省文物保护单位。

四、丹江口六里坪泰山庙古戏台

泰山庙古戏台（图5-2-10）位于六里坪镇蒿口村，始建于明代中期，清嘉庆年间重建。泰山庙戏楼现为鄂西北山区唯一保存完好的戏楼。戏楼与泰山庙前殿相对，平面呈"凸"字形，分前后台，台高2.5米，前台面阔5.2米，进深4.45米，建筑主体为抬梁和穿斗混合结构，顶部为彻上明造，前台为七架椽，单檐歇山灰瓦顶，后台为单檐硬山灰瓦顶（图5-2-11）。前台两檐柱为红色圆木柱，柱础为鼓镜式，较扁的鼓下另垫有较高的刻有菊花浮

图5-2-7 团风县回龙山东岳庙万年台（图片来源：华中科技大学民族建筑研究中心提供）

雕的石质四方座，以防止因戏楼临河、地面潮湿而导致的木柱腐蚀。由戏楼前后台之间的槛框可以看出，戏楼前后台之间原有用于隔断的墙壁和两个上下场门，现已损毁。

根据现镶嵌于泰山庙前殿外墙上的两个镌刻资助建庙善款人员名单的碑刻可知戏楼曾在清嘉庆十年（1805年）、光绪十二年（1886年）两次被重修，其中1886年的碑刻："……泰山庙旧有□字现年曾经翻修庙□可惜戏楼面□偏侧亦败亦残河水年□射冲潮之若不预修堤防□□戏楼□□启之患然……"专门提到了泰山庙戏楼残损，易被水患所冲毁，故

急需重修。湖北省人民政府于1956年4月公布该古戏楼及泰山庙为湖北省文物保护单位，2000年丹江口市文物局曾对其进行重修，2004年底该建筑被湖北省文物局列入南水北调中线工程丹江口水利枢纽大坝加高工程水库淹没区地面文物保护项目。

五、随州解河天齐庙戏台

天齐庙戏台位于随州市随县解家河村天齐庙前，现戏台正中梁上记有"乾隆一十二年七月穀旦新建"的字样。1941年该戏楼前檐被日本侵略军飞机炸毁，1948年天齐庙住持僧海妙和尚集资修复，

图5-2-8　东岳庙万年台檐下（图片来源：华中科技大学民族建筑研究中心提供）

图5-2-9　东岳庙万年台的"回龙"斜撑（图片来源：华中科技大学民族建筑研究中心提供）

图5-2-10　丹江口六里坪泰山庙古戏台（图片来源：华中科技大学民族建筑研究中心提供）

图5-2-11　泰山庙古戏台正立面（图片来源：彭然《湖北传统戏场建筑研究提供》）

图5-2-12 随州解河天齐庙戏台（图片来源：华中科技大学民族建筑研究中心提供）

图5-2-13 随州解河天齐庙戏台侧立面（图片来源：华中科技大学民族建筑研究中心提供）

1952年天齐庙被毁，仅存戏楼，现为湖北省文物保护单位，但是已经年久失修，成为危房，现依靠数十根临时性木桩支撑其台内主体结构，尚可维持不倒（图5-2-12）。

天齐庙戏台建于乾隆三十二年（1767年）。坐南朝北。戏楼平面呈"凸"字形，分前、后台。前台单檐歇山灰瓦顶（图5-2-13），石质台基高1.75米，戏台空高2.85米，面阔一间5.1米，进深一间4.8米，左右有两耳台，宽1.4米，为"文化大革命"期间因开批斗会需要而加宽。后台面阔三间8.2米，进深4米，单檐硬山灰瓦顶，穿斗式构架，与前台以木板相隔。夯土石筑台基高1.7米，内埋大理石质断碑2通。前台主体木结构，顶部砌上明造，屋顶四戗脊微翘，举折平缓，前额上有精美的祥云浮雕，现已断裂，两檐柱为石质，莲花瓣式鼓镜柱础，下垫六边形石座，但均已断毁，现改用木柱替代，并使得台口略为内收。

其形式比较独特，左、右、后三面均为三山屏风清水砖墙，屋顶现已瓦当不存，完全漏空，仅余主体木结构，从两侧山墙所遗留的痕迹可以看出两山为穿斗式结构，其墙壁上还留有"光纪台嘉庆二八"、"□班道友于道光二年已故"、"初三日反楚国"、"河南泌阳县大二黄同乐班"、"天津殷苏仙三生双合班"、"汪小生东岳班在随州"、"河南唐谷□□□长盛班罗戏老少江湖□□"等题记。

第三节 学宫

一、郧阳府学宫大成殿

郧阳府学宫（图5-3-1）是明、清湖北郧阳府的最高学府与祭孔场所，现为湖北省文物保护单位。

郧阳在唐宋时，有郧乡县学。明朝成化十二年（1476年）设府，县学升格为府学。据康熙年间由知县侯世忠所辑《郧县志》载：府学宫，在"嘉靖十七年（1538年），知府许诃，奏建于县治之西南，中为文庙（大成殿），东西为两庑（回廊）、为戟门、为棂星，外以屏风门横之。启圣有祠，宰牲有所。右为明伦堂；东西为两斋，曰：'进德'、'修业'。后为教谕宅，为训导宅；右为号舍。总以儒学名焉。"据后人所立碑文记载，嘉靖三十七年（1557年），府学宫方建成。据后人测量：府学宫建筑群，总面积达2万多平方米，为明清时代郧阳、荆襄、豫西、陕南科考中心，人文荟萃，历时300多年。

郧阳府学宫大成殿海拔高度164米，坐落在汉水河边的坡地上，南依汉水，西邻209国道，东北接厂区和民居。据史料记载，大成殿曾为郧县的县学宫，后郧县升为郧阳府后，该学宫也同时升为郧阳府学宫。当时的建筑面积较大，约有8万平方米，建筑为东西向建筑，是一个大规模的建筑群，仅仅有名字记载的建筑就达21栋，是综合型的府学宫，既具有教育管理职能，又具有孔庙性质，还有学校的职能。当时的郧阳府兼管六县一市，因此，这里还是培养高级知识分子和进行科举考试选拔的重要之地，既有诸生号舍，又有藏书楼。而现存的大成殿仅仅是当时郧阳府学宫的一部分，即当时的文庙，仅留存主殿7间和南便门3间（图5-3-2）。

另据史料记载，大成殿是一个完整的府级学宫建筑，以大成殿为中心，有前殿、后殿、大殿（即

图5-3-1　郧阳府学宫大成殿（图片来源：华中科技大学民族建筑研究中心提供）

图5-3-2　郧阳府学宫大成殿老照片（图片来源：陈家麟.郧阳古风[M].武汉：湖北美术出版社，2003）

大成殿），东西有庑，西北角有儒学斋、儒学堂等，有长廊同大殿相连，后殿中为明伦堂，左右为教谕训道署。大殿内有五个神龛，中供孔子，两旁为四配（颜四、孔伋、曾参、孟子）、十二哲（闵损、冉雍、端木赐、仲由、卜商、有若、冉耕、宰予、冉求、言偃、颛孙师、朱熹）。东庑供奉先贤40人，先儒31人，西庑供奉先贤39人，先儒28人，现仅存大成殿（图5-3-3、图5-3-4）。

大成殿建筑面积642.5平方米，面阔36.3米，进深17.7米，高12米，前后墙置雕花窗棂。大殿以长条青石为基墙，成台阶，美观与防潮兼备，庞大的木架结构浑然一体。整个建筑庄重典雅，建筑工艺令人叹为观止，建筑风格独特（图5-3-5）。因南水北调工程，现大成殿已搬迁至异地。

图5-3-3　郧阳府学宫大成殿立面（图片来源：华中科技大学民族建筑研究中心提供）

图5-3-4　郧阳府学宫大成殿侧面（图片来源：华中科技大学民族建筑研究中心提供）

图5-3-5　郧阳府学宫大成殿翼角（图片来源：华中科技大学民族建筑研究中心提供）

二、浠水文庙

浠水文庙位于县城清泉镇新华正街，坐北朝南，南临浠水河，背面儒学巷。地势开阔，环境优美。

明、清《蕲水县志》记载，文庙又名儒学、学宫、孔庙，始建于北宋。元末遭兵毁，明洪武七年（1374年）在宋元旧址上依旧重建。后经宣德、正统、弘治、正德、嘉靖、天启等时期，陆续整修和扩建，成为当时县治一处完整的建筑群。明崇祯年间遭农民起义军张献忠部烧毁，清顺治七年（1650年）重建，后经康熙、雍正、乾隆、咸丰、同治、光绪等时期修复十多次。保存至今有大成殿、崇圣祠、尊经阁和石碑坊"棂星门"，1985年将破坏的东西庑配房复修。文庙总计占地面积3700平方米，其中古建筑面积1100平方米。

文庙的总体布局采用了中国古代建筑群均衡对称的布局手法。在南北中轴线上依次布置着棂星门、戟门、大成殿、崇圣祠；棂星门前有泮池，门内左为忠孝祠、名宦祠，右为节烈祠、乡贤祠；戟门后，大成殿前左右两侧布置东西庑，其后左为尊经阁、右为明伦堂，惜大部已毁。

1. 大成殿

大成殿（图5-3-6）原名先师殿，明嘉靖九年（1530年）更名为大成殿。大成殿是文庙的主体建筑，重檐歇山式屋顶。面阔五间16.62米，进深三间14.42米（柱中对柱中），通高14米，面积240余平方米，台明面阔17.22米，深15.62米。殿前设月台，月台正中设踏跺上下，宽5米，长1.7米，踏跺中央有宽1.75米的汉白玉石镌龙云纹御路。殿内地面用方砖铺地，走廊用条砖铺地。

大成殿的柱网平面布局不采用十字对称的柱网平面，而是采用了减柱造（图5-3-7）。但是为了解决下层檐老角梁后尾的结构和重檐歇山屋的两山山顶上层檐的结构，在面阔次间老檐柱的位置上，在进深方向布置了一排老檐柱。

图5-3-6　浠水文庙（图片来源：华中科技大学民族建筑研究中心提供）

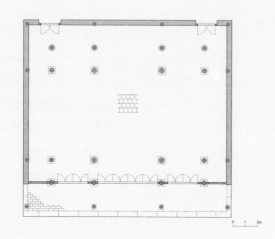
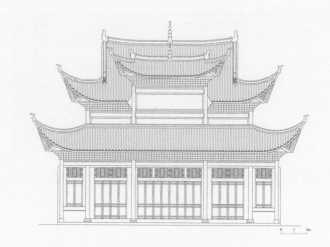

图5-3-7 浠水文庙大成殿平面图（图片来源：彭然《湖北古代建筑》） 图5-3-8 浠水文庙大成殿立面图（图片来源：《湖北古代建筑》）

大成殿外围12根檐柱，柱径32厘米，中段安放额枋，平板枋上放如意斗栱。中间的一圈为老檐柱，最里一圈柱子中段开卯口，托着七架梁和随梁枋，梁上立童柱，开卯口。将梁头做成榫头，直接穿在柱头的卯口里，柱子直接承托桁条。

大成殿斗栱只有一种形式，为三翘如意斗栱，其分布为：前檐上、下檐布如意斗栱，后檐除柱斗科外，下檐明间次间各施平身笠一攒，上檐明间同下檐明间，上檐次间因内收1.9米，故未安平身科斗栱，东西山面上、下檐明间施平身两攒，下檐次间均未施斗栱。斗栱的做法是平身科斗栱从坐斗口外出三跳，每跳伸出0.16米，合作3.2斗口，并出45度斜栱。柱头科、角科斗栱均为插柱造。上下层翼角老角梁梁头直接搁在挑檐檩上，仔角梁用嫩戗发戗的做法。

大成殿前檐明间带骑楼，屋面覆盖小青瓦。大成殿正脊、垂脊、戗脊均用灰色花瓦垒砌。正脊两端安正吻，垂脊安化生怪兽，戗脊头安鱼形兽。骑楼屋顶为庑殿式，正脊两端微向上翘，无装饰，中间安双层瓷塔，前檐两戗脊安鱼形兽。

大成殿正面（图5-3-8）明间、次间装修六抹头隔扇门，稍间安槛窗，中槛以上安横披，后檐在次间各安双扇六抹头隔扇门。隔扇门、窗、横披的隔心为井字变杂花纹样。上层四周装修走马板。正面额枋木雕刻卷草花纹图案，前檐上、下层檐额枋两端雕仙鹿图案，骑楼额枋雕四龙戏珠云纹图案。大成殿正脊梁保存有清同治八年（1869年）重修梁记"大清同治八年岁次己巳仲秋吉旦重建"。下檐两山及后檐用砖墙封护。殿内后墙正面，左嵌汉白玉石御制"至圣先师孔子赞"石刻碑，右嵌汉白玉石御制"颜子赞、曾子赞、子思子赞、孟子赞"石刻碑。两碑尺寸相同，高2.92米，宽1.02米。

2. 崇圣祠

崇圣祠与大成殿相隔6.5米，并与大成殿及两边围墙形成天井面阔三间，通面阔17.4米，进深三间，通进深11米。两山为穿斗式构架，前沿带走廊，硬山顶，小青瓦屋面。崇圣祠正脊用灰色花瓦垒砌，两端安正吻，垂脊用小青瓦垒砌，两山墀头上安兽形吻。前檐明间、次间装修六抹头隔扇门，隔心花纹为井字变杂花纹样。两山及后墙用砖墙封护。

3. 尊经阁

尊经阁（图5-3-9）在崇圣祠左边，面阔、进深均为一间，方形平面，长5.13米，木架板面楼房，两层，有木构楼梯。尊经阁抬梁式构架，歇山顶，屋面覆盖小青瓦。正脊、垂脊、戗脊均用灰色花瓦垒砌，正脊两端安正吻，垂脊前安鱼形兽，脊中饰瓷塔。梁上保存有清光绪十三年（1887年）重修梁记。尊经阁正面下层开半圆形券门，两边安窗。上层四周安窗。

4. 棂星门

棂星门（图5-3-10）位于大成殿正前方，南10米临浠水河。蕲水县志载为明弘治年间建。棂星门呈"川"字形，全为石构建筑。通宽6.45米，正门居中宽2.6米，左右侧门同宽1.2米。棂星门通高6.5米，正门高2.7米，门两侧石雕坐狮作抱柱石。门额正背面浮雕二龙戏珠图，额上阴刻"棂星门"门匾，匾上置浮雕双凤朝阳图，石坊上置雕刻勾连纹压石，压石两端饰石狮一对，压石上饰火焰纹石雕件，其前侧浮雕飞天神人像（图5-3-11）。左右侧门高22米，左门额为浮雕儒释仙人入庙图，额上饰双线刻篆书"文经"门匾，右门牌额为浮雕桂树人物图，额上饰双线刻篆书"武纬"门匾。两边侧柱石雕像作抱柱石。

三、竹山文庙大成殿

竹山文庙大成殿位于竹山县城一中学校园内（图5-3-12），文庙始建于唐代。据竹山县志记载"唐贞观诏州县皆立孔子庙"，初为学宫，后历代皆有修缮。现存文庙大成殿建于明正统十三年（1448年）。

大成殿面阔五间，二层，建筑面积600平方米。在二层的多处墙壁上，还刻有"文庙"二字。据资料记载，竹山文庙大成殿"重建于清道光二十一年（1841年）"，坐北朝南，为文庙建筑群主体建筑之一，重檐歇山式砖木结构（图5-3-13）。现仅存其主体建筑大成殿，坐北朝南，重檐歇山式，灰筒板瓦屋面（图5-3-14）。四周隔扇门窗，并有回廊。1983年12月23日，竹山县政府将其公布为县级文物保护单位。2002年竹山文庙大成殿被省政府批准为第4批湖北省文物保护单位。

图5-3-9　浠水文庙尊经阁（图片来源：《湖北古代建筑》）

图5-3-10　浠水文庙棂星门（图片来源：华中科技大学民族建筑研究中心提供）

图5-3-11 浠水文庙大成殿棂星门细部（图片来源：《湖北古代建筑》）

图5-3-12 竹山文庙大成殿（图片来源：华中科技大学民族建筑研究中心提供）

图5-3-13 竹山文庙大成殿屋架结构（图片来源：华中科技大学民族建筑研究中心提供）

图5-3-14 竹山文庙大成殿山面（图片来源：《湖北古代建筑》）

四、襄阳学宫大成殿

襄阳学宫大成殿（图5-3-15）位于襄阳城西北隅积仓街襄阳市第五中学校内。始建年代待考，唐代建在城外，北宋迁于现址，明末毁于战乱。清朝顺治年间重建，后经多次维修。现存建筑大成殿重建于清道光二年（1822年），是县学宫的主体建筑之一，用于供奉孔子神位。五开间重檐歇山顶，红墙黄瓦，檐下有精美的雕花彩绘。殿内生员拜谒孔子的台基高约1米，铺陈二龙戏珠石雕板。殿前方有半圆形"泮池"，池上架一拱桥，俗称"状元桥"（图5-3-16）。

大成殿是原襄阳县学宫（今襄阳五中）的主体建筑之一，是祭孔和办学的场所，现在是襄阳五中校史陈列馆。史载，大成殿建于道光二年（1822年），大殿脊檩上书"大清道光二年岁次"等字样，三架梁上安置一块木板，上书"大清宣统元年岁次……季春重建"。原县学宫大成殿虽经风雨，仍然巍峨奇伟，气象庄严。殿为六柱五间，宽17.8米，深11米，重檐歇山顶，中间五架抬梁，两山穿斗构架，檐板有雕花彩，檐下有椽（图5-3-17）。该大殿目前是我市最高、最大、保存最好的古殿建筑。殿下砌台基1米高，台下铺陈明时孔庙遗留的"二龙戏珠"石雕板，石雕板2.2米长，1.4米高，石雕风格具有鲜明的明代雕画特点。殿基下两侧各有大碑一通：一是康熙二十五年（1686年）碑（应是孔子赞），二是年款不清的颜子赞。两碑均已字迹泯灭，但苍老古朴，令人肃然起敬。

殿前80米处有泮池，凿于道光二年，呈半月

图5-3-15 襄阳学宫大成殿正面（图片来源：华中科技大学民族建筑研究中心提供）

图5-3-16 襄阳学宫大成殿前泮池（图片来源：华中科技大学民族建筑研究中心提供）

图5-3-17 襄阳学宫大成殿梁架（图片来源：华中科技大学民族建筑研究中心提供）

形，其直径为10米，上架有小拱桥。这种泮池为半月形水池，是古代学校体制的典型建筑。

1991年襄阳五中对大成殿进行了修缮，使大成殿摆脱了将要倒塌的厄运，还复原殿前大门结构。至今，大成殿一直得到完好保存。现在，呈现在人们眼前的大成殿，朴素、典雅、庄重，与殿外郁郁葱葱的大树相得益彰。襄阳学宫大成殿现为湖北省文物保护单位。

五、罗田文庙圣殿

罗田文庙（图5-3-18），位于湖北省黄冈市罗田县凤山镇胜利街。始建于元成宗大德八年（1304年），为周广创建。后经过12次迁建和重修，现存建筑为清同治九年（1870年）重修。仅存文庙主体

图5-3-18 罗田文庙圣殿正面（图片来源：《湖北古代建筑》）

图5-3-19 罗田文庙大成殿梁架（图片来源《湖北古代建筑》）

建筑大成殿，为木质结构建筑，占地面积228平方米，风格古朴。圣殿为重檐歇山式建筑，小青瓦屋面，面阔五间，进深三间，面积约228平方米。梁架结构为穿抬式（图5-3-19），木柱均置于1.6米高的石柱上。文庙圣殿是罗田城关唯一的一座古代建筑，现为湖北省文物保护单位。

六、枣阳黉学大殿

黉学大殿，又称至圣殿，为清代祭祀建筑，位于枣阳城区内大南街。黉学大殿始建于元至正三年（1343年），曾是明清乡试之地，建筑坐北朝南，中轴线布局。原建筑规模宏大，大部分建筑在抗日战争时被日军炸毁。现存至圣殿为砖木结构五开间歇山顶建筑，面阔五间26米，进深13米，通高13米（图5-3-20）。抬梁式构架，四壁均为砖墙，前壁在中间左右各开一小门，檐下（图5-3-21）置七踩斗栱，檐枋上为花卉、枝叶形挂落，枋上浮雕人物图案（图5-3-22）。黉学大殿是湖北省文物保护单位。

图5-3-20 枣阳黉学大殿正面（图片来源：华中科技大学民族建筑研究中心提供）

图5-3-21 枣阳黉学大殿檐部（图片来源：华中科技大学民族建筑研究中心提供）

图5-3-22 黉学大殿翼角（图片来源：华中科技大学民族建筑研究中心提供）

第四节 书院

一、蕲春金陵书院（会馆）

金陵书院位于湖北省黄冈市蕲州镇，建筑建于清同治六年（1867年），是清代南京商人在蕲州经商时集资兴建，原建筑群名为金陵会馆，属于商人会馆性质，金陵书院只是建筑群组中的一部分。蕲春金陵书院现为湖北省文物保护单位。

金陵书院坐北朝南，占地面积约为325平方米。纵长方形平面，中轴线上有牌楼式正门（图5-4-1）、门厅（图5-4-2）、天井和正殿（图5-4-3），两侧是回廊。侧面有附属建筑聚德堂。在空间序列上，并没有体现完整的书院建筑序列。书院有讲堂三间，现存其他建筑均是原先会馆用房，至于书院本应具备的祭殿、书楼、斋舍由于现在大多不存或已改为他用无法考证，又没有具体的文献资料查证，所以不能推断出它们具体的建设情况。结合现在书院遗留的金陵会馆碑记以及现书院内工作人员的口述，大致可以推断出金陵书院只是对书院的讲学功能进行完整建设，对于祭祀及藏书都进行了简化处理。现在的金陵书院已改为道观，原先的讲堂改为了道教的祭祀大殿。

二、利川如膏书院（南坪乡）

如膏书院（图5-4-4）位于湖北省恩施土家族自治区利川南坪乡，乾隆五十八年（1793年）巡检王霖劝捐建，每年首事范泰来、许如棠、廖连壁、段大登等轮流掌管，延师训课，是一所典型的乡村义学书院。如皋书院现为湖北省文物保护单位。

如膏书院占地约1500平方米，沿中轴线上布置门楼（戏台）（图5-4-5）、院落、正厅（图5-4-6）、抱厦和后堂（图5-4-7）。中轴线上的建筑虽然破损较为严重，但基本上保留了原始的建设状态。书院现存建筑（图5-4-8）均是以楼的形式出现，这与当地建筑采用吊脚楼的形式有着密切关联。讲堂（图5-4-9）是现存建筑中最大的一座建筑，面阔三间，高二层。一层用于讲学，二层空间一部分用于讲学，一部分用于藏书，讲堂内保存有清代石碑10余通。其后设置礼殿及讲师寝堂，受地形影响，整个空间序列从门楼至礼殿是逐级增高的，礼殿位于整组建筑最高点，以突出其崇高的地位。

图5-4-1 金陵书院正面（图片来源：华中科技大学民族建筑研究中心提供）

图5-4-2 金陵书院门楼背面(图片来源：华中科技大学民族建筑研究中心提供)

图5-4-3 金陵书院讲堂(图片来源：华中科技大学民族建筑研究中心提供)

图5-4-4 如膏书院讲堂全景(图片来源：华中科技大学民族建筑研究中心提供)

图5-4-5 如膏书院门楼背面（图片来源：华中科技大学民族建筑研究中心提供）

图5-4-6 如膏书院讲堂（图片来源：华中科技大学民族建筑研究中心提供）

图5-4-7 如膏书院大成殿（图片来源：华中科技大学民族建筑研究中心提供）

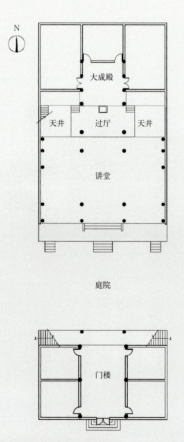

图5-4-8 如膏书院主体建筑群一层平面图

图5-4-9 如膏书院讲堂（图片来源：华中科技大学民族建筑研究中心提供）

三、神农架三间书院（武昌书院）

三间书院（图5-4-10）又名武昌书院，清代书院建筑，位于神农架林区阳日镇供销社院内。据清同治《郧阳府志》（卷之二建置志学校）和《民国湖北通志》（志五十九学校五书院）载，三间书院在"县治西关外，今为武昌会馆"。因其砌墙镶地的每块青砖上都模印烧制上"武昌"二字，故人们习惯称之为武昌庙或武昌馆。

书院建于清朝道光丁酉年九月（1837年），书院建成时，时任钦命翰林院詹事府内阁学士右赞善提督湖北省学政孙为赠"东雪春晖"匾额，匾额现仍悬挂于大殿外。据石碑上介绍，三间书院由东西厢房、东西耳房、戏楼及门楼组成，占地面积1000多平方米，是湖北省典型的四合院古建筑群落。三间书院现仅存正殿，占地面积约120平方米。硬山式建筑，面阔、进深约三间。

四、新洲问津书院

问津书院，坐落于武汉市新洲区旧街孔子河畔，因《论语》中孔子周游列国至楚国孔子使"子路问津"于长沮、桀溺典故而得名。书院始建于西汉年间，距今已有两千多年的历史，是孕育元、明、清三朝鄂东文人的摇篮，被称为中国最古老的"大学"。在历史上曾与岳麓书院、东林书院、白鹿洞书院等齐名，自宋至清，书院共产生进士387名，因其在我国教育史、文化学术史上的重大影响而被载入《中国书院志》。问津书院位于大别山南麓脚下，风景秀丽，人杰地灵，是湖北省唯一的孔子遗迹，也是武汉市乃至湖北省保存得最完好的古代书院之一。问津书院现为湖北省文物保护单位。

问津书院历经元、明、清三朝，逾数百年，其间屡踬屡振，即废又兴。元末，问津书院毁于战火，明洪武初年复修；明崇祯末年三度兵燹，同治、光绪年间又数次复修并予以扩建。书院复毁复

图5-4-10 三间书院正殿（图片来源：华中科技大学民族建筑研究中心提供）

修，屡修屡扩，愈扩愈增，至清末民初，终于营造成一座轩峻壮丽的三高六矮十三幢五十余间宫殿式建筑群。

问津书院（图5-4-11）依山傍水，坐北面南。前有清溪盘纡，后有碧嶂环抱；左方是山脉纵横的高山，右边是村田相间的原野。远观鳞次栉比，气势恢宏；近视门庭壮阔，富丽堂皇。建筑布局为轴对称式，中轴线上为主体建筑，分列上、中、下三幢，自前而后，依次为仪门、讲堂、正殿；左右两旁为东西二庑；二庑之外，另建亭、斋、楼、阁数栋，整个建筑墙院护围，占地面积数十亩。

仪门一幢三间，门楣榜书"问津书院"。朱红油漆大门6扇，中为大成门，左名"金声"，右叫"玉振"，再外各为东角门和西角门。诸门表面皆为兽面铜环帖金。仪门外正面设屏墙，东西两侧设辕门，东门署"道冠古今"，西门署"德配天地"。整个气势庄严威武，堂皇胜似望族门庭。由仪门直线而入，是讲堂。讲堂一幢三间，门楣榜书"问津堂"，是历代儒生学士传道讲经的地方。讲堂内设中堂。中堂连屏八扇，左右各连屏四扇，堂下左右各有拱门，通东西两庑；正中连屏六扇，上书"圣经一章"四字。

由讲堂深入，是后幢正殿（大成殿）（图5-4-12）。正殿前面为宽广的露台，露台上承正殿前檐，下接讲堂后檐，左右横宽与正殿前檐长度等同，台基纯用青石镶成，上铸交龙云气。露台的东西两侧，有台阶各九级，下达讲堂。穿过露台，即为正殿。正殿由数根银朱油漆的粗圆木柱支撑而起，空旷而又轩昂。殿中设朱红神龛1座，上悬黄

图5-4-11 问津书院（图片来源：http://www.nipic.com）

图5-4-12 问津书院大成殿（图片来源：华中科技大学民族建筑研究中心提供）

罗帷1幅，内奉孔子圣像。圣像之前，置雕花镂朵供桌1张，桌上陈设礼器，置铁磬、香炉、花瓶、烛台之类。殿左悬钟，殿右架鼓，阶前置一铜制大鼎。圣像之上，分别悬挂清圣祖康熙帝和仁宗嘉庆帝御制的"万世师表"、"圣集大战"金字匾额。圣像两旁，有联云："圣人在上，贤人在旁，恍见当年执辔时，车马风尘，早已化成南国；传道得徒，行道得侣，试观此日问津处，文章礼乐，居然教衍东山。"

在正殿两侧，即中轴线主体建筑两侧，以讲堂为中，上起正殿，下至仪门，一左一右，两两相对，是东西两庑。东庑西向四幢，为两祠两斋；西庑东向四幢，为两祠两馆。东庑首幢为"仲子祠"，奉先贤仲子像；次幢为"隐士祠"，奉先逸长沮、桀溺牌位；三幢为"洁粢斋"，是祭孔时祀典设厨做饭之所；四幢为"奉牲斋"，是置仓收租、祭孔时宰杀猪、牛、羊三牧之地。西庑首幢为"文公祠"，奉先贤朱子像；次幢为"诸儒祠"，奉历代大儒、名宦、乡贤牌位；三幢为"酬庸馆"，奉捐主牌位；四幢为"斋宿馆"，是祭孔时来宾住宿之地。

在东西两庑之外，另建亭、斋、楼、阁数栋。东庑洁粢斋之前，有"饱德亭"，为祭孔时来宾用餐的客厅；洁粢斋之后有"理事斋"，为祭孔管理人员办公就寝的地方。西庑"斋宿馆"之后，有楼阁两幢，南向，上下对峙。上幢为"文昌阁"，奉帝君像，悬"文章司命"匾额；下幢为"魁星楼"，奉魁星神像，悬"文光射斗"匾额。

整个书院既庄严气派，又美轮美奂。殿堂祠馆上覆琉璃碧瓦，下铺方面石砖。室内画栋雕梁、丹楹刻桷；院外朱栏曲槛、宫墙护围。其内门户相接，走廊相连，行走于其间，雨天可不湿足，晴天可遮阴凉。书院的一砖一石、一梁一柱、一纹一饰，无不体现着美学与建筑学的修饰与搭配，无不蕴含着劳动人民的汗水和智慧。

五、建始五阳书院

五阳书院位于湖北省恩施土家族自治区建始县，鄂西南地区在清代以前没有书院建设，清雍正十三年（1735年）改土归流以后，施南府兴建学宫，设考棚，开科取士，至乾隆年间，政府在此大量修建义学，扩大儒学的影响范围。五阳书院就是其中一个具有典型代表性的义学书院。

书院始建于乾隆二十年（1755年），由当时的知县邱岱倡议兴建，因县有建阳、朝阳、当阳、景阳、巫阳这五个地名，故得名"五阳书院"。五阳书院属于义学的性质，即招收贫寒字第或少数民族地区子弟，向他们提供免费基础教育的公益性质学校。五阳书院自建立以后，少有修缮，基本上保持原有规模，这与书院资金短缺的义学性质有很大关系。清光绪三十一年（1905年），五阳书院在晚清书院改制潮流中改为高等小学堂，当时有堂长1人，教员4人，学生74人。新中国成立后书院被改为县政府办公之地，在改造过程中，原书院建筑有很多损坏的地方，保存状况不太理想。

五阳书院（图5-4-13）现存建筑的布局，基本上保持了清道光年间重修后的布局，现除射圃不存在，讲堂、书房、亭阁及东西斋舍等部分房舍尚存，占地面积2530平方米。由于很多建筑损毁，现存很多房屋也经过了后期改造，所以无法推断书院原始规模大小和空间形态，但整体格局依然保持原有状态。书院采用合院式布局，以讲堂和祭堂为中心形成了一个较为规整的布局形式。书院门房采用二层楼房形式，鄂西南地区的门房不同于其他地区书院的大门形式，多以门楼的形式出现，而且门楼的一层要低于二层层高，二层空间有着很高的利用率。穿过门楼是书院的第一进院落，更为贴切的说法应该是一个较为狭长的巷道引导空间（图5-4-14）。其后是书院的讲堂与祭祀部分，讲堂与祭堂中间以拜亭相连。由于书院是向少数民族子弟提供中下层教育的义学书院，藏书量相对较少，并没有书楼建设，仅在祭堂两侧设书房。学舍和其他附属用房分别对称置于轴线两侧，与主体建筑形成多进围合院落空间。现存的建筑虽然有原先的格局，但经过多年的改造，建筑内部已是新建筑形式，原始建筑状态由于资料信息不足无法详细考证（图5-4-15）。五阳书院现为湖北省文物保护单位。

图5-4-13 建始五阳书院俯视（图片来源：华中科技大学民族建筑研究中心提供）

图5-4-14 建始五阳书院讲堂前引导空间（图片来源：华中科技大学民族建筑研究中心提供）

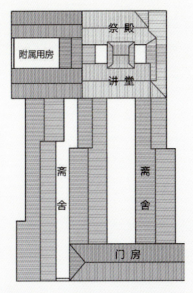

图5-4-15 五阳书院屋顶平面示意图（图片来源：华中科技大学民族建筑研究中心提供）

湖北古建筑

第六章 府第、寨堡、景园

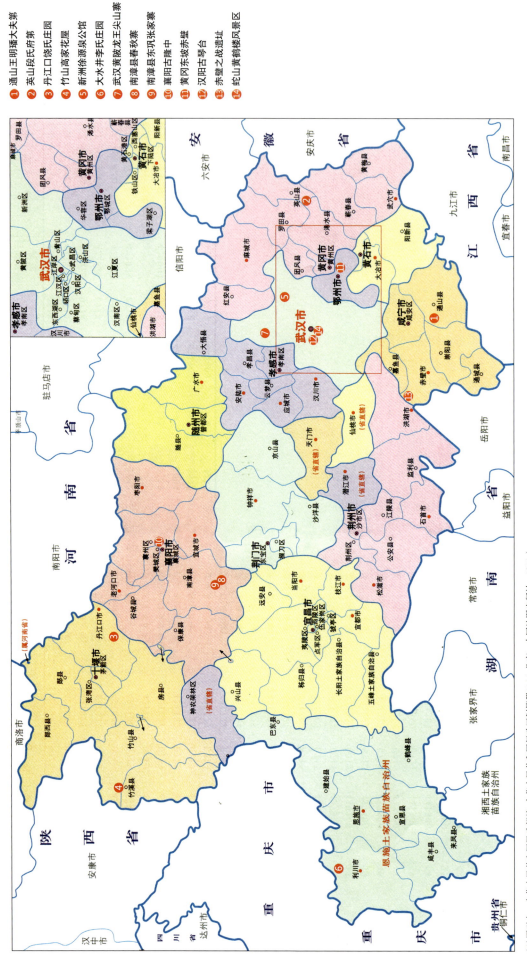

湖北重点府第、寨堡、景园建筑分布图

① 通山王明璠大夫第
② 英山段氏府第
③ 丹江口饶氏庄园
④ 竹山高家花屋
⑤ 新洲徐源泉公馆
⑥ 大水井李氏庄园
⑦ 武汉黄陂龙王尖山寨
⑧ 南漳县春秋寨
⑨ 南漳县东巩张家寨
⑩ 襄阳古隆中
⑪ 黄冈东坡赤壁
⑫ 汉阳古琴台
⑬ 赤壁之战遗址
⑭ 蛇山黄鹤楼风景区

（一）府第

府第在传统时期多指官僚、贵族或大地主的宅院。其始于阶级的分化，广泛地存在于历史的各个时期。

目前，湖北地区的府第多由官僚、豪绅、地主建于明清及民国时期，其中以清朝时期地主庄园为多，广泛地存在湖北各地区。湖北各地区又因各自的文化环境、社会环境、地理环境等不同，府第又都有各自的特点。鄂东南地区受移民文化、宗族文化、封建礼制等影响，其府第往往由多组天井院纵向或横向延展、组合而成，即形成所谓数十个天井的颇具规模的"大屋"。其常常居住数十口人，按辈分等级分别居住在多重院落的不同房间，体现尊卑有序的礼制观念。以四进天井院落为例，通常前院为仆人居住；第二进院多为主人日常起居之所；第三进院落一般为妇女日常活动的场所；最后一进院面向天井通常设祖堂，或称"家祠"，天井两侧的厢房，多作为晚辈卧室或储藏空间。鄂东北与鄂西北地区的府第在明清时期同样受到移民文化、宗族文化及封建礼制思想的影响，也表现出高度的家族聚居的状态，以多组合院组合而成。整个鄂北地区处于我国南北地理及文化交融地带，也是我国民居南北交融地区，因而，此地区的府第民居中不仅有北方的庭院，还有南方的天井院。鄂北地区在明清时期一直战乱不断、匪患严重，这使该地区的府第宅院具有极强的防御性。鄂西南地区多为高山峻岭，在明清时期也是匪患严重的地区，因而与鄂北地区的府第类似，具有极强的防御性。此外，该地区的民居还受少数民族建筑的影响，尤其是土家族的干阑式建筑的影响，在其府第中经常有吊脚楼的出现，形成其民居特色。

（二）寨堡

1. 湖北寨堡概况

寨堡，俗称山寨，属于戍防型聚落的一种类型，通常是指一种由官府倡导、民间响应，带有军事防御色彩的防御工事，常以高山深壑为生存环境，是古代乡村社会人们为临时躲避战乱或因地方战术层面上的需要而修筑的一种局部性的防御性建筑。最初的形式可上溯至魏晋时期的坞壁。一般筑于高山之上称为"寨"，平地而筑名为"堡"。"高山结寨，平地筑堡"是堡寨建设的原则。

据调查，湖北地区的堡寨主要分布在鄂北地区。鄂北处于我国南北交接过渡地区，与多省接壤，地理位置突出，自古便是联系南北的重要区域，修建了许多军事要塞。明清及民国时期，"流民"、战乱、农民起义、匪患等，使整个鄂北都长期处于社会动荡时期。此外，鄂北地区地貌多样，地形复杂[①]，山峦连绵，林海茫茫。这些因素都使鄂北成为战争防御工事、军事据点的首选，也成了老百姓反抗和起义的据点或躲避战火的庇护所，以及匪患滋生的地带。因而，鄂北在历史时期修建了大量的戍防型聚落，其中以寨堡居多。

鄂北历史时期的寨堡在该区域的县志中均有记载。如，《郧西县志》同治版记载："古者筑关寨设险以防隘，也与圈以之固疆域……"。《竹山县志》同治版记载："地势之险，在山川因其险而镇固封守，关堡立焉。竹邑旧有黄茅关、吉阳关，费已久。而居民散处，安不忘危，于平原则筑为堡，于岩谷则修为寨……"《谷城县志》记载："嘉庆初教匪之乱，窜穴南山老林，川陕湖三省备受荼毒，而堡寨兴矣。"《随州志》同治版记载："青林山在南百里。旧志云山木苍翠故名。顶有石垣，元末兵乱，平林明玉珍率乡人结屯相保于此，当即其遗寨也。"《罗田县志》光绪版记载："国家承平二百余年，民不知兵屯砦，废而不修矣。自粤匪倡乱楚北郡县……乡民无以资保卫。天子怜之，命大吏督促所属，建砦自保，亦古昔坚壁清野之法也，志寨堡。"清王葆心所著《蕲黄四十八砦纪事》中即云"蕲黄有山砦三百有奇，名些四十八。"同时此书有："自蕲黄上接之德安、汝宁等处山砦又有四百八十九。"这些文献资料有效地证明了明清时期鄂北地区社会的动荡和寨堡大量修建的事实。

2. 湖北寨堡的发展源流

湖北地区的寨堡虽无从考证当时山寨具体何时

建于何处，但根据明清时期湖北地区的流民迁徙及军事方面的活动，可以推断寨堡出现在元末时期，鄂西北和鄂东北最早的山寨营建活动也应该在此时。这一阶段，未有资料表明此用作民防的山寨被正式纳入当朝政府的整体军事防御系统，所以，其建筑形制、营建组织等各方面还不成熟，山寨这一建筑形式尚未广泛普及，这个时间段可以被视作是湖北地区山寨的萌芽阶段。明末清初以及之后的时间段内，南漳地区、蕲黄地区作为这一时期湖北战略重点地区，其山寨营建活动的发展与鄂西北鄂东北地区山寨的发展基本相同，大致经过了基本成形（明成化年间）、初具规模（明末崇祯年间）、鼎盛阶段（清嘉庆年间）以及之后的衰败阶段（民国时期）。

3. 湖北寨堡的类型及特征

寨堡作为戍防型聚落的一种类型，其本质是"住"与"防"一体的居民居住生活模式。根据其使用者不同（即民防体系和军防体系），可以将寨堡分为民防寨堡和军事寨堡。

湖北地区现存的民防寨堡多建于明清时期，其多为乡民联合乡勇为抵御流寇匪患自发兴建或由地方政府督促建造的具有强烈防御作用的聚落。此种聚落根据乡土社会内在结构的角度，又可以分为地缘型民防寨堡和血缘型寨堡。其中，地缘型寨堡多为一定地域内村民共同修筑。而血缘型民防寨堡往往多为地方势力较大的家族（以地主豪绅家族为主）为抵御流匪修建的具有强烈防御性的聚落，此类聚落遗址目前保留较多，如鄂北的卢家寨、樊家寨、邵家寨等等。

湖北地区的军事堡寨是由国家军队或地方武力组织修建，部分由乡民在官方的组织下实施修建。以屯兵、屯粮、设防与临时性进攻为目的，在防守力量的配备上也是国家统一调度，所以军事山寨的形态主要以险要为主，重在对山川河口的扼守。目前还保存有大量形制成熟的军事山寨，鄂西北有春秋寨、卧牛山寨、张家寨、青龙寨、雷公寨、尖峰岭等；鄂东北有雁门寨、天堂寨等；在武汉黄陂北部和湖北红安等地也有少量军事山寨，如眼睛寨、九焰山寨等。

湖北地区的寨堡是"住防"一体的聚落，其在历史时期的存在及表现出来的特征都是与历史条件和地域条件息息相关的。经过广泛的调研考察，湖北地区的寨堡聚落具有以下特征：首先是其多位于湖北的北部山区之中（如大别山、桐柏山、荆山、大洪山等），因为在历史时期备受流民、战乱之扰，故修建较早，数量庞大，种类多样。再者，这些聚落的防御特征十分明显，有的防御作用甚至超过居住的作用，其防御特征常常结合天然地势辅以人工防御构筑物，形成完善的防御体系。另外，和其他戍防型聚落比较，湖北地区的寨堡不仅具有鲜明的防御特征，还因所处的自然环境与人文条件等不同而形成鲜明的地域特色。

（三）景园

1. 中国传统景园概述

景园源于古代的名山大川和邑郊游憩地，这些名山大川和邑郊游憩地历经几千年的演化，形成了独特的风景区，即景园。其满足了人们对于精神文化的追求，具有美学、科学价值，融自然与文化于一体。任何人都可以享受，带有强烈的社会公益性质。

中国风景区的形成与发展，经历了萌芽—发展—全盛—成熟—复兴的历史过程。东晋和南朝是我国自然式山水风景园林由物质认知转向美学认知的关键时期及奠基时期。唐宋至明清则是在此基础上的进一步继承与发展时期，其中隋、唐、宋是风景区发展的全盛时期，在全国范围内开发了大量的风景区。元、明、清时期风景区的建设工作仍在继续，建筑不断更新，设施不断完善，但是新开发的风景区很少。

风景区园林是中国传统园林的一种类型，根据性质及规模又可分为邑郊风景名胜、村头景点、沿江景点和名山风景区。

2. 湖北地区的景园及分布

湖北位于中国中部，物华天宝，地灵人杰，在钟灵毓秀的荆山楚水之间，人才辈出，如钟子期、孙叔敖、孟浩然、杜甫、皮日休等等，历史上常用"惟楚有才"这个典故来形容荆楚大地的人杰。湖北地貌类型多样，山地、丘陵、岗地和平原兼备。全省西、北、东三面被武陵山、巫山、大巴山、秦岭、武当山、桐柏山、大别山、幕阜山、大洪山等山地环绕，山前丘陵岗地广布，中南部为江汉平原，自古就有"鱼米之乡"之称，与湖南洞庭湖平原连成一片。全省地势呈三面高起、中间低平、向南敞开、北有缺口的不完整盆地区域，长江、汉江贯穿其中。丰厚悠久的人文环境和复杂多样且秀丽的山川湖泊形成了湖北地区传统景园独特的背景，也促使了湖北地区传统园林种类的丰富。目前，湖北地区保留下来的传统园林以风景区园林为主，多分布在长江、汉江沿线，如东坡赤壁、黄鹤楼等；以及鄂北、鄂西的群山之中，如大洪山、武当山、桐柏山、大别山、荆山等。

3. 湖北地区现存传统景园的特点

湖北地区现存的传统景园主要存在于长江、汉江、湖泊及名山之间。相对于其他类型的传统园林，湖北地区的风景区园林具有以下特点：1）公共性。为满足人们的游览需要，对各阶层开放，不似私家园林和皇家园林只属于少数人所有。2）综合性。这类传统园林多修建于自然景观之中，因而具有丰富的自然景观，如奇峰深谷的山景、江河溪涧的水景、奇异的地质景观等等；其还有许多人文景观，如掌故传说、宗教圣迹、诗文题咏、历史遗址及名人石刻等等。3）多样性。中国的园林素有"南秀北雄"的美称，湖北位于中国南北交接过渡的区域，其景园建筑包含且杂糅了南北园林建筑的特点，呈现多样性的特点。4）纪念性。湖北地区此类传统园林的营造之始多为纪念名人或重要事件等，如赤壁之战遗址是为纪念三国时期赤壁之战，古琴台是为纪念俞伯牙和钟子期之间的故事等。5）持久性。湖北地区的风景区园林在历史时期各个阶段多有修建，从而保证了其实质的延续性。这种持久性来源于政府、宗教的投入和各地富商、豪绅的捐助等多种渠道，从而使其长盛不衰，即使遭到破坏，也能得到恢复。不似私家园林，持久性弱，易遭到毁坏。

第一节 府第庄园

一、通山王明璠大夫第

王明璠大夫第位于通山县大路乡，是一组清末建造的"复合天井院"式联体大宅院（图6-1-1）。府第主人王明璠，湖北通山人，为清咸丰年间

图6-1-1 王明璠大夫第外观（图片来源：华中科技大学民族建筑研究中心提供）

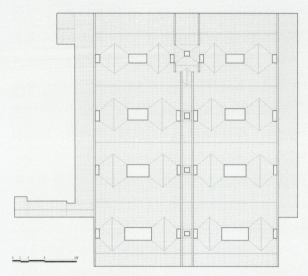

图6-1-2 王明璠大夫第屋顶平面（图片来源：华中科技大学民族建筑研究中心提供）

图6-1-3 王明璠大夫第家祠入口（图片来源：华中科技大学民族建筑研究中心提供）

举人，曾任江西上饶、南康、瑞昌、萍乡等县的知事，清同治十二年（1873年）告老还乡居此宅院。大夫第是王明璠兄弟二人的府第。

府第坐西北朝东南，占地面积近3000平方米，共有28个大小天井，属于鄂东南典型的"祠宅合一"的格局。从平面上看，这座宅第布局非常规整，整栋建筑由左右两组宅院和中间祠堂三部分组成（图6-1-2）。分属两兄弟的两组宅第由居中的"宗祠"（实为家祠）相连接（图6-1-3）。宗祠仅为单开间，前后由4个小天井串联而成，形成明暗相间的狭长的廊道空间，直达后端祖堂（图6-1-4），形成整个宅第的中轴线。左右两路宅院均为四进院落，各有门庭、前厅、中厅、后厅、祖堂及厢房。两路宅院以天井为中心对称布局，厅堂空间高大宽敞，与周围其他房舍对比鲜明，足见房主当年的身份地位非同一般。作为家族公共空间的家祠，每进均有阁楼，为家族公共的"仓楼"。至最后一进祖堂，面阔加大，天井前设阁楼，如小戏台，上有八角形藻井，绘八卦图样。檐下施如意斗栱，阁楼栏板、挂落雕饰精美（图6-1-5）。

主立面同样展现出严谨的对称格局。正立面入口有三处，中为祠堂入口，上书"宗祠"，两侧则是规格相近的宽大的宅门。入口处理属于鄂东南地区典型的"槽门"做法，每一入口檐下均设一道略向上拱起的"看梁"，上有彩画和雕饰，并承托其上的檐口轩栱。由于"祠宅合一"的格局，中间祠堂屋顶以及两侧封火山墙均做成云墙式样，称"五花猫拱背"或"衮龙脊"（图6-1-6）。这些云墙根据房屋山面和院落外墙高低有节律地起伏，从正面一直绵延至后墙，宛如数条游龙，列队潜行，为这座严整的宅第增加了灵动的气势。

通山王明璠大夫第现为全国重点文物保护单位。

图6-1-4 王明璠大夫第祖堂（图片来源：华中科技大学民族建筑研究中心提供）

图6-1-5 王明璠大夫第檐下雕饰（图片来源：华中科技大学民族建筑研究中心提供）

图6-1-6 王明璠大夫第屋面与衮龙脊（图片来源：华中科技大学民族建筑研究中心提供）

图6-1-7 段氏府第鸟瞰（图片来源：华中科技大学民族建筑研究中心提供）

二、英山段氏府第

"段氏府第"又称兴贤庄，是清光绪年间湖北候补知县段昭灼的府第及庄园（图6-1-7）。位于英山县南河镇，是集历史文化遗迹和革命历史旧址于一体的省级文物保护单位。段氏府第始建于清光绪二十二年（1896年），以后不断续建，占地约1.4万平方米，形成了集住宅、园林于一体的建筑格局。现存的住宅和院墙等保存尚好，但是花园很遗憾地未保存下来。

段氏府第现有建筑占地1700多平方米，未经改动的有800多平方米。建筑布局坐北朝南，三进院落，左右对称，共有大小天井二十四个，房间、通道纵横交错（图6-1-8）。天井形态各异，组织巧妙，富于变化（图6-1-9）。其建筑构造采用了木结构屋架和承重墙结合的构造方式，木构架采用抬梁与穿斗相结合的形式，梁架均为草架，下施天花。屋顶为小青瓦两坡顶，屋顶的组合大小纷呈，高低错落，变化多端。

在极富装饰性的石作、瓦作和装修部分，浓缩了当地建筑艺术的精华，展现了人们的审美心理和审美情绪。山墙脊饰用瓦片迭垒得宛如腾云驾雾之龙，鳞翅逼真，首尾呼应；檐梁屏柱雕龙画凤，绘制乐伎歌女、奇花异草；封护檐下的砖砌斗栱排列有序，层次分明；斗栱下的仿木枋上绘有花鸟鱼虫、人物故事等彩画，色彩艳丽，形态逼真。革命战争年代，红十五军、红四军、红二十五军以及刘邓大军都在这安营扎寨，是刘邓大军指挥部所在地。

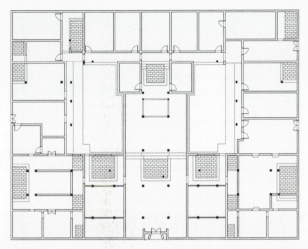

图6-1-8 段氏府邸平面图（图片来源：华中科技大学民族建筑研究中心提供）

图6-1-9 段氏府第天井（图片来源：华中科技大学民族建筑研究中心提供）

三、丹江口饶氏庄园

饶氏庄园（图6-1-10）建于清末民初，坐落于十堰地区丹江口市浪河镇黄龙村，处于海拔700米的山凹坪地之中。庄园坐西北朝东南，占地1330平方米，建筑面积1118平方米，房屋40余间，分南北两院，为偏正布局（图6-1-11）。北院为正院，主体建筑均带檐廊，为正规二层建筑。南院为偏院，主要供下人居住，建筑形式简单，装饰简朴，不对称偏心三合院布局，天井院宽大。正院中轴对称布局，依次由大门—前院—正门—中厅—后院—正房及南北厢房组成，除中厅两层通高外，其余建筑均为两层。该庄园最显著的特征就是在前院的南侧有一座四层砖砌带挑廊的望楼（图6-1-12），能

图6-1-10 饶氏庄院（图片来源：华中科技大学民族建筑研究中心提供）

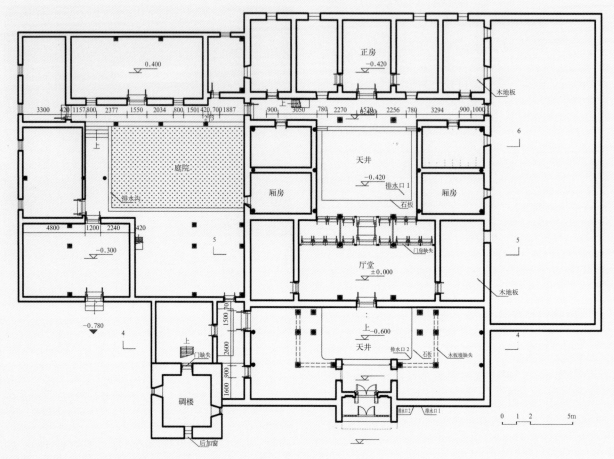

图6-1-11 饶氏庄园平面图（图片来源：华中科技大学民族建筑研究中心提供）

够很好地对庄园进行防御。据说屋主原打算对称设置两座相同的碉楼，只是庄园还未建完屋主就去世了，于是留下这座带有残缺美的特殊庄院，这在鄂西北传统民居中实为罕见。

该院碉楼共四层，从第二层至顶层均有瞭望孔与射击孔，顶层有四面外挑的木制廊道，结合四角攒尖顶和木制栏杆、雕刻斜撑，碉楼比例十分协调。从庄园正立面看，尽管碉楼较为庞大，但整个庄园因为防御性要求而采用高大的实体马头山墙装饰，总体显得和谐、匀称，如果加上北侧未完成的碉楼，整个庄园布局将是十分完美的。

另外，庄园的门楼（图6-1-13）也是特点鲜明。该门楼自成一体，与两侧高大的院墙结合紧密，双层门的设计增强了庄园入口的防御性，而多重雕刻、绘画及造型的安排则强化了门楼的装饰性。

庄园（图6-1-14）除碉楼外均为硬山灰瓦顶，中厅（厅堂）为大木构架，余为抬梁式构架。整座建筑雕梁画栋，有砖雕、石雕、木雕，在建筑物柱础、抱鼓、门槛、檐枋、雀替、楼板枋、挑头等部位均有应用。挑头采取线刻、浮雕手法雕刻有"十八学士登瀛洲"，檐枋、楼板边枋采用透雕、线刻手法雕刻有"三官寿星图"、"三岔口故事"、"刘海砍樵"、"梁祝故事"、"赴京赶考图"、"福禄寿图"等，其他部位雕刻有龙凤、麒麟、动植物、八宝、太极图等图案。雕刻纹饰有云纹、龙纹、汉文、缠枝纹、雷纹等，比较集中地展示了清代传统的雕刻手法与技艺。

饶氏庄园现为湖北省文物保护单位。

四、竹山高家花屋（竹坪乡）

高家花屋（图6-1-15）建于清末，坐落于十堰市竹山县竹坪乡解家沟村的白马山上。屋主人叫高方，原籍武昌人士。据说该建筑是高方为孝敬母亲而建，从1810年建到1840年，历时30年。

高家花屋坐北朝南，依山就势，自南向北分两院三台地，逐步升高（图6-1-16）。前后院落差高达2.7米，前院设计成两层楼，其二层与后院巧妙地利用高差衔接成一个整体。西侧为主院落，东侧为附属院落（已破败）。

高家花屋的南立面明间设单间砖砌突出式八字雕花门楼（图6-1-17），高出屋面的墀头略向上翘起，装饰精美。大门高约12米，门头镶嵌门匾，上书"庆衍共城"四个大字。门楼两侧墙壁上的石板雕刻精细。门楼两侧墙面上分别镶嵌了带"福"、"禄"、"寿"、"喜"四个字的石雕漏窗，下部还有带戏曲人物窗芯雕刻的石雕漏窗。

门前设十三级青石板台阶，门厅与前院下屋合设，面阔七间。与我们见过的一般民间豪宅不同的是，高家花屋的门厅二楼还有一个小型戏台。前院（图6-1-18）天井正中设置了17层台阶与后院和二层回廊相连，同时，台阶也是很好的看台。前后院之间是中厅，中厅、前院两层东西厢房和前院下屋围合成环状回廊，施拱顶。中厅面阔五间，进深三间为前后檐廊式，中设两道六扇木制雕花隔扇门。后院为内院，有带阁楼的两层正房和东西厢房。正房面阔五间，进深二间，设檐廊，正面有圆形、方形木制雕花漏窗多樘。至今还能看到十分精细的木雕工艺。

高家花屋正面屋角上都有四只龙爪状的狰狞飞檐兽，称为"吞口"（图6-1-19）。正檐下和两侧各有长约十几米的长幅壁画，分别取材于民间故事。图中人物刻画细致生动，线条简洁流畅，色彩鲜艳。需要特别介绍的是该宅院内共有10种石制柱础（图6-1-20），均雕刻精美，尺度高大，依不同位置而设置，这是高家花屋的亮点所在。高家花屋现为湖北省文物保护单位。

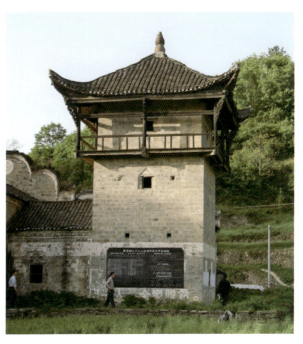

图6-1-12 饶氏庄园望楼（图片来源：华中科技大学民族建筑研究中心提供）

图6-1-13 饶氏庄园门楼（图片来源：华中科技大学民族建筑研究中心提供）

图6-1-14 饶氏庄园远眺（图片来源：华中科技大学民族建筑研究中心提供）

图6-1-16 高家花屋外观（图片来源：华中科技大学民族建筑研究中心提供）

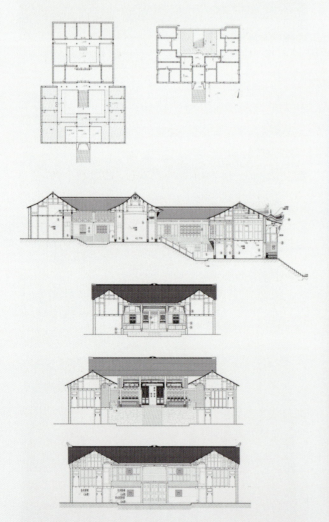

图6-1-15 高家花屋平面、剖面图（图片来源：华中科技大学民族建筑研究中心提供）

图6-1-17 高家花屋正门门楼（图片来源：华中科技大学民族建筑研究中心提供）

图6-1-18 高家花屋前院（图片来源：华中科技大学民族建筑研究中心提供）

图6-1-19 高家花屋墀头吞口（图片来源：华中科技大学民族建筑研究中心提供）

图6-1-20 高家花屋门前石鼓（图片来源：华中科技大学民族建筑研究中心提供）

五、新洲徐源泉公馆

徐源泉公馆（图6-1-21）位于新洲区仓埠南下街，占地面积4230平方米（含庭院），全部建筑面积约1170平方米。据史料记载，1931年徐源泉（国民党中央执委第26集团军陆军上将）耗资十万大洋修建了这座公馆，右房建有地下室，外有规模不小的一排卫兵室。

徐源泉公馆外有高墙，门楼外重檐叠构，角牙飞耸。檐上雕有如意斗栱，檐下饰有各种故事。内有院落。正楼上下两层楼，进深36.8米，面积575平方米。徐公馆既有中国传统的民族风格，又具有西方建筑特色。院内主楼为二进四开间的徽派建筑形式，前厅天井为典型的"四水归堂"形制（图6-1-22）；门厅有罗马浮雕立柱，室内有木质雕花转楼。门楼上镌有"震旦延辉"四字，为"中华民国"大总统黎元洪的秘书张贞武手书（"文化大革命"中被铲平，现在的字为今人所提）（图6-1-23）。

徐公馆坐西朝东，现偏处一隅。实际上在20世纪30年代，公馆门前是一片名为西湖的湖泊，据当地人介绍，这片湖泊可直通长江。"仓"为粮仓，"埠"为港埠之意，当时，仓埠一带湖汊纵横，水上运输繁忙，算得上一个大码头。徐家当时拥有13条钢驳船，作为物品运输和接来送往工具。徐公馆时常有达官显贵来访，大多数便是乘坐这些船只。

徐公馆建成后，徐源泉将公馆命名为"退园"（图6-1-24），暗寓引退之意。徐源泉公馆之侧，即为徐当年所创办的"正源中学"（现为新洲区第二中学）。1949年后，徐公馆作为了武县市新洲区第二中学教师宿舍，1984年，被列为武汉市及武汉市新洲区政府"文物保护单位"。

图6-1-21 徐源泉公馆西洋风格大门（图片来源：华中科技大学民族建筑研究中心提供）

图6-1-22 徐源泉公馆前厅天井（图片来源：华中科技大学民族建筑研究中心提供）

图6-1-23 徐源泉公馆山花（图片来源：华中科技大学民族建筑研究中心提供）

图6-1-24 徐源泉公馆退园（图片来源：华中科技大学民族建筑研究中心提供）

六、大水井李氏庄园

李氏庄园位于恩施州利川市区西北47公里的柏杨坝区，由"李氏宗祠"和"李氏庄园"两大建筑组成，分别建于清道光和光绪年间，总建筑面积12000平方米。其中宗祠的建筑模式模仿成都文殊院，祠堂依山建有石城墙垛，上有炮眼。庄园距祠堂150米，有大小房间100多间，20多个天井。整个建筑错落有致，工艺精巧（图6-1-25）。

李氏庄园坐落在李氏宗祠西南约150米处，与宗祠互成犄角，是一座规模宏大、设计独特、局部装饰带有西式风格的民居建筑，占地面积10000余平方米。总建筑面积6000余平方米。内部房屋176间，天井24个。西南部分基本为黄氏老宅旧院。始建于明朝，木架木壁，低矮古朴，民族特色浓郁；东北部分为清朝乾隆年间李氏改修扩建而成，砖木并用。

庄园朝门打破中轴对称的传统，偏离中轴线15米，斜45度正对远方"龙门"水口，取"龙跃大海"之意。门额上书"青莲美荫"四个大字，意攀李白为先祖，借书香以扬名（图6-1-26）。门前一条石级踏道弯曲回旋，颇具动感，朝门内为三面建筑和一道围墙围合而成的院坝。正立面借鉴西方古典建筑的处理手法，一条柱廊横贯左右，柱上饰以白灰堆花柱头，柱间为弧形廊檐（图6-1-27），与此相对，院落的两侧则是两层土家吊脚楼，饰以精美的雕花木窗和木栏杆。从院坝中间的正门进去，大门内建筑依地势逐级拔高，且均以楼道相连接，天井众多，层次丰富，空间极为复杂。中轴线上依次为前院、中院、后院。前院两边左为花厅，右为账房。花厅内栏杆柱础、门窗几案雕刻精美；账房天井内花木盆景，鱼池假山，布置古朴典雅。后院东南角有一高耸的小姐楼，采用将军柱（一柱六梁）和抬梁式结构，空间宽敞明亮。北角有一绣花楼，重檐歇山屋顶，檐角高翘，与小姐楼遥相呼应。其他如工匠院、长工房、马厩、猪圈等服务用房环布庄园四周。整个庄园建筑鳞次栉比，层次分明，错落有致（图6-1-28）。

利川大水井李氏庄园古建筑群现为全国重点文物保护单位。

图6-1-25　李氏庄园（图片来源：华中科技大学民族建筑研究中心提供）

图6-1-26　李氏庄园入口（图片来源：华中科技大学民族建筑研究中心提供）

图6-1-27　李氏庄园的西式外廊（图片来源：华中科技大学民族建筑研究中心提供）

图6-1-28 李氏庄园平面图（图片来源：王莉，吴凡.鄂西大水井古建筑群考察报告.华中建筑.2004(02)）

第二节 寨堡

一、武汉黄陂龙王尖山寨

坐落于武汉市黄陂区李集镇东北和长轩岭镇西交界处的龙王尖山寨（图6-2-1），北枕旷山，南瞻武汉，主峰龙王尖海拔385.6米，为大别山余脉。主峰顶巅有一座龙王庙，建于明宣德二年（1427年），明万历三十四年（1606年）秋毁于大火，今仅存残迹。龙王尖山寨始建于景泰七年（1456年），主要是为"御匪安民"和防范北坡山火，由村民集资兴建。明清之际，山寨经过多次维修和复建。至清同治七年（1868年）秋，城堡式的龙王尖山寨全面建成，时黄陂知县刘昌绪前往祝贺，并取名永安寨，取其长久平安之意。咸丰九年（1859年），湖广总督官文曾为建设中的龙王尖山寨题写了"固若金汤"的匾牌一块，以示褒奖。

龙王尖堡寨规模宏大，全寨共有四大寨门，以南寨门为最大、最牢固、最壮观。山寨按九曲八卦阵建造。寨墙由块石、条石、片石大小间压、缝隙填塞碎石土渣干砌而成（图6-2-2）。寨墙平均高3.5米，寨墙上均砌有"哨口"、"箭窗"、"滚木礌石发座"、"烽火台"等。内墙半腰有1.1至1.4米宽的巡道（也称走道）。哨口、箭窗一般距离1.8~2

图6-2-1 黄陂长岭龙王尖山寨遗迹（图片来源：华中科技大学民族建筑研究中心提供）

图6-2-2 龙王尖山寨寨墙与民房（图片来源：华中科技大学民族建筑研究中心提供）

图6-2-3 龙王尖山寨的龙王庙遗迹（图片来源：华中科技大学民族建筑研究中心提供）

米一个，主要用于瞭望、发射铳弹和飞箭。设有烽火台多座，南寨门寨墙上还设有土炮1门（今未见）。这种城堡式的山寨，易守难攻，即使遭围攻，寨内有粮有水，便于坚守待援，两三月可不出山寨。

龙王尖山寨较之鄂东和鄂西北其他山寨，除修建年代早、规模大、发生战事多之外，最大的特点在于它是兼具防御和生活、生产功能的聚落。除躲防"长毛"、避难安民外，它还充分考虑其在居住、经商、娱乐等多方面的需要（图6-2-3）。龙王尖山寨在咸丰时的规划布局建设中，以及后来"亦防捻军"的城堡修建中，寨内就分地势、地段、村湾、人员、财物等不同情况，共建了用于驻扎乡勇、存放武器、居住、议事、治安、经商、圈畜、娱乐的大小石板屋1200余间。这些石板屋单间面积最宽的达110平方米，最小的不足4平方米。据了解，在咸丰末年，在寨东桐子岗由杜承绪承建了"天街"（或叫"生意街"），包括经营客栈、医药店、杂货店、当铺、铁匠铺、裁缝铺、木匠铺、磨坊、酒坊、染行、赌场。炳元还在寨西小菜沟建了一个"百人卖菜，买菜千人"的菜市场。甚至当时龙王尖山寨内既有唱戏的乐场，又有寻欢作乐的侍屋。足见其防御、生活、生产功能之齐备。

二、南漳县春秋寨

作为山寨遗址中第一批被纳入省级文物保护单位的春秋寨，建在鲫鱼山山脊之上，海拔270米，山势如刀削斧劈，山寨地形独特，三面环水，一面连山（图6-2-4）。山寨依山而建，因鲫鱼山山脊狭长，春秋寨寨墙沿山脊布置，自然形成南北向条形布局。防御需求决定春秋寨的外部空间形态，鲫鱼山山势陡峭体现春秋寨的"据险"，鲫鱼山与隔茅坪河相望的望月山共同形成的天然"关口"体现了春秋寨的"扼要"。外部的山川与河口使得春秋寨具有"一夫当关，万夫莫开"之利，成为南漳地区典型的崖上防守型山寨。春秋寨现为全国重点文物保护单位。

据考证，现存遗址属明清时期建造，并历经多次修缮。寨墙周长1150米，南北长490米，东西宽30.5米，围合成条形的寨墙使得东西向的进攻面最长，而南北向的防守面最短，形成高效的进攻型防守模式。山寨入口由南北两个门楼组成（图6-2-5），门楼的立体防御特征非常明显，同时造型与鄂西北民居的宅门一致。寨内石砌房屋共158间，面积从6～30平方米大小不等，全部为矩形结构，另修建有蓄水池等设备。房屋大多是由石头垒就而成，极少数的房屋用石灰浆装饰过（图6-2-6），寨墙上有规整的雉堞、望楼、射击口、角楼。山寨寨墙、门框、门顶板、门槛由人工斧凿的条砌成，较为规整，有的雕有花纹。

三、南漳县东巩张家寨

张家寨遗址处于东巩镇内的杜溪沟与茅坪河交汇处，位于当时陆路交通和水陆交通的交点上，是北下通往汉水的必经之路（图6-2-7）。地理位置上控扼了主要的通道，又利用"天险"取得了极佳的天然外围防护，也正因为地处要冲，张家寨被地方军队征用为军事山寨。张家寨选择修建在条形的山脊上，形成了线状的空间布局（图6-2-8）。外围的防御形态遵照了典型的防守模式，"据险以守"，充分利用天然地势防守，入口选择在东、西两个防

图6-2-4 望月山山腰处鸟瞰春秋寨（图片来源：华中科技大学民族建筑研究中心提供）

图6-2-5 春秋寨南门（图片来源：华中科技大学民族建筑研究中心提供）

图6-2-6 春秋寨石屋内的石灰浆装饰（图片来源：华中科技大学民族建筑研究中心提供）

图6-2-7 张家寨地理位置示意（图片来源：华中科技大学民族建筑研究中心提供）

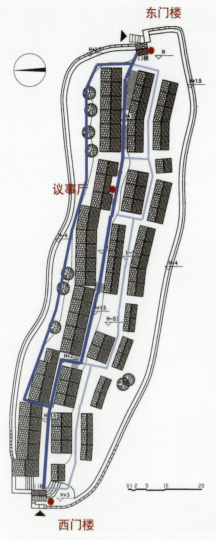

图6-2-8 张家寨平面图（图片来源：华中科技大学民族建筑研究中心提供）

图6-2-9 张家寨西门（图片来源：华中科技大学民族建筑研究中心提供）

图6-2-10 张家寨住宅单元（图片来源：华中科技大学民族建筑研究中心提供）

守短边上，是一种典型的外围线形防守形态。

山寨规模较大，寨中大小石屋百余间，可容纳官兵300人左右。山寨中发现多个石碑，分别记录张家寨在不同时期的修建情况。张家寨西门楼有一匾额（图6-2-9），上题"险寨函关"四个大字，旁边一并题写"百姓人等不准入内，城门之内乃用武之地"，可见张家寨是当年用作屯兵的军事山寨。山寨内部布局以两条高低错落的平行巷道为主线，住房单元沿两边灵活布置。宗祠、议事厅沿山脊的巷道布置，处于中心位置。巷道时而封闭，时而开敞，时收时放，营造了不同的空间氛围。议事厅处于中部的开敞地段，底部筑台加高，显示了它的重要性。所有建筑坐北朝南，依照传统的朝向模式。沿内部两条高低错落的巷道布置，形成了北高南低的台地模式，内部的开放性与外围防御形态的封闭性形成了鲜明对比。内部住房单元（图6-2-10）和外围防御寨墙之间采用了军事堡寨里面运用的运兵道来联系，同时，线形空间和基地高差使得寨内各建筑布置非常灵活多变。

第三节 景园（园林）建筑

一、襄阳古隆中

襄阳古隆中位于湖北省襄阳市以西13公里的群

图6-3-1 古隆中立体示意图（图片来源：http://www.xylynp.com）

图6-3-2 古隆中三顾堂（图片来源：华中科技大学民族建筑研究中心提供）

图6-3-3 古隆中小虹桥（图片来源：华中科技大学民族建筑研究中心提供）

图6-3-4 古隆中六角井（图片来源：华中科技大学民族建筑研究中心提供）

山之中。据《舆地志》记载："隆中者，空中也。行其上空空然有声。"古隆中是三国时期杰出的政治家、军事家诸葛亮青年时代（17～27岁）隐居十年之久的地方。历史上著名的"三顾茅庐"和"隆中对"便发生于此，形成了古隆中（图6-3-1）独有的优秀人文景观资源。

经千余年的建设和维修，在明朝中期，隆中就形成了以三顾堂（图6-3-2）为中心的10余处景点的文物风景区，如梁父岩、小虹桥（图6-3-3）、六角井（图6-3-4）、躬耕田、老龙洞、野云庵、半月溪、古柏亭、抱膝石等。在明朝弘治二年（1489年）古隆中诸葛亮故居因襄简王朱见椒为争风水宝地而破坏。此后，又经数百年的恢复和重建，增加了武侯祠（图6-3-5～图6-3-7）、铜鼓台（图6-3-8～图6-3-9）、草庐亭、观星台、石牌坊、荷花池、抱膝亭、中正堂、襄王陵等景点。

目前，古隆中还保留有许多历史遗迹和建筑（多为明清时期所建），且其多与诸葛亮本人事迹及其传说相关。建筑以四合院式为主，部分为多重院落；殿堂前设置前廊，不饰斗栱，多为抬梁式木构架与山墙混合承重模式，建筑风格朴实素雅而多彩。

古隆中石牌坊（图6-3-10）为清光绪十九年（1893年）湖北提督程文炳所建。长约10米，高约6米，四柱三牌楼式，由青石开榫组装而成。四柱脚深埋土中，四周出土处铺地平石，柱前后及旁，以10个纹头碑石支撑。牌坊定盘枋斗口架正昂板，两正昂间置花板，雕流空花纹。正昂上平铺脊筒檐板，其檐板叉出发戗，戗角作鸽尾形。牌坊脊板两端并饰鱼龙吻，中央置火焰珠。牌坊中间上、下枋以"古隆中"字碑分隔，上、下枋面浮雕渔樵耕读及二龙戏珠，两边门柱正面上雕刻有陈维周（清安襄陨荆兵备使者）所作的"三顾频烦天下计；两朝开济老臣心"。在牌坊背面的字碑上刻着"三代下一人"。牌坊次间上、下枋雕麒麟送子、双凤朝日、赤虎朋寿、鹿鹤同寿等浮雕，中间字碑雕刻"澹泊明志；宁静致远"。

图6-3-5 古隆中武侯祠（图片来源：华中科技大学民族建筑研究中心提供）

图6-3-6 古隆中武侯祠入口（图片来源：华中科技大学民族建筑研究中心提供）

图6-3-7 古隆中武侯祠山墙（图片来源：华中科技大学民族建筑研究中心提供）

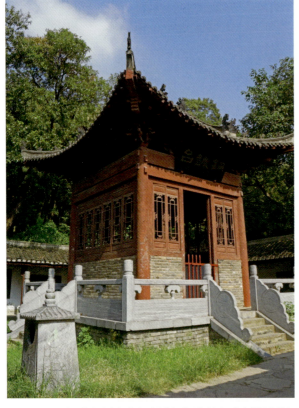

图6-3-8 重建后的古隆中铜鼓台（现状）（图片来源：华中科技大学民族建筑研究中心提供）

图6-3-9 古隆中铜鼓台影壁（重建）（图片来源：华中科技大学民族建筑研究中心提供）

图6-3-10 古隆中石牌坊（图片来源：华中科技大学民族建筑研究中心提供）

图6-3-11 古隆中抱膝亭（图片来源：华中科技大学民族建筑研究中心提供）

图6-3-12 古隆中草庐亭（图片来源：华中科技大学民族建筑研究中心提供）

抱膝亭（图6-3-11）坐落于隆中山畔一高阜之上，由湖北提督程文炳于光绪十四年（1888年）所建，形制为三层六角亭，"高四丈有奇，周七丈余"。建造此亭目的在于让后人来游来歌时能够联想到诸葛亮在隆中抱膝长吟时的情景，从而"慨然思巾扇之度，虽在小隐，未尝须臾忘天下事焉"。

三顾堂，建于清康熙五十九年（1720年），是刘备三顾茅庐以及诸葛亮隆中对策的纪念堂。其外泽清荷香，茂林修竹。其内金匾银对，古碑林立。

草庐亭（图6-3-12）建于清康熙年间，傍依明襄简王墓。此处本是草庐故址（图6-3-13），明襄简王朱见淑仰慕隆中山水，于弘治二年（1489

图6-3-13 古隆中草庐（图片来源：华中科技大学民族建筑研究中心提供）

图6-3-14 古隆中建陵墓碑（图片来源：华中科技大学民族建筑研究中心提供）

年）毁草庐建陵墓（图6-3-14）。清康熙五十九年（1794年），郧襄观察使赵宏恩为纪念诸葛亮于草庐故址修建了此亭。

襄阳古隆中现为全国重点文物保护单位。

二、黄冈东坡赤壁

黄冈东坡赤壁，又名文赤壁，位于湖北省黄州城西。北面一山陡峭如壁，因山石颜色赤红，故名"赤壁"。早在晋代至北宋初，这里就建起了月波楼、横江馆、栖霞楼、涵晕楼和竹楼等著名建筑。北宋元丰三年（1080年）春，著名文学家苏轼（号东坡）因乌台诗案贬来黄州，在此写有流传千古的《念奴娇·赤壁怀古》，后人因此将赤壁和苏东坡的名字联系在一起，名曰东坡赤壁（图6-3-15）。

在东坡赤壁因苏轼而名闻天下之后，黄州本地人以及各地名人名士对赤壁愈加重视。赤壁经历了四次被战火焚毁后又重修的过程。明代重修赤壁时，新建了问鹤亭、羡江楼、江月亭、醉江亭、东白亭、共适轩、浮春亭、万仞堂、临江亭等楼阁，上述景点的

图6-3-15 东坡赤壁（图片来源：华中科技大学民族建筑研究中心提供）

图6-3-16 东坡赤壁庭院（图片来源：华中科技大学民族建筑研究中心提供）

图6-3-17 东坡赤壁二赋堂（图片来源：华中科技大学民族建筑研究中心提供）

名称大都以东坡二赋中的字句命名。到了清朝，政府官员以及乡绅贤达亦对赤壁不断修复，"山上楼阁颇多，明末悉毁。康熙间知府于成龙建堂，牓曰'二赋'，知府郭朝祚牓曰'东坡赤壁'，厥后屡有修葺，咸丰间贼毁，同治七年，邑人刘维祯率营弁醵金重建，顿复旧观"。清代英启更是将赤壁看作拜谒的纪念场所，"黄州赤壁以坡公名，苏文忠公祠、睡仙亭、二赋堂诸胜迹及于清端公祠在焉。同治丁卯岁，余始来兹土访所为祠宇亭堂，毁于兵者十余年矣。越明年夏，干臣刘军门以事来黄，对梓里之江山，缅苏公之风月，谓公之不朽者，虽不在一亭一堂而祠事先贤风示来许，端在于兹。遂解囊鸠工兴事"。

如今，东坡赤壁占地面积400余亩，主要建筑有九亭、三楼、三阁、三堂、一像。赤壁正门是乾坤阁，经过秦砖小路直上八卦桥，上锁春台，经楼花园（图6-3-16），过蜂腰桥和泛舟池，这里便是当年苏轼泛舟作赋之地。池东空地上耸立着一尊高大的白色衣髯飘逸的苏轼全身立像，顺石壁拾阶而上，便是二赋堂（图6-3-17）。二赋堂为李鸿章所题，始建于清代。堂中央的木壁前后分别刻有前、后《赤壁赋》，字大如拳。前为清代黄州教谕程之祯所书的楷书，豪迈俊逸；后为近代书法家李开先所书的魏书，古朴苍劲。堂前的右壁刻有徐世冒崐（自号水竹邨人、民国大总统）书写的对联："古今往事千帆去，风月秋怀一笛知"。二赋堂西南便是面江临壁而建的醉江亭，

亭内刻有清康熙皇帝临摹元代人书法家赵孟頫的手书《前赤壁赋》书贴石刻以及历代名人名士的石刻。亭西侧为坡仙亭，内刻苏轼亲笔草书的《念奴娇·赤壁怀古》和告别黄州崐时所作的《满庭芳·归去来兮》。除此之外还有其手绘的寿星画像、月梅图和郭凤仪（清黄州知府）速写的《东坡老梅》等石刻。顺坡仙亭（图6-3-18）西下为睡仙亭，相传当年苏轼同友人游赤壁时，曾醉卧于此，亭内石床石枕尚在。

睡仙亭往下为"放龟池"，据晋书载，相传当时有一军人买白龟放生于此，后遇难恰被所放白龟搭救，于是后人在此凿一白石巨龟，至今仍昂首蹲伏于亭下泛舟池中。二赋堂东边的留仙阁（图6-3-19）内有《东坡笠履图》石刻以及苏轼为其乳母任采莲撰写的墓碑，除此之外还有近代名人绘画的《赤壁泛舟图》以及清末名人杨守敬书《留仙阁记》石刻。留仙阁东侧即为碑阁，内嵌苏轼手书的108块石刻。出二赋堂的后门，由西向东依次有剪刀峰、问鹤亭和栖霞楼。由茅盾题写匾名的栖霞楼（图6-3-20）位于赤壁的最高处，楼高四层，飞檐翘角，赤楹碧瓦，白石栏杆。此外，赤壁还建有揽胜亭雪堂、怡然斋、羽化亭、望江亭、快哉亭等。黄冈东坡赤壁现为全国重点文物保护单位。

三、汉阳古琴台

汉阳古琴台始建于北宋，经此过数次屡毁屡

建。清光绪十年（1884年）黄彭年撰《重修汉阳琴台记》。清光绪十六年（1890年）杨守敬将《琴台之铭并序》、《伯牙事考》、《重修汉阳琴台记》重镌立于琴台碑廊之中，并于大门门楣上刻"古琴台"三字（图6-3-21）。

古琴台整个建筑群占地约15亩，虽然规模不大，但布局十分精巧雅致，基本保留了当年古建筑的风貌（图6-3-22）。主要建筑由层次分明的庭院、花坛、林园、茶室组成。院内的回廊依势而折，虚实开闭，移步换景，互相映衬。古琴台的建筑充分地利用了地势地形以及中国园林设计中巧于借景的手法，借龟山月湖之山水，构成一个广阔深远的艺术视觉享受（图6-3-23）。

古琴台的门厅由彩色釉瓦盖顶，上书"古琴台"三字。过门厅向北，有一处照壁，上刻有由清道光皇帝御书的"印心石屋"（图6-3-24）。据说是道光皇帝赐给当时两江总督陶澍的。照壁东侧有一"琴名为台"小门，进门后为曲廊、廊壁，立有保存

图6-3-18　东坡赤壁坡仙亭内景（图片来源：华中科技大学民族建筑研究中心提供）

图6-3-19　东坡赤壁留仙阁（图片来源：华中科技大学民族建筑研究中心提供）

图6-3-20　重建后的栖霞楼（现状）（图片来源：华中科技大学民族建筑研究中心提供）

图6-3-21 古琴台大门（图片来源：华中科技大学民族建筑研究中心提供）

图6-3-22 古琴台抚琴人像（图片来源：华中科技大学民族建筑研究中心提供）

图6-3-23 古琴台鸟瞰图（图片来源：新华网湖北频道）

完好的历代石刻和重修琴台的碑记（图6-3-25）。碑廊的西侧为琴堂，是一座五开间的建筑，匾书"高山流水"（图6-3-26）。堂前庭院便是俞伯牙弹琴的琴台，是一座由白玉筑成的方形石台，石台中有一方形石碑，西向有"听琴"二字，面南为伯牙抚琴图，东、北两面为琴台的简介。西侧墙上还镶嵌有"伯牙断琴谢知音"的大型石雕。整个建筑群十分精巧雅致，古色古香中凝入了天地精华。古琴台现为湖北省文物保护单位。

四、赤壁之战遗址

赤壁之战遗址位于湖北省咸宁赤壁市境内。史家一般称这里为"武赤壁"或"周郎赤壁"（图6-3-27）。它是我国古代"以少胜多、以弱胜强"的七大战役中唯一尚存原貌的古战场遗址，现为全国重点文物保护单位。

赤壁遗址是由三座小山组成，即赤壁山、金鸾山和南屏山。这三座小山起伏相连，苍翠如海，再加上亭台楼阁错落地隐现于其间，景色益显秀美。目前保留下来的有"赤壁"摩崖石刻、"拜风台"（图6-3-28）和"凤雏庵"。另有赤壁碑廊、翼江亭、千年银杏、望江亭等十多处人文景观。

赤壁山临江的悬崖上刻有"赤壁"二字，为周瑜为纪武功所书。二字各长150厘米，宽104厘

图6-3-24 古琴台印心石屋（图片来源：华中科技大学民族建筑研究中心提供）

图6-3-25 古琴台遗址（图片来源：华中科技大学民族建筑研究中心提供）

图6-3-26 古琴台琴堂（图片来源：华中科技大学民族建筑研究中心提供）

图6-3-27 赤壁石刻（图片来源：携程网）

图6-3-28 赤壁拜风台（图片来源：华中科技大学民族建筑研究中心提供）

图 6-3-29 赤壁凤雏庵（图片来源：华中科技大学民族建筑研究中心提供）

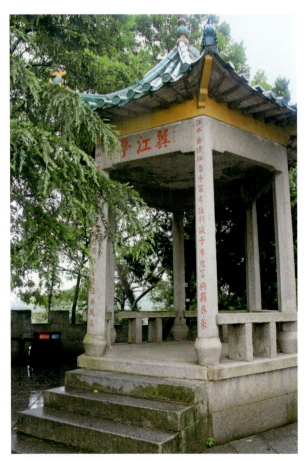

图 6-3-30 赤壁翼江亭（图片来源：华中科技大学民族建筑研究中心提供）

米。宋人谢枋得《赤壁诗序》载：余自江夏溯洞庭，舟过蒲圻，见石崖有"赤壁"二字。传为周瑜所书。"赤壁"二字现在是今日赤壁景区的标志性景观。

位于金鸾山腰的凤雏庵（图6-3-29），青砖黑瓦，古朴典雅，乃清道光二十六年（1846年）重建。相传庞统曾隐居于此。庵内主室供奉着庄严刚毅的庞统塑像。庵外四面苍苔布绿，古树垂荫，曲径藏幽，百鸟飞鸣，有"鸟鸣山更幽"的意境。

翼江亭，因所处的赤壁山似金鸾一翼搏击江流而得名（图6-3-30），为赤壁之战时周瑜破曹军时的指挥哨所。亭上有楹联一副："江水无情红，凭吊当年谁别识子布卮言兴霸良策；湖山一望碧，遗留胜迹，犹怀想周郎声价陆弟风徽"，用以赞颂孙权知人善用。

拜风台始建于明万历三十八年（1610年），坐落在赤壁山东南处的南屏山顶，为了纪念诸葛亮在此"设坛台、借东风、相助周郎……"而建。分前后两殿，后殿中现存有诸葛亮以及桃园三兄弟的塑像。

图6-3-31 蛇山风景区（图片来源：黄鹤楼文化发展研究中心提供）

拜风台的右侧即为赤壁碑廊，内有25块大理石碑，上均刻有历代名家咏叹赤壁之战的诗词，均为当代著名书法家手笔。

五、蛇山黄鹤楼风景区

蛇山又名黄鹄山，即黄鹤山，位于武汉市武昌城内，为武汉市名胜三山之一（图6-3-31）。蜿蜒逶迤，形似伏蛇，头临长江，尾插东城，与汉阳龟山对岸相峙，为古代军事要塞。

黄鹤楼始建于三国时代东吴黄武二年（公元223年）。原址在湖北省武汉市武昌城蛇山黄鹤矶头。唐永泰元年（公元765年）黄鹤楼已初具规模，根据《元和郡县图志》记载：孙权始筑夏口故城，"城西临大江，江南角因矶为楼，名黄鹤楼"，是为了军事目地而建。后因兵火频繁，黄鹤楼经历了7次被毁，又10次重建的过程（图6-3-32～图6-3-35）。宋画《黄鹤楼图》中再现了黄鹤楼当年的面貌，图中黄鹤楼建在绿树成荫的城台之上，远望烟波浩渺。中央主楼平面呈方形，高两层，在一层左右伸出，前后出廊屋与配楼相通。屋顶错落有致，翼角嶙峋，气势雄壮。

宋代之后，黄鹤楼曾屡毁屡建。其中仅清代200余年间，黄鹤楼就遭受3次毁灭性火灾，前两次得以重建，直至最后一次黄鹤楼同治楼被烧毁（图6-3-36）。1907年在黄鹤楼遗址上修建了奥略楼（图6-3-37），被很多游客误认为黄鹤楼。奥略楼于20世纪50年代修建长江大桥时被拆除，故址成为大桥南引桥基础，今天立有一块"黄鹤楼故址碑"。

现在的黄鹤楼建于1985年。设计师以清代"同治楼"影像为参考，在蛇山上另取高地，建起今天的黄鹤楼。新楼高5层，总高度51.4米，建筑面积3219平方米。黄鹤楼内部由72根圆柱支撑，外部有60个翘角向外伸展，屋面用10多万块黄色琉璃瓦覆盖构建而成（图6-3-38）。

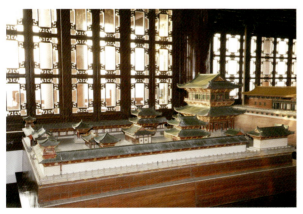

图6-3-32 唐代黄鹤楼（图片来源：黄鹤楼文化发展研究中心提供）

图6-3-33 宋代黄鹤楼（图片来源：黄鹤楼文化发展研究中心提供）

图6-3-34 元代黄鹤楼（图片来源：黄鹤楼文化发展研究中心）

图6-3-35 明代黄鹤楼（图片来源：黄鹤楼文化发展研究中心）

图6-3-36 清代黄鹤楼（图片来源：黄鹤楼文化发展研究中心）

图6-3-37 清末奥略楼（图片来源：黄鹤楼文化发展研究中心）

图6-3-38 黄鹤楼现状（图片来源：黄鹤楼文化发展研究中心）

除了闻名遐迩的黄鹤楼外，还有素有"鄂州南楼天下无"之誉的白云阁（图6-3-39），造型优美、结构精巧的抱冰堂，琳琅满目、艺术价值极高的碑廊以及八极楼、静春台、奇章台、斗老阁、留云阁、压云亭、石照亭等达20多处。亭台楼阁，优雅别致，景色宜人，有"鄂元神皋奥区"之美誉。历代骚人墨客，如陆游、孟浩然、张居正、李白、白居易、潘丰等均登临游赏，吟诗作对，歌咏其山水美色。此外，蛇山的中、南部还建有岳武穆遗像亭、陈友谅墓和孙中山先生纪念碑，它们依山而建，掩映于葱郁的林木之间，端庄古朴，幽静庄严。

图6-3-39 黄鹤楼白云阁（图片来源：黄鹤楼文化发展研究中心）

注释

① "湖北位于秦岭褶皱系与扬子准地台的接触带上。荆山、大洪山以北主要属秦岭褶皱系的武当—淮阳隆起带，省境北部武当山、桐柏山、大洪山和大别山形成的地质基础，其西北部与渝陕二省交界处主要属大巴山褶皱带，构成了鄂西北的大巴山和荆山，这两个构成单元都属于古生代构造带。"——彭鲁《湖北的地质地貌》

湖北古建筑

第七章 塔幢、牌坊、桥梁及其他

湖北重点塔幢、牌坊、桥梁及其他建筑分布图

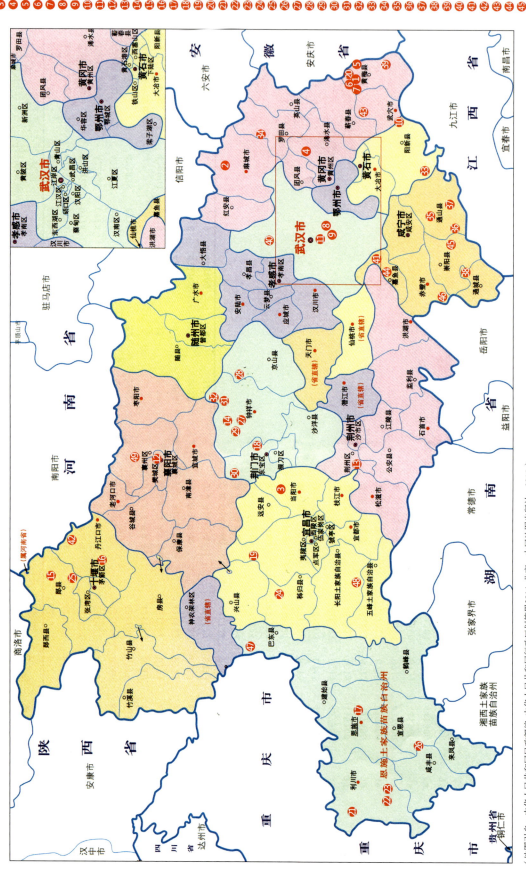

1. 黄梅四祖毗卢塔
2. 麻城柏子塔
3. 当阳玉泉铁塔
4. 红安七里坪双城塔
5. 黄梅高塔寺塔
6. 黄梅四祖寺众生塔
7. 武昌洪山无影塔
8. 武昌蛇山胜像宝塔
9. 武昌洪山郑公塔
10. 武昌洪山宝塔
11. 武昌江夏岳飞塔
12. 襄阳多宝佛塔
13. 荆州万寿宝塔
14. 钟祥文峰塔
15. 郧县铁山寺塔
16. 丹江口龙山宝塔
17. 恩施连珠塔
18. 荆门东山宝塔
19. 宜昌伍家岗天然塔
20. 黄梅五祖寺乞儿塔
21. 利川鱼木寨碑塔
22. 利川团堡培风塔
23. 秭归屈原故里塔
24. 武当山玄岳门
25. 咸丰荆南雄镇石门
26. 钟祥元佑宫廷禧坊
27. 钟祥洋梓汪氏贞节牌坊
28. 钟祥洋梓汪氏贞节可风坊
29. 荆门孝隐集节孝坊
30. 钟祥中山孝节烈坊
31. 钟祥张氏王氏节孝坊
32. 钟祥少司马坊
33. 阳新浮屠陈献甲坊
34. 罗田吴氏节孝祠牌坊屋
35. 唐家垄牌坊屋
36. 株林牌坊屋
37. 宝石灵官楼
38. 通城灵河桥
39. 黄梅夏南桥
40. 武汉剑河桥
41. 嘉鱼下舒桥
42. 武当飞虹桥
43. 嘉鱼堡牌桥
44. 通城净河桥
45. 通山刘家桥
46. 巴东县信陵镇秋风亭
47. 长阳盐井寺河神亭
48. 襄阳王府绿影壁

(地图引自：中华人民共和国民政部编.中华人民共和国行政区划简册2014.北京：中国地图出版社，2014.）

（一）塔幢

湖北的古塔，或踞于长江之畔，或立于名山之巅，或位于寺观之旁，千百年来虽历经沧桑，仍以其顽强的生命力屹立在荆楚大地上，成为湖北古建筑中一颗颗璀璨的明珠。

湖北境内，古塔遗存众多，其中已经列入省级以上重点文物保护单位的古塔共有27座。这些塔多建于宋代至清代，种类繁多，按建筑方式分，有楼阁塔、密檐塔、金刚宝座塔；按建筑材料分，有铁塔、砖塔、石塔或砖石塔等；按功能分，有佛塔、道塔、风水塔。从其分布特点上来看，湖北地区现存的唐宋古塔多集中于鄂东黄梅及邻近县（市），而明清古塔则广泛分布于全省各地。

塔最初是随佛教传入我国的一种外来建筑，在传播的过程中，渐渐融入我国本土建筑的特点，功能上也由最初的宗教建筑，逐渐转变成脱离宗教的纪念性和标志性建筑。

最早见于文献记载的湖北古塔始于隋代，经唐代逐渐发展兴盛，其中一些曾对中国佛教和古塔建筑产生过重要的影响，如唐初建设的当阳玉泉寺七级砖塔、唐中建设的度门寺神秀国师塔、惠真法师塔以及黄梅四祖寺毗卢塔。宋代是湖北造塔的主要时期，北宋嘉祐六年（1061年）铸建了当阳玉泉铁塔，宣和三年（1121年）修建了黄梅释迦多宝如来石塔等一大批佛塔。这一时期，湖北古塔建筑技术有了两项重大进步：一是基础平面由隋唐的四方形、六角形改为八角形，加强了基础稳定性；二是外部造型采用钝角、圆角，取代了锐角，克服了应力集中的弊端，提高了建筑抗震能力。尤其是当阳玉泉铁塔采用了竖向迭压垛叠构式，以其铸造高度最高、铸造重量最重、保存最完整堪称世界古铁塔建筑之最。进入元代后，湖北古塔在建筑风格上极力渲染喇嘛教的异域特色，其代表作是元至正三年（1343年）修建的武汉胜像宝塔。该塔须弥座为十字折角形，塔身采用覆钵式外形，塔刹为十三层相轮。明、清时期，湖北古塔建筑已经逐渐脱离宗教轨迹向世俗化方向发展，如明洪武二十二年（1389年）重修的钟祥文峰塔，就是儒家借组塔的高耸来寄托文运；又如明嘉靖二十七年（1548年）开始修建的荆州市万寿宝塔竟是一座为嘉靖皇帝祝寿的功德塔；而矗立在长江南岸的宜昌天然塔，俨然是一座航标灯塔。虽然明、清时期塔的功能有的已经偏离了宗教，但塔的建筑形制更加体现了中国特色。特别是荆州万寿宝塔的特大收分幅度和偶数塔层、襄阳市多宝佛塔的八角低平基础、钟祥市文峰奇异的塔刹等独特的建筑形式，都是明、清时期中国古塔建筑中的孤例和代表作，在中国古建筑史上声名卓著。

各时代的典型特征与艺术风格在湖北古塔中得以体现。古塔建筑往往融汇了各时代艺术与技术的精髓，如当阳玉泉铁塔北宋时期仿木楼阁式造型和塔身上精铸的千尊佛像、千字铭文，武汉胜像宝塔上元代精美的石雕，荆州万寿宝塔上明代铜铸金《金刚经》梵文，让人惊叹与震撼。塔所携带的历史文化信息丰富而厚重，甚至发展成一种塔文化，影响着社会物质文明和精神文明。

（二）牌坊

牌坊，作为我国古建筑中的一种特殊类别，一般由基础、立柱、额枋、牌匾、斗栱和屋顶（牌楼才有）六部分构成，集中了中国古代建筑最具特征的构件，是古建筑的象征与标本。

根据有关专家考证，牌坊源于中国先秦时代的华表柱及衡门。华表，也叫桓表。《汉书·尹赏传》中写道："……便舆出瘗寺门桓东。"注文："如淳曰，旧亭传于四角百步，筑土四方，上有屋，屋上有柱出高丈余，有大板贯柱四出，名曰'桓表'，悬所治火路两边各一桓。"师古曰："即华表也。"这是一种装饰性、纪念性和标志性的立柱，意义与牌坊差不多。现在所能见到的华表，主要为石质的，成对位于宫门、桥头和陵墓前。华表的起源很早，汉代便有人认为它是由古时候流传的"诽谤木"演变而来的。

衡门是汉代一种门的名称。据《汉书·玄成传》载："使得自安于衡门之下"，"师古注曰，'衡门，横一木于门上，贫者之居也'。"衡门原始的做法，即在左右两根立柱上架一根或两根横梁，在立柱内侧再安门扇。甲骨文的"门"字，即为双柱之间穿一横木，下有门扇。古代横、衡通，故称"衡门"。

如果将这种简单衡门加高加大、再加上屋顶，它实际上就是牌坊的雏形，这在汉代称"乌头门"。乌头门的形成有二：一是由衡门发展而来；一是由华表演变而来。《史记》有"正门阀阅一丈二尺，二柱相去一丈，柱端安瓦筒，墨染，号乌头染"的记述。这种柱子挑出并染成乌头的门，即后来录入宋《营造法式》的乌头门。宋代《营造法式》中记载，乌头门"其名有三，一曰乌头大门，二曰表揭，三曰曰阙门，今呼为棂星门"。乌头门在汉、唐间，还称表揭、阀阅，宋代时俗称棂星门，明、清时"乌头门"名称便很少使用了，而常称之为"棂星门"。

乌头门上若不安门扇，便称作牌坊。但早期牌坊几乎都是安门扇的，很少有孤立的牌坊，当时如果不安门扇便是华表。后来其控制人们出入活动的具体功能减弱，门扇逐渐消失，作为一种区域划分或者精神意义的象征而存在。牌坊形成并成为一种纯标志性和装饰性的建筑。

在湖北地区，明代以前的牌坊几乎全部毁坏，现仅存明、清以来的遗存。它们大多为石构，也有砖、木牌坊。

石牌坊是湖北现存最多的一种，有牌坊和牌楼两大类。牌坊无屋顶，而牌楼有屋顶。

木牌坊因常年裸露于风雨之中，经受不住风蚀雨侵，易于毁圮。故湖北现仅存钟祥元佑宫廷禧坊和秭归屈原故里坊2座木牌坊。

木、石牌坊分两种：一种是冲天式牌坊，另一种是非冲天式牌坊。冲天式牌坊主要是指用华表柱（清代称冲天柱），上加额枋，额枋上无屋顶，保留了较多从衡门、乌头门、棂星门演变而来的痕迹。非冲天牌楼则不用冲天柱，而是在额仿上起楼，有斗栱、屋檐，可用冲天柱，也可不用。

而砖牌坊或牌楼都不用冲天柱式，砖牌坊常用作门面，主要是起装饰、象征作用的牌坊。在长江流域以南，则常用砖牌楼作门，叫牌坊门。湖北地区的牌坊门多见于宅第、寺庙、会馆、祠堂、文武庙等。牌坊门与建筑相结合，成为建筑入口的主要立面。牌楼门一般为四柱三间实体结构，由柱、额枋、斗栱、屋顶、吻兽等构件组成。

（三）桥梁

桥梁是我国古建筑中的一种重要类型。千百年来，为跨越天然交通阻碍，人们在群山与江河上架设了各种桥梁，以提供交通的便利，并成为美丽的人文景观。

湖北现存的古代桥梁有数百处之多，就建筑类型、结构、造型、做法及工艺等方面而言，各有千秋。桥梁的构造，一般由基础、桥墩、桥身、拱券、桥面和栏杆组成。桥梁的类型多样，按建筑类型可分为：拱桥、梁桥（平桥）两大类；按结构类型可分为：石结构桥、砖石结构桥、木结构桥、木石结构桥；按材质分可为：木桥、石桥、竹桥、绳桥、砖桥等。

石拱桥是湖北保存数量最多、分布最广的一种桥梁类型，其形制有单孔、双孔、多拱等几种，以单拱为常见，三拱其次，三拱以上的较少。材料主要为花岗石，少量使用红砂石、石灰石。块石砌墩，青石板铺面，条石护栏。一般长10~20米，最短仅3米，最长可达90米，桥宽一般1.1~2.5米，最宽可达25米，栏杆一般高0.5~0.8米。拱券大多为半圆形，普遍采用纵联砌置，或单券单伏，或双券双伏，多孔桥有的等跨，有的不等跨，桥面多平坦，少量呈弧形或阶梯状，中间高两端低。不少拱桥在券顶部位或栏板上镶嵌石匾，多书桥名，有的在望柱、栏板上题诗。

石梁桥是数量及分布范围仅次于石拱桥的一种类型，桥墩均以块石或条石垒砌，墩多作分水尖式，桥面以青石铺面，石板桥面是以几块石板（石梁）并排纵列搭接于两墩之间。一般长5~20米，最长可达70余米，如崇阳永心桥。石梁桥一般不设护栏。目前保存最早的石梁平桥是赤壁赵李新桥，建于明正德年间（1506~1521年），位于赤壁赵李桥镇西南1公里，东西向跨潘河。六孔石梁桥，长40米，宽1.6米。青石板平铺桥面。保存最晚的利川石板滩桥，位于利川凉雾乡石板滩村，建于清代中期，民国32年（1943年）维修。南北向跨清江。十孔石梁桥，长35米，宽1米。墩长3米，宽2.5米。桥头存民国32年（1943年）补修功德碑1通，碑文楷书，记补修原因和捐资人姓名。

湖北现存木桥数量极少，仅保存10余座，其体量都不大，多以圆木或方木作梁，搭接于山涧或河流之上，梁上平铺木板为桥面，一般长5~10米，宽2~4米，有的设木护栏。

湖北风雨桥主要分布于鄂西南土家族、苗族聚居区，具有浓厚的民族特色，鄂东南、鄂东山区也有少量分布。风雨桥又称花桥，为木梁式结构，桥上建有桥廊与桥屋，桥廊内两侧设有坐凳，可供行人休息。它横跨溪河两岸，既具有普通桥梁的一般功能，又具有很高的观赏价值，不仅为两岸百姓往来提供交通便利，同时也是当地人们说古道今、休息娱乐的理想去处。湖北省现存的风雨桥，其时代最早是黄梅县城西15公里处四祖寺灵润桥，最晚的桥位于咸丰县城西北8公里丁寨十字集镇东南街口的野猫河上。

历经岁月的沧桑，有的桥梁经过多次修缮被保存下来，有的被迁移，有的已经消亡，如湖北三峡中的一些桥梁，由于三峡水利工程的建设，会被淹没在水下。政府相关部门将其中具有丰富历史与艺术价值的桥梁进行搬迁，如巴东济川桥就被搬迁到巴东新城区，秭归千善桥也搬迁到秭归新城凤凰山下进行保护，还有的桥梁其功能已被近处的公路桥所取代，只是作为历史的遗物被保留下来，供人们参观凭吊，如鹤峰九峰桥，在它的上面现有一座公路桥。

（四）其他

"亭"是中国古代常见的一种小型点式建筑，它外围开敞，可供人停留、观览，也用于典仪，俗称亭子，出现于南北朝的中后期。亭一般设置在可供停息、观眺，景观优美的地方，如山冈、水边、城头、桥上以及园林中。还有专门用途的亭，如碑亭、井亭、宰牲亭、钟亭等。亭的平面形式除方形、矩形、圆形、多边形外，还有十字、连环、梅花、扇形等多种形式。亭的屋顶有攒尖、歇山、锥形及其他形式复合体。

"照壁"常建于院落的大门内或大门外，是与大门相对，作屏障用的墙壁，又称照壁、照墙。影壁能在大门内或大门外形成一个与街巷既连通又有限隔的过渡空间。明清时代影壁有一字形、八字形等。

第一节　塔幢

一、黄梅四祖毗卢塔

毗卢塔，又名慈云塔，真身塔，禅宗四祖道信圆寂于此，是中国禅宗祖师的第一座墓塔，为全国重点文物保护单位。它位于黄梅四祖寺西侧，是一座唐代的佛塔。该塔坐落于500米的西岭岗上，踞于岗顶，背倚四祖传法洞的崇山群峦，右有天马、笔架诸峰逶迤环抱，左有祖庭的梵宇琳宫顾盼护卫。它属于亭阁式砖塔，通高11米。坐南朝北。塔外形平面呈正方形，塔基边长10米见方。塔身东、西、南三面开门，塔体顶部造型为四角攒尖顶，两滴水（图7-1-1）。塔刹为铸铁覆莲宝顶。

毗卢塔整体造型虽简洁却富有变化，分塔基、塔身和塔顶三部分。塔基为双侧须弥座基座。塔身装饰丰富，寓意深刻。四面外墙正中饰有用枭混弧线圈就的巨大壸门，这是用侧面预制有凸出部位的特用砖，定位砌入墙体，其凸出部位上下相接而构成完美对称的多曲弧线，表示这里是尊贵的门庭，其下，南、东、西三面各辟高大的莲花券门，是进入塔室的三个入口。壸门两侧各辟仿木横额，用莲瓣纹砖饰外框，内嵌字砖，上刻代表本师释迦牟尼佛一生八个最有意义的地方和事迹，称为释迦"八塔"或"八相"，绕塔经行即表示礼拜了这些圣迹。

图7-1-1 黄梅毗卢塔全景（图片来源：华中科技大学民族建筑研究中心提供）

塔名之上，为环绕塔身的两道牡丹卷草花纹砖带，表示仿木结构的栏额与普柏枋，牡丹秀丽舒展，蕴含生机和动感（图7-1-2）。在塔身四角腰部有用砖叠涩逐层挑出的凸起构件，侧视如同狮头，远观则像展翅上飞的巨鸟，这是天龙八部中大鹏金翅鸟的造型，作为祖师墓塔护法神的象征。

厚重的塔檐下饰以明代维修时补加的鸳鸯交首斗栱。它们的交错与架出，在光照下形成反差极大的空间层次，给塔檐平添华彩。

塔顶为四角攒尖式结构，顶部承置巨大的铸铁空体覆莲刹座，直径2米多，表面与断口处至今仍未见锈蚀，足见我国古代冶金铸造工艺的高超。其刹顶为一巨型铸铁汤镬，远望如半球状，是1965年维护时补加的代用品。

图7-1-2 黄梅毗卢塔须弥座砖雕（图片来源：华中科技大学民族建筑研究中心提供）

图7-1-3 黄梅毗卢塔立面图（图片来源：《湖北古代建筑》）

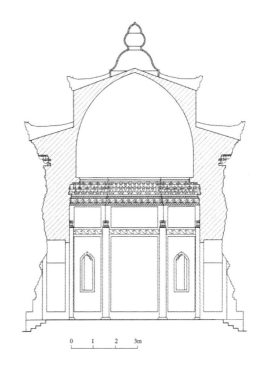

图7-1-4 黄梅毗卢塔剖面图（图片来源：《湖北古代建筑》）

这些装饰构件的设置，从立面上改变了立体方塔的外形（图7-1-3），衬托了塔主体雄浑轩昂的气势，加上群山环抱的背景，使整个塔身无论从高低远近任何方位观察，都稳重而富于变化。

毗卢塔的内部空间——塔室也十分壮观。八面墙壁构成了圆形塔室，这种外方内圆的结合体，既改变了塔室的内景，也增强了塔体四角的承重能力（图7-1-4）。三面高大券门使塔内光照充足。北面为正壁，是供奉祖师真身的圣位，相间四壁各设长形佛龛；壁顶通绕缠枝牡丹花纹砖，其上是巨大的穹窿内顶，浑圆规整，仰望有高峻莫测、飞升天庭的心灵感受。穹壁收分的结构，承受了铸铁塔刹的千斤重压，安度千余年，也使毗卢塔成为少见的无梁大殿。这是宋时维修的成绩。

这座始建于初唐的砖塔，其基座和塔身主体保持了唐代原建的工艺形态。塔身有专模压制的特用砖十余种。它们恰到好处地砌入设计的部位，给平板的墙面造成点线面的视觉变化，起到画龙点睛的作用。塔身内壁，由红烧土掺合碎石的黏合料置于砖块中部，层层砌构。这是一种唐代称为"干摆"、限用于高规格建筑的砌造工艺。

经过历朝历代数次维修，尤其是北宋中期、元至治与明万历时期三次重大的维修工程，虽有稍加贴砌、补构等变化，但该塔其总体风格未曾动摇，综合体现了我国古代砖塔建筑的高超技术与艺术。

二、麻城柏子塔

柏子塔为宋代砖质佛塔，位于麻城闫家河九龙山上（图7-1-5）。据（《麻城县志》康熙九年刻本）载："唐德宗四年（公元783年），虚应禅师建塔，九级，顶覆以铁镬，镬侧一柏蟠根而生，每立秋日午，塔身无影"，故称"柏子秋阴"，是"麻城八景"之一。塔南50米处是"九龙寺"，为三开间砖木结构建筑。内有僧人兼作柏子塔保护人。

明代哲学家李贽曾在此开坛讲学十余年。如今，这里已经开辟为九龙国家地质公园。2006年5月，柏子塔被国务院批准为第六批全国重点文物保护单位。

柏子塔为六角九层楼阁式砖塔,现存七层,残高34.7米,底边长5米,逐层内收。塔身相间置球纹格眼窗。塔门面南,拱券形,内壁设佛龛,二层以上相间设半圆形单券门窗,一至五层为穿心式楼梯,五层以上为螺旋式楼梯。塔檐和腰檐置斗栱,塔檐一至六层用七踩斗栱承托,七层以上改用五踩斗栱(图7-1-6、7-1-7)。

三、当阳玉泉铁塔

玉泉铁塔原名佛牙舍利宝塔,位于湖北宜昌当阳市玉泉寺。玉泉铁塔铸于北宋嘉祐六年(1061年),铁塔上铸有2279尊栩栩如生的佛像(图7-1-8)。地宫中有大批珍贵文物,除佛牙舍利和舍利子外,还发现了唐代镏金菩萨、大石函、影青莲瓣高足供养瓷炉及宋代小石函、水晶珠、铁锁链等。该塔为全国重点文物保护单位。

铁塔建在砖石基台上,八角十三级楼阁塔,塔重26吨,高约17米,中空。每层由平座、塔身和腰檐、屋盖组成,直至塔山,现存的塔刹为清代遗物,铜铸。

铁塔基座满镌海波纹,上为须弥座,各角有金刚力士一尊,体态矫健(图7-1-9)。铁塔每层每边铸有"八仙过海"、"二龙戏珠"和海山、海藻、水波等纹饰,线条清晰、流畅,台座八面,各铸托塔力士一尊,全身甲胄,脚踏玉泉寺棱金铁塔仙山,头顶塔座,体态刚健,状极威猛;塔角飞檐,凌空龙头,悬挂风铎;逐层迭装,不加焊接,稳健玲珑;日照塔身,紫气金棱,交相辉映,故曰"棱金铁塔"。塔身还铸有2373尊小佛像,形态逼真,栩栩如生。每面束腰中央镌壸门,内一坐佛。上枋镌二龙戏珠。塔壁厚4厘米,塔心中空部分用刻有塔形的条砖和石灰堵砌严实。塔身奇数层的四正面

图7-1-5 麻城柏子塔全景(图片来源:华中科技大学民族建筑研究中心提供)

图7-1-6 麻城柏子塔砖细部(图片来源:华中科技大学民族建筑研究中心提供)

图7-1-7 麻城柏子塔侧檐(图片来源:华中科技大学民族建筑研究中心提供)

图7-1-8 当阳玉泉铁塔远景
（图片来源：华中科技大学民族建筑研究中心提供）

图7-1-9 当阳玉泉铁塔基座（图片来源：华中科技大学民族建筑研究中心提供）

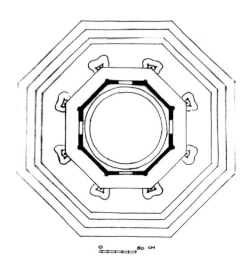

图7-1-10 当阳玉泉铁塔平面图（图片来源：湖北省文物局）

和偶数层的四隅面设门，其余各面镌刻一佛二弟子或一佛二弟子和二菩萨二力士等。

底层塔身每边宽1.12米，高1.07米，二层以上逐层收减。各层檐部均施斗栱，每面用补间铺作一朵。第一至六层为六铺作双杪单下昂偷心造，第七层以上减一跳，平坐斗五铺作双杪（图7-1-10、图7-1-11）。斗栱的式样和做法模仿木构，表现出高超的生铁铸造工艺。各层平坐上置栏杆，望柱头是形态不同的狮子。檐部铸出椽飞，子角梁头有长颈龙首的套兽，口衔大环，以悬挂风铎，屋顶铸出筒板瓦，角脊前端伫立力士像一尊。在第二层塔壁上镌有塔重、铸造时间和金火匠人姓名等铭文，塔刹为葫芦形。

四、红安七里坪双城塔

双城塔亦称大圣寺塔，为宋代佛塔，位于红安七里坪镇柳河村，是全国重点文物保护单位。该塔为楼阁式砖塔，六角十三级，高约26米（图7-1-12）。二、三层由塔身、铺作层和腰檐组成，均以特制砖件砌筑。塔门向东，沿塔内台阶可登顶。塔室内外有砖制的仿木构斗栱，制作精细（图7-1-13）。各层设有佛龛，底层曾供奉地藏王菩萨。

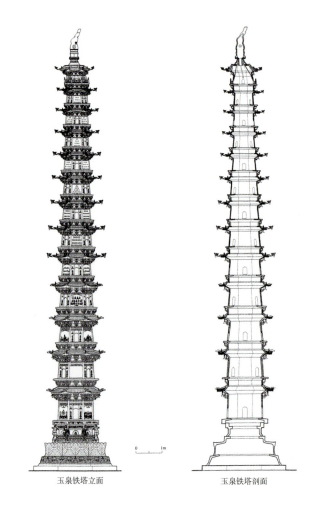

图7-1-11 当阳玉泉铁塔立面、剖面图（图片来源：湖北省文物局）

图7-1-12 红安双城塔全景（图片来源：华中科技大学民族建筑研究中心提供）

图7-1-13 红安双城塔内景（图片来源：华中科技大学民族建筑研究中心提供）

五、黄梅高塔寺砖塔

黄梅高塔寺砖塔又称乱石塔，为宋代佛塔，位于黄梅城东南隅，现为湖北省文物保护点。高塔寺塔为多层楼阁式密檐塔，全砖石仿木结构，八角十三层（图7-1-14），含塔刹总高33.4米，底层特高。南面设石门，门楣上有乾隆年间嵌入的"古迹重辉"石额。

门内有甬道可进入底宽顶尖的圭首顶式的塔室。塔室内供地藏菩萨造像，座下凿方形水井一口，深不过尺。二层以上全用楔形小青砖实砌。塔身外壁用砖块施以横、竖、丁、卧、凹、凸等做法，起造十三层翼角飞升的塔檐、交手斗栱、转角立柱、菱角牙子、直棂格眼花窗等仿木构件，错落有致。二层以上每面正中均辟有拱形"世尊龛"，内供影青瓷佛像88尊。第三层佛龛两侧嵌八块雕字方砖，分列塔身八面，正南题"皇帝万岁"，题文依次为"重臣千秋"、"上祝当今"、"下及有情"、"国泰民安"、"雨顺风调"、"同沾功德"、"共成佛道"。全塔平面收分至第六层渐急，八角攒尖结顶（1989年维修时加制青铜塔刹一具），层高亦先宽后紧，圆和浑厚，如春笋破土，巍峨清丽，伟岸秀美，得名曰春笋塔；高逾百尺，俗称百尺塔、高塔。

塔体的特殊内构也给外表增添了华彩。"砖锅"外缘内弯收分，形成塔壁的垂直内凹和塔檐的水平下凹，巧妙地把力学与美学融为一体，古建学上称之为"双凹"结构。这在我国现存高塔中实不多见。

高塔寺塔的塔藏佛教文物十分丰富，其瘗埋方式为我国古塔中的特例。从出土过程以及建塔碑铭的记载可知其特点如下：

1. 高塔寺塔没有"地宫"，却有十二层"天宫"。"天宫"中藏石函，石函藏银函，银函藏舍利

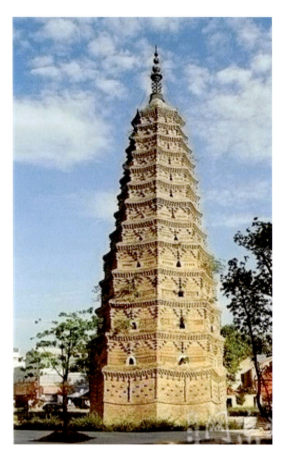

图7-1-14 黄梅高塔寺砖塔全景（图片来源：http://www.baohuasi.org/gnews/2008611/200861198302.html）

与多品供养物。"天宫"虽也见于外地古塔，但如此层层皆有，十分少。

2. 塔藏法、报、化三身舍利：法身舍利即华严经偈碑刻等佛教经典；报身舍利即古代高僧圆寂后留下的舍利、骨灰；化身舍利即高仅1厘米的微雕佛像一尊。这种瘗埋方式，为研究北宋时期中原地区塔瘗埋葬制度提供了鲜见的实物资料。

3. 出土文物中的微雕木佛像弥足珍贵，是为镇塔之宝。

六、黄梅四祖寺众生塔

众生塔又称鲁班亭，位于黄梅县大河镇四祖寺西北的破额山腰。相传为古代建筑师鲁班所修筑，因此也称鲁班塔、鲁班亭（图7-1-15）。众生塔建于北宋哲宗元符二年（1099年），现已被列为全国重点文物保护单位。

众生塔为麻石仿木结构的亭式塔，塔基平面为正六边形，六角单檐攒尖顶，边长3米，高6.7米，塔身转角柱为六棱形，南面设正门，其余五面隔有石墙壁，柱间设球文格眼窗，枋上置粗壮豪放斗栱出檐，瓦面用圜和石板迭铺，中置宝盖、莲钵和宝珠塔顶刹。整个塔的形式，朴实厚重，用材丰硕浑厚，轮廓圜和优美。

塔室中有椭圆形球状小石塔，高2.25米。下设六面体须弥座，束腰部各面刻有动物图案，造型生动（图7-1-16）。北面外壁下部的陡石板上刻有塔志。

七、黄梅五祖寺释迦多宝如来石塔

释迦多宝如来石塔坐落在黄梅县五祖寺，在其东山南麓一天门北侧小山坡上（图7-1-17）。五祖寺建于唐永徽五年（公元654年），是中国禅宗第五代祖师弘忍的道场，也是六祖慧能得法受衣钵之圣地，被御赐为"天下祖庭"。释迦多宝如来石塔塔身建于北宋宣和三年（1121年），故此塔又名宣和塔。1956年，释迦多宝如来石塔被湖北省政府公布为湖北省文物保护单位，现为全国重点文物保护单位。

释迦多宝如来石塔由素面灰色砂粒岩石砌成，共五层八方，高5.1米，底层高0.8米，宽3米，砖石仿木结构，楼阁式塔，塔基为正方形，边长1.9米，塔基为莲瓣束腰须弥座，束腰处饰以壸门，转面设挺拔劲健的托塔力士一尊，庄严肃穆，栩栩如生（图7-1-18、图7-1-19）。座上置塔身，形如立鼓，其南面凿佛龛，内供佛像端坐，龛右镌刻"释迦多宝如来石塔"八字，左刻募化建塔人姓名及"宣和三年辛丑岁二月十六日"。其上为山花蕉叶式出檐，每层形制结构基本相同。最上层设莲瓣宝盖，盖上有覆钵和宝珠顶刹。塔体端庄稳重，雕刻秀雅玲珑。

图7-1-15 黄梅四祖众生塔全景（图片来源：华中科技大学民族建筑研究中心提供）

图7-1-16 黄梅四祖众生塔小石塔（图片来源：华中科技大学民族建筑研究中心提供）

图7-1-17 释迦多宝如来石塔全景（图片来源：华中科技大学民族建筑研究中心提供）

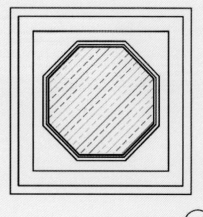

图7-1-18 释迦多宝如来石塔平面图（图片来源：湖北省文物局）

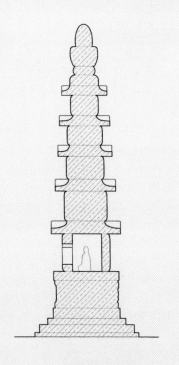

图7-1-19 释迦多宝如来石塔剖面图（图片来源：湖北省文物局）

八、武昌洪山无影塔

洪山无影塔，又名兴福寺塔，俗称无影塔，为宋代佛塔，位于武汉市武昌区洪山公园内，楼阁式塔，八角七层，塔高11.25米，须弥座基础，一、三、五、七层檐下均设四铺作斗栱，二、四、六层檐下则不施斗栱，塔内中心有一16厘米宽的砖砌方形竖洞，自上直通塔下，至第一层扩大成长56厘米、宽60厘米的方形小室，用于塔心柱的设置（图7-1-20~图7-1-22）。洪山无影塔是武汉地区现存最古老的石塔，现为全国重点文物保护单位。

九、武昌蛇山胜像宝塔

胜像宝塔又名宝像塔、白塔，俗称孔明灯，为元代石塔。它位于武汉市武昌区蛇山黄鹤楼前，是覆钵式塔（图7-1-23）。胜像宝塔原在武汉市武昌蛇山黄鹤楼故址前的黄鹄矶头，1955年修建武汉长江大桥时，拆迁至蛇山西部、京广铁路跨线桥旁。1984年该塔迁入黄鹤楼公园西大门入口处内，位于黄鹤楼正前方约159米、白云阁以西433米处，是黄鹤楼故址建筑群保存最古老、最完整的单体建筑，1956年被湖北省人民委员会列为省级文物保护单位，现为全国重点文物保护单位。

胜像宝塔是西藏佛教密宗的佛塔，也是最早从印度传入中国的一种佛塔类型，译名"宰堵波"（梵文Stopa），故又称喇嘛塔。藏传佛教的萨迦派在元代被尊崇为国教，随着元人政治势力传入内地，这种塔型也传入内地。北京阜成门内的妙应寺塔是元代全国最有代表性的密宗佛塔，而胜像宝塔的式样与它基本相同。

胜像宝塔通高9.36米，宽5.68米，采用外石内砖方式砌筑，以石砌为主，内部塔室使用了少量的砖。塔座周围分别雕以云神、水兽、莲花、羯摩杆等花纹和大书梵文。

胜像宝塔的塔体内收外展、遒健自然，整体造型由基座向上逐渐收缩，尺度愈缩愈小，其轮廓线条大体呈三角形，庄重持稳，具有浓厚的端庄美。塔的外观分为座、瓶、相轮、伞盖、宝顶五部分。宝顶为合金材料制成。

十、武穴太白湖郑公塔

郑公塔又名椿山塔，为元代砖塔，位于武穴太白湖。该塔是八角七级楼阁式塔，塔高约19米（图7-1-24）。每层均设有塔檐，用砖仿做的挑檐

图7-1-20 武昌洪山无影塔全景（图片来源：华中科技大学民族建筑研究中心提供）

图7-1-21 武昌洪山无影塔基座（图片来源：华中科技大学民族建筑研究中心提供）

图7-1-22 武昌洪山无影塔砖雕（图片来源：华中科技大学民族建筑研究中心提供）

图7-1-23 蛇山胜像宝塔全景（图片来源：华中科技大学民族建筑研究中心提供）

图7-1-24 武穴太白湖郑公塔全景（图片来源：湖北古代建筑）

檩枋、椽子和勾头滴水。空筒式塔身，塔内分七层（图7-1-25）。仅第七层塔檐下有砖作斗栱。其塔刹为葫芦串式，铜铸。塔表面为清水砖，不施粉饰。武穴太白湖郑公塔现为全国重点文物保护单位。

十一、武昌洪山宝塔

洪山宝塔又名灵济塔，宝通塔，元代佛塔，位于武汉市武昌区洪山南麓宝通禅寺后的山坡上，为湖北省重点文物保护单位。

宝塔始建于元至元十七年（1280年），是为纪念开山祖师灵济慈忍大师所建，又名灵济塔。明成化二十一年（1485年），塔随寺改名为宝通塔。因坐落洪山，后人又称洪山宝塔。

洪山宝塔为七级楼阁式塔，砖石仿木结构，通高44.1米，内石外砖，由下而上逐层收分，塔基宽37.3米，顶宽4.3米，每层在相对方位开设门窗，沿塔基圆门内石阶盘旋而上，可直达顶层，有"数峰天外塔上塔"之誉（图7-1-26）。登塔远眺，两山对峙，二水分流，三镇英姿尽收眼底。

据志书记载：宝塔原建时每层外围均有木质飞檐和护栏，塔下周围为砖木结构的围廊，每层八角坠以风铃，设计之精巧，工程之浩大，实为鄂中第一（图7-1-27）。后来在多年的风雨侵蚀中累加修补。清朝同治十年（1871年）又进行了大规模的重修工程，至同治十三年（1874年）才完工，为了长久保留，将原木质飞檐改为石

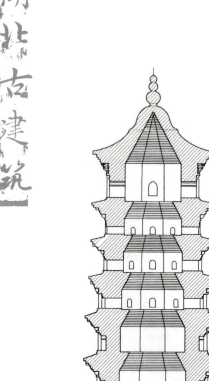

图7-1-25 武穴太白湖郑公塔剖面图（图片来源：湖北古代建筑）

图7-1-26 武昌洪山宝塔塔身（图片来源：华中科技大学民族建筑研究中心提供）

图7-1-27 武昌洪山宝塔石雕（图片来源：华中科技大学民族建筑研究中心提供）

图7-1-28 襄阳多宝佛塔全景（图片来源：华中科技大学民族建筑研究中心提供）

图7-1-29 襄阳多宝佛塔塔铭（图片来源：华中科技大学民族建筑研究中心提供）

制，易木栏为铁栏，塔下围廊改为八方石阶。塔顶照原样增高五尺，且用文笔峰式铸铜6500公斤结顶，以求永固。"文革"中，洪山宝塔无人保护遭到破坏，宝塔条石有些脱落，各窗铁栏大部分锈损，6500公斤铜塔尖濒于倒塌。

十二、襄阳多宝佛塔

多宝佛塔为明代砖塔，位于襄阳城西广德寺内，于1988年被列为全国重点文物保护单位。

该塔为金刚宝座式塔，塔高约17米，分塔座和塔身两部分。塔座高约7米，平面呈八边形，东、西、南、北四面石砌拱门（图7-1-28）。正门南向，门卷上壁龛内有坐佛一尊，上方门额刻"多宝佛塔"四字（图7-1-29）。塔座中心有一八角形听式塔心柱。四面壁龛置坐佛。背面甬道一侧辟石阶可登座顶。塔身部分由五座小塔组成，以中间一座喇嘛塔为主，周围四塔为辅。

十三、荆州万寿宝塔

万寿宝塔为明代砖石塔，位于荆州市沙市区荆江大堤象鼻矶，立于长江边。该塔为明蕃第七代辽王朱宪㸅遵嫡母太妃毛氏命，为嘉靖帝祝寿祈祷而建。该塔于1956年被湖北省人民政府公布为全省第一批重点文物保护单位，为荆州的标志性建筑之一，现已被列为全国重点文物保护单位。

万寿宝塔通高40.76米，八面七层，楼阁式砖石仿木结构（图7-1-30）。塔基八角各有一汉白玉力士为砥柱（图7-1-31）。塔内一层正中有接引佛

图7-1-30 万寿宝塔全景（图片来源：华中科技大学民族建筑研究中心提供）　　图7-1-31 万寿宝塔基座（图片来源：华中科技大学民族建筑研究中心提供）

一尊，身高8米，肃然威严，塔体内外壁嵌佛龛，共有汉白玉坐佛87尊，神态各异，造型逼真。部分塔砖烧制独特，呈正方形，图文并茂，品类繁多，计有花卉砖，浮雕佛像砖，满、藏、回、蒙、汉五种文字砖共2347块。塔砖来自全国8省16个州府县，均为各地信士所敬献。塔身中空，内建石阶，可盘旋而上至各层，每层向外洞开四门；依门俯瞰远眺江流城廓，美不胜收。塔顶为葫芦形铜铸镏金，其上刻有《金刚经》全文，是不可多得的珍稀文物。

十四、钟祥文峰塔

文峰塔坐落在湖北省钟祥市郢中镇古城东西隅的龙山之巅，它别具风采，像竖立的毛笔，直插云霄，颇具文采之风，故而得名。龙山面临镜月湖，背倚古城，西与元佑宫毗邻，东连绵绵群山。登龙山瞰四周，奇情美景美不胜收。

文峰塔原名白乳高僧塔，始建于唐僖宗广明初年，现存文峰塔为明代砖塔（图7-1-32）。该塔距今已有610多年的历史，1956年被列为湖北省第一批文物保护单位，现为全国重点文物保护单位。

关于唐代的白乳高僧塔，有如下记载："塔在弥勒院（龙山报恩寺前身），昔黄巢戮一僧，刀方加，白乳流出，巢异之。邦人敬礼，累土为浮屠。"明洪武二十三年（1390年）该塔重建为圆形实心砖石塔，塔式独特，通体雪白。覆钵式塔，塔高约22米。由塔座、覆钵、相轮、宝盖和刹顶五部分组成。

塔身由下而上逐级递增呈二十一重圆环形，宝盖为铜质三层圆盘，上嵌三个"元"字。塔基呈递缩八边形；上为覆钵，似倒扣的佛家法器——盂钵；相轮二十一递缩，每层檐下设类似斗栱的砖饰；顶部为三个铜质圆形宝盖，四周悬挂铜铃（图7-1-33）；刹刹一柱嵌三元，象征"三元及第"（图7-1-34）；地宫中珍藏着佛教珍物："佛像一尊、辟支佛舍利二颗、柏达师舍利二十颗、碧峰师灵骨一枚。"

十五、郧县铁山寺塔

铁山寺塔是明代砖塔，位于十堰市郧西县罗汉寨下的店子镇铁山寺村，为省级文物保护单位（图7-1-35）。

铁山寺塔为六角密檐楼阁式砖塔，现有五层位于地面之上，其余陷于地下，地面至顶端有9.7米。飞檐层层翘起，每层檐下用青砖构件仿木砌成圆柱、额枋和斗栱，每面设壁龛，龛内浮雕佛像（图

图7-1-32 钟祥文峰塔全景（图片来源：华中科技大学民族建筑研究中心提供）

图7-1-33 钟祥文峰塔顶部（图片来源：华中科技大学民族建筑研究中心提供）

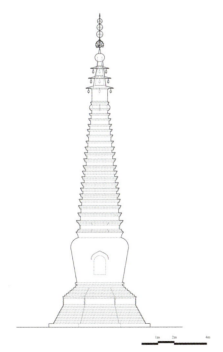

图7-1-34 钟祥文峰塔立面（图片来源：华中科技大学民族建筑研究中心提供）

图7-1-35 郧县铁山寺塔全景（图片来源：华中科技大学民族建筑研究中心提供）

图7-1-36 郧县铁山寺塔局部（图片来源：华中科技大学民族建筑研究中心提供）

图7-1-37 丹江口龙山宝塔远景（图片来源：华中科技大学民族建筑研究中心提供）

7-1-36）。除顶层外，各六边均有一象征性小拱门，高0.62米，宽0.40米。门上横梁半栱飞檐，顶端双吻扣背，各面皆有牡丹变形的纹砖，沿边缘组成连接前边的图案，精美而秀丽。

十六、丹江口龙山宝塔

龙山宝塔因镇龙免水患而得名，又名文笔塔。该塔位于丹江口市土台乡，为清代风水砖塔，始建于清光绪二十五年至三十二年（1899~1906年），是湖北省文物保护单位（图7-1-37）。

龙山宝塔为楼阁式，单筒塔身，塔高11.5米，直径6.5米，为外三层六面砖木结构的建筑（图7-1-38）。塔顶为六角攒尖顶，远看像一支拔地而起、屹立山顶的毛笔，故称文笔塔（图7-1-39）。底层前后开门，二、三层开窗（图7-1-40）。塔内设有木梯，旋转而上，可直达塔顶。站在塔上，远眺武当山天柱峰，可一览"天柱晓晴"胜景；向下俯瞰丹江口水库，烟波浩渺，碧蓝如翡翠，湖光山色尽收眼底。

因龙山宝塔踞崖临江，常处于云雾之中，形成著名的古均州八景之一"龙山烟雨"。"龙山烟雨"是指龙山上的一种奇特自然景观，每当天气将要发生变化时，龙山上便升腾起袅袅烟雾，这就预示雨天即将到来。其时山如烟雾中腾龙，塔似海市之蜃楼，如仙境一般。如今，龙山宝塔仍在，而均州城却沉入"湖"底，宝塔成了老均州人凭吊均州城的唯一地方。

十七、恩施连珠塔

连珠塔，为清代砖石塔，始建于清道光十二年（1832年），位于恩施市五峰山之巅，因依托山高之势及其南清江大峡口之峻险而气势宏伟（图7-1-41）。该塔坐东向西，占地总面积7700余平方米，为湖北省文物保护单位。1983年经重点维修后，于同年底正式对外开放。

连珠塔位于连珠寺庭院之中，塔前有石牌坊。古塔八角七级楼阁式砖石塔，占地面积250平方米，共分7层，通高34.8米，内有螺旋石梯129级，由第一层可至第七层。

整个塔唯第一层最为高大，其下半部及基脚全部为巨大条块青石砌成弥座塔基，每角设托塔力士。四面设门，拱形大门高4.5米、宽2米，石门柱及门额上雕刻有麒麟及龙、凤、鱼、人物等图案、花饰，镌刻对联一副："七级庄严人际风云瞻气象，五峰卓秀天开图画助文明"（道光十一年岁辛卯七月施南府知事吴式敏撰并书）。圆锥顶藻井花饰鲜明，正中原供奉佛像，每层叠涩出檐。

图7-1-38 丹江口龙山宝塔塔身（图片来源：华中科技大学民族建筑研究中心提供）

图7-1-39 丹江口龙山宝塔全景（图片来源：华中科技大学民族建筑研究中心提供）

图7-1-40 丹江口龙山宝塔窗洞（图片来源：华中科技大学民族建筑研究中心提供）

图7-1-41　恩施连珠塔远景（图片来源：华中科技大学民族建筑研究中心提供）

塔内依墙设旋梯，从第一层至第七层有石级盘旋而上，可至塔顶，越往上越窄越陡，除第五层只有3个门外，其他各层均有4个高1.8米、宽0.6米的拱形门，向东南、东北、西南、西北四方打开，供游客登高远望。在第七层中央，有一根大木柱将塔刹撑起。

塔刹由7颗大锡珠重叠而成。8个塔角上各雕刻天王大力士一尊，面目狰狞，敞胸露腹，或蹲或站，双手上托，造型各具特点，无一雷同（图7-1-42）。每层塔原各有8个铜风铃，七层塔共有56个。当起风时，风铃嗡嗡直响，声音洪亮，城内居民及塔周附近农户都能听见，但如今风铃已不存。塔周基遍刻海水、莲花纹样，隐喻"佛生于莲，莲生于海"的佛经故事。

图7-1-42　恩施连珠塔全景（图片来源：湖北古代建筑）

十八、荆门东山宝塔

东山宝塔为清代风水砖石塔,位于荆门城东的东山上(图7-1-43)。隋文帝开皇十三年(公元593年),由天台山国清寺住持高僧智者禅师主持建造,距今已有1400余年的历史。千百年来,东山宝经历多次维修,塔内数十块碑石,刊刻了它的修缮历程。解放战争中,国民党飞机曾炸毁塔顶南面一角。1955年,由湖北省人民政府拨款修复,现为湖北省文物保护单位。

东山宝塔为砖石结构,楼阁式塔,八角七级,通高33.3米,底部周长30.6米。塔基由青条石筑起,各角设托塔力士,雕有八尊托塔金刚石像,威武刚毅、神态逼真(图7-1-44);其上七层飞檐,八棱跷脚,隔面设窗,单、双层对错;攒尖式的塔顶直插云霄。塔内每层小室可供登塔者小憩。底层西部辟门,室内有螺旋式青石阶梯直上顶层。

十九、宜昌伍家岗天然塔

伍家岗天然塔为清代风水石塔,位于宜昌城区长江北岸,与江南的葛道山对峙。该塔俗称"宝塔",附近一条支流也因之称宝塔河。相传该塔最初建于晋代,是一座典型的风水塔。1992年12月,天然塔被湖北省人民政府公布为省级文物保护单位。现在其周边建有天然塔公园(图7-1-45)。

现存天然塔为清乾隆五十七年(1792年)重建,为八角七级砖石结构楼阁式高层古建筑,壁内折上式结构塔,历经200多年,依然如故(图7-1-46)。塔呈八棱锥柱形,底直径14米,7层,高45米,全塔共有斗栱256朵,石阶140级。底层四面有门洞,可沿石阶盘旋而上,其余六层四面皆有一小门,可远眺江上风光。塔顶装饰着铜宝瓶,四面挂铃,塔檐下有斗栱装饰,塔底有雕刻的八大金刚

图7-1-43 荆门东山宝塔全景(图片来源:华中科技大学民族建筑研究中心提供)

图7-1-44 荆门东山宝塔石雕(图片来源:华中科技大学民族建筑研究中心提供)

图7-1-45 宜昌伍家岗天然塔远景（图片来源：http://blog.sina.com.cn/s/blog_62d7f2f20100m4d1.html）

图7-1-46 宜昌伍家岗天然塔全景（图片来源：湖北古代建筑）

托塔，造型生动。塔门面对长江，横额右匾上刻着"天然塔"和"大清乾隆五十七年"字样，镌有二龙戏珠彩云图，两边对联："玉柱耸江干巍镇荆门十二，文峰凌汉表雄当蜀道三千"。

二十、黄梅五祖寺乞儿塔

清代石塔乞儿塔，位于黄梅五祖寺山门之外，飞虹桥旁（图7-1-47）。虽然难以确定乞儿塔具体的建造年代，但从塔身砌石风化程度和塔身造型来看，应早于民国时期建造的五祖大满宝塔，但亦不会在元代之前。

乞儿塔为覆钵式塔，高约4米，塔下部为石砌三层方形须弥座，须弥座上石砌方形折角塔座，四层叠涩外展，下部正中刻佛印"卍"字，上部为圆形莲座承覆钵塔身。塔身正面中间设龛，顶部为石刻五重相轮加宝珠串组塔刹，现为全国重点文物保护单位。

二十一、利川南坪凌云塔

凌云塔，位于湖北省恩施土家族苗族自治州利川市南坪乡，是一座六角七层楼阁式空心石塔。该塔占地25平方米，高约14米，底边长2.14米（图7-1-48）。它始建于清道光七年（1827年），在如膏书院建成后而落成。塔身斑驳，便仍俱一股浩然之风，锲而不舍之势。

该塔为宝塔形塔刹，底层开门，两侧行书楹联"撑天剑气连齐岳，拔地文星映少微"，两侧壁嵌"塔志"、"建塔年月"塔铭各一方，后两侧面开长方窗；二至五层六面分别开六角形、方形及圆形窗，二、三层东南方窗上嵌石匾一方，分别行书"凌云塔"、篆书"霞蔚云蒸"；六、七层无窗。凌云塔为湖北省文物保护单位（图7-1-49～图7-1-52）。

二十二、利川团堡宜影塔

宜影塔位于恩施土家族苗族自治州利川市团堡镇境内，建于清咸丰年间。塔旁有一汪碧波荡漾的湖水，像一颗绿宝石镶嵌在群山之中，当地人称作"野猫水"。塔在湖中投下美丽的倒影，与之相映成趣，故称"宜影塔"（图7-1-53）。该塔现为湖北省文物保护单位。

宜影塔共七层，为典型的六面七角翘檐式砖石结构塔，现存六层，残高9.5米，塔座边长1.5米，

图7-1-47 黄梅五祖寺乞儿塔全景(图片来源:华中科技大学民族建筑研究中心提供)

塔幢、牌坊、桥梁及其他

图7-1-48 利川南坪凌云塔全景（图片来源：华中科技大学民族建筑研究中心提供）

图7-1-49 利川南坪凌云塔石雕（图片来源：华中科技大学民族建筑研究中心提供）

图7-1-50 利川南坪凌云塔石匾（图片来源：华中科技大学民族建筑研究中心提供）

图7-1-51 利川南坪凌云塔内景（图片来源：华中科技大学民族建筑研究中心提供）

轮廓分明，布局合理（图7-1-54）。塔门两边高大的条石上镌刻着一副遒劲有力的对联"一色长天高捧日，五更沧海倒凌霄"，横批为"宜影塔"。

宜影塔历经百年沧桑，"文化大革命"中遭到破坏，塔顶又被雷击。由于长期缺乏管理和维修，塔上面几层已长满杂草和小树，多处裂缝透出光亮。最下层托起整个塔身，由于长期浸泡在湖水中，受湖浪冲击已出现倾斜，有的地方还出现下沉，亟待保护与修缮。

二十三、利川团堡培风塔

培风塔位于恩施土家族苗族自治州利川市团堡镇，建于清道光二十六年（1846年）冬。培风塔为利川保存较好的三塔之一，与团堡中学隔水相望，团堡河如玉带环绕于下，风景秀丽。

此塔是团堡籍清末文人倡议所建，得到施南府利川正堂吴人彦、利川儒学正堂廖升等文人学士的鼎力支持，以及高僧、民众的捐款和赞助。该塔的

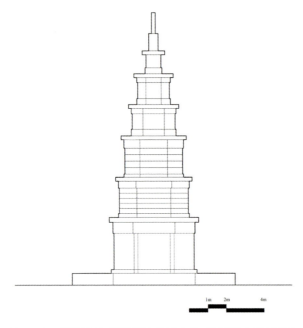

图7-1-52　利川南坪凌云塔立面图（图片来源：华中科技大学民族建筑研究中心提供）

图7-1-53　利川团堡宜影塔远景（图片来源：华中科技大学民族建筑研究中心提供）

图7-1-54　利川团堡宜影塔全景（图片来源：华中科技大学民族建筑研究中心提供）

序文精彩描写了塔的四周美景，并点出修塔的目的是为培植团堡文风。当时文人和石匠均题诗于其上，至今字迹可辩。

该塔为六角七层楼阁式砖石塔，通高13米，基座边长1.98米（图7-1-55）。底层西面辟门，高1.88米，宽0.87米。壁外精细雕刻着楹联、诗文和序言，还有渔樵耕读花草等细腻图案。塔门额上正楷阴刻"培风塔"三字，每字大约20厘米见方，石门上刻渔樵耕读浮雕，楹联"绝顶高超联紫气，层梯稳步接青云"，行书洒脱，笔锋稳健（图7-1-56）。该塔现为湖北省文物保护单位。

第二节 牌坊

一、秭归屈原故里坊

屈原故里坊，为清代木牌楼，原位于秭归归州镇，现因三峡水库兴建而搬迁至秭归茅坪凤凰山，现已是全国重点文物保护单位的组成部分之一。

牌坊明间的楼匾双面皆书有郭沫若先生题写的"屈原故里"四字，牌坊的左边立有清代"楚大夫屈原故里"、"汉昭君王嫱故里"石碑。

故里坊主体部分保存完好，该牌坊在峡江地区湖北四县内，无论在建筑造型，结构形式、雕刻及脊饰

图7-1-55 利川团堡培风塔全景（图片来源：华中科技大学民族建筑研究中心提供）

图7-1-56 利川团堡培风塔入口（图片来源：华中科技大学民族建筑研究中心提供）

等方面都是首屈一指的，最有特点的是吻、垂脊、正脊、勾头、滴水全部由碎瓷片粘贴而成，非常精致。

故里坊为四柱三间三楼，庑殿顶，灰筒板瓦屋面，建筑高约7米，面阔5.2米，明间2.7米，次间1.25米（图7-2-1）。柱前后有抱鼓石，灰筒瓦屋面。

牌坊屋顶为灰瓦顶，在明间设通柱两根，根子两侧均设有夹杆石，柱子直接承托脊部檩枋，下层明间处为硬山顶，用木板封护，在各檐下设挑梁，下层挑梁下和角部设撑栱，各挑梁处设有前后和山面额枋，额枋与挑梁相交。檐部不设斗栱，以挑梁代替，在额枋上设檩条，在角部平行相交，角部设有老角梁、翘角梁和隐角梁，角部两侧均有升头木。在各檐部只设连檐，不设瓦口，顶部设扁方椽子，在前后与山面的各连檐里约10～15厘米处设隔板，隔板外椽头明露，两椽间为底板瓦，而隔板以内，在两檐空档处用木板封护，从下边看不到上部瓦件（图7-2-2、图7-2-3）。

在各檐部封护板以内为干摆瓦做法，不设望板与望砖，而在封护板以内各椽挡用木板封顶，从下边看不到上边瓦件，起到一定的视觉效果，底瓦上部施滚拢筒瓦。

正脊上图案为简单的富贵不断图，正脊两端施有鱼形吻，中间有超过吻高的宝瓶，宝瓶两侧各有小兽一个，宝瓶下部为六角形、厚约7厘米的平板，瓶身为三个圆形组成，顶部为一瓶形。各角部翘起，为典型的江南做法。各脊、吻、挑角外部均粘有瓷片。

牌坊有上下两额枋，额枋间，上施斜花格棂条

图7-2-1 秭归屈原故里坊远景（图片来源：华中科技大学民族建筑研究中心提供）

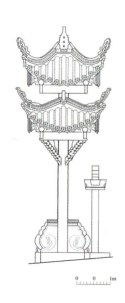

图7-2-2 秭归屈原故里坊侧立面（图片来源：湖北省文物局）

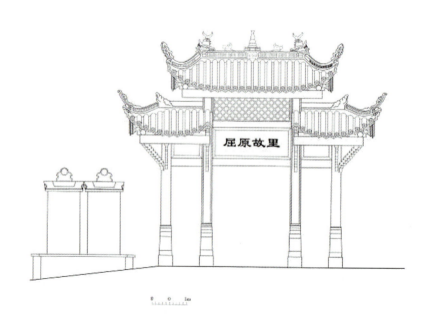

图7-2-3 秭归屈原故里坊正立面（图片来源：湖北省文物局）

装饰，下为走马板。按现存卯口推断额枋下原应安有雀替，现已遗址失。次间额枋上施走马板。

二、武当玄岳门

玄岳门牌坊，明代石牌坊，位于丹江口市武当山北麓，建于明嘉靖三十一年（1552年）。它为武当山第一道"神门"，被称为"仙界第一关"，即武当道教界定"仙界"与"凡间"的一个界碑。玄岳门牌坊正中镶嵌的"治世玄岳"的匾额由嘉靖皇帝朱厚熜御赐。其意以大岳太和山为五岳之冠，以北极玄武镇守北方。

玄岳门高12米，宽12.36米，是四柱三间五楼仿木石构建筑，它代表着道教所信仰的"五城十二楼"（图7-2-4）。额枋、阑柱分别以浮雕、镂雕和圆雕等手法，刻有仙鹤游云和八仙人物故事。枋下有鳌鱼雀替相对，卷尾支撑。顶饰鸱吻吞脊，其间饰以各种花卉图案，镂镂精巧。整个造型非常高大宏伟，古朴雄浑，予人以壮丽中有柔美飘逸之感，堪称明中叶石雕艺术精品（图7-2-5）。玄岳门为全国重点文物保护单位。

三、咸丰荆南雄镇石坊

雄镇石坊建于咸丰荆南雄镇，建于明朝天启三年（1623年）。它是为纪念唐崖宣慰使覃鼎，奉调出征，战功卓著，明王朝所赐建的石牌楼。

石牌楼正面和背面镌刻着有天启年间四川总督朱燮题写的"荆南雄镇"、"楚蜀屏翰"八个醒目大字（图7-2-6）。牌楼各构件，如飞檐翘角、鱼龙吻兽、屋顶瓦面、斗栱、象头雀替等，制作精良（图7-2-7）。现为全国重点文物保护单位。

四、钟祥元佑宫廷禧坊

钟祥元佑宫廷禧坊，建于清同治四年（1865年）。它位于元佑宫前宫门西侧，其东侧原有保祚坊与之相对，保祚坊现已毁。

延禧坊为木结构，四柱三间五楼，庑殿琉璃瓦顶（图7-2-8）。檐下施以精巧的斗栱，中楼置四攒五昂十一踩斗栱，左右夹楼施二攒五踩斗栱，两边楼上施四攒四昂九踩斗栱。此牌坊结构合理，造型优美，具有很高的艺术价值，现为全国重点文物保护单位。

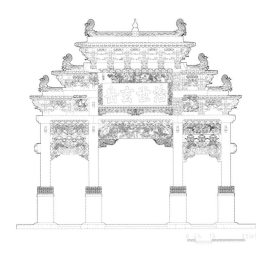

图7-2-4 武当玄岳门正面（图片来源：华中科技大学民族建筑研究中心提供）

图7-2-5 武当玄岳门正楼细部图样（图片来源：华中科技大学民族建筑研究中心提供）

图 7-2-6 咸丰荆南雄镇石坊正面（图片来源：华中科技大学民族建筑研究中心提供）

图 7-2-7 石坊细部（图片来源：华中科技大学民族建筑研究中心提供）

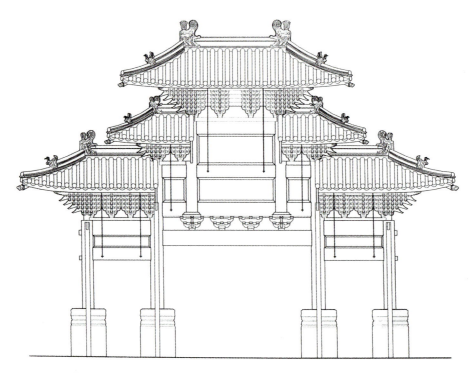

图7-2-8 钟祥元佑宫廷禧坊正立面（图片来源：华中科技大学民族建筑研究中心提供）

五、钟祥洋梓镇花山村汪氏贞节牌坊

钟祥洋梓镇花山村汪氏贞节牌坊建于清乾隆十二年（1747年），为表彰该村汪氏的贞节德行而建。牌坊位于一座民房后微微隆起的土包上，大部分被树遮掩（图7-2-9）。

汪氏贞节牌坊为四柱三间五楼仿木结构清灰石牌坊（图7-2-10～图7-2-12）。牌坊坐北朝南，通体为青石结构，高5.4米，宽5米，六柱三门，三层建筑。上层歇山式青石顶下有两块青龙装饰的石雕框，前面刻有"恩荣"，后面刻有"敕建"字样，牌坊中间是一块长方形的青石板，正面刻有"旌生儒童生王瑜妻汪氏之"的娟秀文字。上款刻有主持修建的"湖北巡抚晏斯盛、湖北提督学政吴嗣爵、安襄郧道分守王概、安陆府正堂黄家申、钟祥县儒学教渝郑家夔"等各级官员的姓名。落款为"大清乾隆十二年（1747年）岁次丁卯中秋月"。两侧各有一座文官石雕像，背面是汪氏的生卒日期及生平事迹。牌坊的下层为门额，两侧门宽0.7米，中门宽1.1米，门额正面刻有双龙戏珠，背面刻有双凤朝阳的精美图案。该坊现为湖北省文物保护单位。

图7-2-9 钟祥洋梓镇花山村汪氏贞节牌坊全景（图片来源：华中科技大学民族建筑研究中心提供）

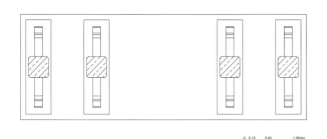

图7-2-10 钟祥洋梓镇花山村汪氏贞节牌坊平面图（图片来源：华中科技大学民族建筑研究中心提供）

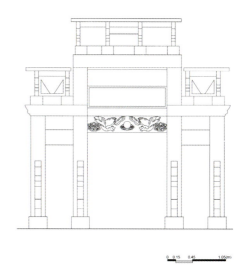

图7-2-11 钟祥洋梓镇花山村汪氏贞节牌坊立面图（图片来源：华中科技大学民族建筑研究中心提供）

图7-2-12 钟祥洋梓镇花山村汪氏贞节牌坊细节（图片来源：华中科技大学民族建筑研究中心提供）

六、钟祥市中山镇中山村节孝可风坊

钟祥市中山镇中山村节孝可风坊，位于钟山镇中山村碾盘山西，建于清宣统元年（1909年），为表彰常氏丧夫后恪守妇道、尊老抚幼的功德而建。该坊现为湖北省文物保护单位。

节孝可风坊为四柱三间五楼仿木结构青灰石牌坊，五重檐硬山顶，六柱三门，上下三层（图7-2-13、图7-2-14），通高8.76米，宽6米，深2.8米。明间上层梁枋刻"旌表"，下层梁枋刻坊名、建坊者及时间。

坊上刻有浮雕福禄寿三星、太上老君、八仙过海、龙、凤、仙鹤，精细生动，栩栩如生。牌坊柱子旁边有石狮、石象把守（图7-2-15）。整个牌坊气势恢宏、巍巍壮观。石坊上方刻有"节孝"二字，中层横额刻有"钟祥县儒童魏元善之妻常氏之坊"，下层横额和两旁竖档上分别刻有"节孝可风"和"钤今"、"湖广总督郭堂赵、湖北提学使司高"及"钟祥县儒童魏元善之妻常氏立、大清宣统元年喜月吉日建"等字样，字迹古朴苍劲。刻的浮雕石狮、石象、龙凤、人物等图案，图像生动，雕艺精湛。长期被雨淋的部分，颜色偏深。

七、荆门蔡氏节孝坊

荆门蔡氏节孝坊位于荆门市仙居乡三泉村，修建于清乾隆十二年（1747年），监生廖世熏为其母蔡氏所建。

四柱三间仿木结构牌楼式石坊，宽5.58米，高6米（图7-2-16）。中坊正面楷书"旌表儒士廖恺发妻廖氏节孝"字样，背面楷书"闺中完人"。方柱上部及枋额浮雕吉祥图案（图7-2-17）。

图7-2-13 钟祥市中山镇中山村节孝可风坊全景（图片来源：华中科技大学民族建筑研究中心提供）

图7-2-14 钟祥市中山镇中山村节孝可风坊正面（图片来源：华中科技大学民族建筑研究中心提供）

图7-2-15 钟祥市中山镇中山村节孝可风坊细节（图片来源：华中科技大学民族建筑研究中心提供）

八、钟祥张集镇牌坊村东王氏节烈坊

钟祥张集镇牌坊村东王氏节烈坊，始建年代不详，于清乾隆四十四年（1779年）重建。

王氏节烈坊为四柱三间五楼仿木结构青灰石牌坊（图7-2-18）。通高4.5米，宽4米。上层额枋楷书"恩荣"，中层额枋行书"节烈坊"及建坊原因和时间。

图7-2-16　荆门蔡氏节孝坊侧面（图片来源：华中科技大学民族建筑研究中心提供）

图7-2-17　荆门蔡氏节孝坊石雕（图片来源：华中科技大学民族建筑研究中心提供）

图7-2-18　钟祥张集镇牌坊村东王氏节烈坊遗迹（图片来源：华中科技大学民族建筑研究中心提供）

九、钟祥少司马坊

钟祥少司马坊，位于钟祥县城古兰台右侧，修建于明万历九年（1581年），由兵部侍郎少司马曾省吾主持建造。

少司马坊为四柱三间五楼仿木结构青灰石牌坊，庑殿顶，通高11米，宽9.9米。明间屋檐下设斗栱，次间斗栱之间用两块镂空的花纹板支撑。柱脚正面蹲狮，以代替抱鼓石，形制奇特（图7-2-19）。梁枋上镂空浮雕二龙戏珠、凤凰、牡丹、松鹤、麒麟、鲤鱼等图案。次楼前后壁均作"八字"门。主楼门额嵌"少司马"、"恩荣"等字样石匾。柱脚处有抱鼓石和石狮、象。少司马坊现已搬迁至钟祥市博物馆大门前，为湖北省文物保护单位。

十、阳新县浮屠镇陈献甲坊

陈献甲坊位于阳新县浮屠镇陈献甲墓，建于明代。该坊坐东朝西，面积约300平方米，封土用石块垒砌而成。墓前有石牌坊、石桌、石几。墓碑四周用石块雕刻各种动物图案，连接墓前牌坊（图7-2-20、图7-2-21）。陈献甲坊为湖北省文物保护单位。

图7-2-19 钟祥少司马坊（搬迁后）（图片来源：华中科技大学民族建筑研究中心提供）

图7-2-20 阳新县浮屠镇陈献甲坊（图片来源：华中科技大学民族建筑研究中心提供）

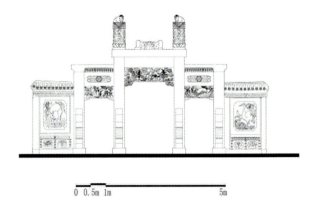

图7-2-21 阳新县浮屠镇陈献甲坊前门牌坊立面（图片来源：华中科技大学民族建筑研究中心提供）

十一、罗田河铺镇吴氏节孝祠牌坊屋

吴氏节孝祠（图7-2-22），位于罗田河铺镇古人墩村吴家湾前，始建于明代。砖木结构，四檐有彩绘花纹，祠内竖碑碣一块，为青石磨制，碑文保存完好。"牌坊屋"作为一种特殊的建筑形式，是将牌坊与房屋组合为一体的建筑。它利用牌坊的构架，按牌坊的规格建造，在立面上增添装饰性构造，如增加牌匾和横枋，使层数增高等，使房屋主立面保持了牌坊的精美和纪念性，是一种节材节地的灵活的做法[①]。

吴氏节孝祠入口（图7-2-23）为牌坊形式，元代所建，四层，全由条石架砌，石上有龙凤浮雕，高5.12米，宽4.52米。庄严古朴，现保存完好（图7-2-24）。为湖北省文物保护单位。

图7-2-22 罗田河铺镇吴氏节孝祠（图片来源：华中科技大学民族建筑研究中心提供）

图7-2-23 吴氏节孝祠入口牌坊（图片来源：华中科技大学民族建筑研究中心提供）

图7-2-24 吴氏节孝祠抱鼓石（图片来源：华中科技大学民族建筑研究中心提供）

十二、唐家垄牌坊屋

唐家垄牌坊屋位于通山县通羊镇唐家垄，建于清同治六年（1867年），占地面积仅30余平方米，但牌坊的式样却非常正式（图7-2-25）。牌坊为青石梁柱，三间三楼，嵌于这座硬山顶的小屋正立面上，与房屋融为一体。从牌坊上的铭文看，这是一座"节孝"坊。楼檐下为砖制如意斗栱，中间最高处悬挂"皇恩旌表"的石雕牌匾，其下就是石刻阳文"节孝"两个大字（图7-2-26）。字匾两侧还有人物故事彩墨灰塑，格调雅致。当心间上下额枋表面均有精美的砖雕。房屋入口开在当心间，门墩为抱鼓石样式。整个牌坊屋汇聚砖雕、石艺、灰塑和彩墨绘画于一体，有较高的艺术价值。

图7-2-25 唐家垄牌坊屋全景（图片来源：华中科技大学民族建筑研究中心提供）

图7-2-26 唐家垄牌坊屋细部（图片来源：华中科技大学民族建筑研究中心提供）

十三、株林牌坊屋

株林牌坊屋位于通山杨芳林乡株林村。这座三间牌坊与住宅合为一体的牌坊屋,建于清光绪年间(图7-2-27)。

从依稀可辨的石制牌匾上,还可以看出"旨皇恩旌表"、"节孝坊"以及"冰清"、"霜操"等字样。三层横枋均有砖雕或彩墨灰塑。凸出墙面的立柱皆以青砖砌筑,抹灰粉刷后即为牌坊立柱的形象。当心间开门,石门框用料硕大,作方形石门墩。株林牌坊屋现已搬迁至黄陂木兰湖湖北明清建筑博物馆内,为湖北省文物保护单位。

图7-2-27 株林牌坊屋(图片来源:华中科技大学民族建筑研究中心提供)

十四、宝石牌坊屋

通山宝石村的牌坊屋,其"牌坊"事实上已简化到仅为有上部牌坊式样的门罩。立面上已无"皇恩旌表"字样,只是房屋厅堂里还一块红漆木牌记录宣统皇帝的御批:"宣统辛亥年"、"旌表节孝准予建坊"、"儒士舒朴夫之妻陈氏立"。牌坊为五间三楼式,但六根立柱皆不落地,因此这个牌坊屋更像是一个放大了的垂花门。三组坊楼檐下有砖制如意斗栱,次、梢间额枋做成扇面月梁式样。枋间墙体以六边形龟背锦面砖贴饰。当心间大门石过梁较为讲究,有4个凸起的圆形石刻象征门簪,门下有方形石门墩(图7-2-28、图7-2-29)。

图7-2-28 宝石牌坊屋远景（图片来源：华中科技大学民族建筑研究中心提供）

图7-2-29 宝石牌坊屋近景（图片来源：华中科技大学民族建筑研究中心提供）

第三节 桥梁

一、通城灵官桥

通城灵官桥又名招贤桥，宋代所建，位于通城县九岭乡灵官桥村。黄庭坚第八代孙黄子贤始建于南宋景定五年（1264米），清乾隆年间乡绅杨品乾、杨明显、杨子常主持大修。该桥西北至东南向跨陆水上游支流。

灵官桥为单孔石拱桥，长20米，宽4.5米，孔跨12.5米。拱券纵联砌置，桥面中部平，两端为石阶（图7-3-1、图7-3-2）。桥拱上壁嵌石匾，楷书"大清道光四年黄师洞夏江源黄家山三门整"、"……黄子贤修此招贤桥"。灵官桥现为湖北省文物保护单位。

图7-3-1 通城灵官桥桥面（图片来源：华中科技大学民族建筑研究中心提供）

图7-3-2 通城灵官桥（图片来源：华中科技大学民族建筑研究中心提供）

二、黄梅灵润桥

黄梅灵润桥俗名花桥，元代单孔石桥，位于黄梅四祖寺，建于元至正十年（1350年）。东西向跨破额山前出水口岩泉溪。

灵润桥为单孔石拱桥（图7-3-3），长15米，宽4米，孔跨7.35米。上建单檐悬山顶凉亭，四柱五间，两端设五花门和山花八字墙。东端券拱内侧麻石上印刻楷书100余字，记建桥经过和时间。清代桥上建有廊屋，木构梁架，小青瓦屋面。廊屋两端为砖砌的八字牌楼门。灵润桥现为全国重点文物保护单位。

三、武汉江夏南桥

武汉江夏南桥元代石桥，始建于元至正九年（1349年），清康熙三十六年（1697年）修葺。现位于武汉市江夏区贺站镇大屋湾。东西向跨南桥港。

南桥为单孔石拱桥，长36.7米，宽6.3米，孔跨6.9米。桥身外表砌以红砂石板，内以石块和黄土填充，大石板平铺桥面（图7-3-4）。券顶中部镌有"至正九年"字样，桥西南面嵌"康熙三十六年"青石碑1个。桥拱券底面中部刻有"至正九年己丑春江夏南一力鼎"字样。南桥现为湖北省文物保护单位。

图7-3-3 黄梅灵润桥全景（图片来源：华中科技大学民族建筑研究中心提供）

图7-3-4 武汉江夏南桥全景（图片来源：华中科技大学民族建筑研究中心提供）

图7-3-6 武当剑河桥（图片来源：《湖北古代建筑》）

四、嘉鱼下舒桥

嘉鱼下舒桥为元代石桥，位于嘉鱼县舒桥镇大屋陈村。县志载，至正元年（1341年）由嘉鱼知县李夔主持修建。西北至东南向跨舒桥港。

下舒桥为单孔石拱桥，长11米，宽3.4米，孔跨4.5米。拱券纵联砌置（图7-3-5）。现为湖北省文物保护单位。

五、武当剑河桥

武当剑河桥又名天津桥，明代桥梁，位于武当山的剑河上，建于明永乐十一年（1413年）。

剑河桥为三孔石拱桥，桥长52米，宽9.4米，高约9米，中孔跨距9.6米，变孔跨距6.7米。桥面有石望柱栏板，刻镌精细（图7-3-6～图7-3-8）。现为全国重点文物保护单位。

六、黄梅飞虹桥

黄梅飞虹桥建于清代，位于黄梅县五祖寺山门前，东西向跨山溪（图7-3-9）。

飞虹桥为单孔石拱风雨桥，长33.65米，宽5.16米，孔跨12.5米。石板桥面起七间凉屋，单檐悬山顶，木质护栏。两端设砖砌牌坊式门楼，额仿

图7-3-5 嘉鱼下舒桥近景（图片来源：华中科技大学民族建筑研究中心提供）

图7-3-7 武当剑河桥剖面（图片来源：华中科技大学民族建筑研究中心提供）

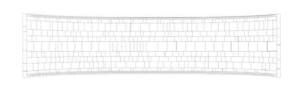

图7-3-8 武当剑河桥平面（图片来源：华中科技大学民族建筑研究中心提供）

高浮雕麒麟、莲花等图案。南、北门额分别嵌"放下着"、"莫错过"石匾。落款为"蕲州郡庠生王万彭领众士敬献"、"世孙当山方丈醒之修新重修"。飞虹桥现为全国重点文物保护单位。

七、嘉鱼净堡桥

嘉鱼净堡桥为清代桥梁，位于嘉鱼县烟墩乡静宝村，元元统年间由静宝寺僧人张绍忠募化始建，清光绪三十三年（1907年）重修。东南至西北向跨峡港（图7-3-10）。

净堡桥为单孔石拱桥，长60米，宽4米，孔跨8米。拱券纵联砌置，阶梯状桥面。拱顶两侧分刻"净堡桥"、"万古千秋"，内壁刻"光绪三十三年岁次丁未吉立"。净堡桥现为湖北省文物保护单位。

八、通城南虹桥

通城南虹桥为清代石桥，位于通城县黄袍镇大虹村。因形若长虹，坐落塘湖之南而名。建于咸丰七年（1857年）。东北至西南向跨陆水上游支流（图7-3-11、图7-3-12）。

南虹桥为五孔石拱桥，长64.5米，宽5.3米，五孔等跨，孔跨8.2米。拱券纵联砌置，桥面两侧设石护栏。中间两墩各嵌"南虹桥"、"渡江春"石

图7-3-10 嘉鱼净堡桥（图片来源：华中科技大学民族建筑研究中心提供）

图7-3-9 黄梅飞虹桥全景（图片来源：华中科技大学民族建筑研究中心提供）

图7-3-11 通城南虹桥近景（图片来源：华中科技大学民族建筑研究中心提供）

图7-3-12 通城南虹桥全景（图片来源：华中科技大学民族建筑研究中心提供）

图7-3-13 通山刘家桥（图片来源：华中科技大学民族建筑研究中心提供）

图7-3-14 通山刘家桥桥面（图片来源：华中科技大学民族建筑研究中心提供）

匾1方。南虹桥现为湖北省文物保护单位。

九、通山刘家桥

通山刘家廊桥，架在白泉河上，为独孔拱形石桥，为湖北省文物保护单位。

桥上盖有廊亭，廊亭内梁，雕有龙凤八卦图，青瓦盖顶（图7-3-13）。两侧桥身用青砖建起两米高的方孔花格拦护墙，墙内置有长凳（图7-3-14）。

昔时，桥东头设有炉灶和木制茶桶，一年四季，村民轮番烧茶水，免费供行人饮用。

第四节　其他

一、巴东县信陵镇秋风亭

巴东县信陵镇秋风亭清代纪念建筑，位于巴东城关，始建于北宋太平兴国三年（公元978年），明正德年间迁现址，于清康熙初年（1661年）、嘉庆二十一年（1816年）、同治五年（1866年）、光绪二十四年（1898年）修缮维护。秋风亭为纪念曾任巴东县令的北宋政治家寇准而建。

该亭建筑面积146平方米，占地面积234平方米。为四角方亭，方形石砌台基，重檐歇山灰瓦顶，砖木结构。灰筒瓦屋面，亭内有木楼梯可至二层，高10余米，四壁设隔扇（图7-4-1）。因三峡工程，秋风亭已搬迁至新址，现为湖北省文物保护单位。

二、长阳盐井寺河神亭

长阳盐井寺河神亭实为义渡碑，为清代纪念建筑，位于长阳渔峡口镇龙池村，坐西朝东。

河神亭是六角三层楼阁式石亭，底边长1.8米，

图7-4-1 巴东县信陵镇秋风亭（图片来源：华中科技大学民族建筑研究中心提供）

图7-4-3 襄阳王府绿影壁（图片来源：华中科技大学民族建筑研究中心提供）

图7-4-2 长阳盐井寺河神亭（图片来源：《湖北古代建筑》）

通高6米，角檐飞挑，蹲兽柱础，三层塔式顶。下层两柱浮雕盘龙，四柱刻对联。亭中嵌乾隆十一年（1746年）石碑，高1.98米，宽0.86米，厚0.16米；碑文楷书，12行325字，记录了盐井寺得名由来，以及新修文昌玉皇阁的经过与寺庙田产范围（图7-4-2）。河神亭现为湖北省文物保护单位。

三、襄阳王府绿影壁

襄阳王府绿影壁为原明襄阳王府门前影壁，是明代的王府建筑，位于襄阳襄城区南街，始建于正统五年（1440年）。崇祯末年，农民军李自成曾在该王府称帝，国号"大顺"，后被农民军张献忠率部焚毁，现仅存绿影壁。

绿影壁坐北朝南，四柱三间仿木结构石壁，面宽26.2米，厚1.6米，高7.6米。须弥座，庑殿瓦顶。以绿矾石做壁心。汉白玉石镶边。影壁中间略高于左右，中间壁心有浮雕"二龙戏珠"，左右壁心各浮雕"巨龙腾云"。两山面壁心分别雕以山水等图案。柱、枋及瓦当上有龙纹浮雕（图7-4-3）。绿影壁现为全国重点文物保护单位。

注释

① 李晓峰. 湖北建筑集粹——民居篇. 北京：中国建筑工业出版社，2006.

湖北古建筑

第八章 建筑营造与装饰

第一节 大木技术

中国传统的井干、穿斗、抬梁三种木构在湖北均有体现，只是井干式木多见于鄂西和神农架地区的建筑和一般附属建筑和小型构筑物（如谷仓、畜栏等），因而湖北地区大木技术主要的代表还是穿斗和抬梁。

大木技术主要表现在梁架结构、用材、构件和节点等方面，是建筑的主要承重结构系统。梁架结构是传统木构建筑主要的结构形式，即一组梁架的柱、梁与檩及穿枋等横向连接构件的组合形态，是一般"大木作"的主体部分。在构筑形制上区分为大木大式建筑和大木小式建筑。大式建筑主要在殿宇等高等级官式建筑中运用，通常为抬梁式构架，并采用斗栱、吻兽等构件。大木大式主要用于坛庙、宫殿、苑囿、陵寝、城楼、府第、衙署和官修寺庙等组群的主要殿屋等。小式建筑主要用于民宅、店肆等民间建筑和重要组群中的辅助用房，属于次等级建筑，通常无斗栱和吻兽装饰。大木小式则主要是厅堂式构架或墙承式结构等民间的做法。在湖北古建筑中，厅堂式构架被广泛运用于庙宇和民间建筑，也部分运用于官式建筑，例如武当山的部分明代单体建筑等。在民间建筑中，鄂西南地区大量采用穿斗式结构体系，而在鄂西北及鄂东地区通常有抬梁、穿斗和墙承式结构混搭使用，往往明间为抬梁，次间、梢间为穿斗，而山面则为墙承檩桁，故有"硬山搁檩"之称。在抬梁式民间建筑中，则以等级最低的单斗雀替、斗口跳等较为普遍。

一、大木大式

湖北遗存有丰富的明代建筑群，如武当山皇家道教建筑群、明显陵等陵寝建筑群、荆州三观等。因未见更早的大木大式建筑遗存，因此这几处明代建筑可以作为湖北的官式建筑大木做法的代表，而略去历时性的湖北大木技术发展演变过程的描述。

大木大式的结构基本上采用抬梁结构，但结构的复杂程度、用料大小，尤其是边帖和翼角（转角）等的处理与建筑的平面分槽有着密切的关系。现存的湖北古建官式做法中平面形式主要有分心槽、双槽、金厢斗底槽等。分心槽主要见于山门建筑等，如明楚王墓建筑群的山门（分心槽）。双槽多见于规模不大的大殿，如武当山遇真宫真仙殿。金厢斗底槽见于较大的主体建筑，如武当山紫霄宫大殿，还有的呈副阶周匝的平面形式。

较之宋营造法式，明代大木技术可谓"重新秩序化"[①]，湖北遗存的明代大木大式建筑也充分反映了这种特点。除了受时代风尚的影响之外，也继承了宋元旧法，在结构与工艺方面显示了极高的水平，主要特点包括柱梁体系的简化与改进。在明代大式建筑中，穿插枋、随梁枋的运用已经比较普遍。现存的官式建筑的屋顶剖面设计多为"举架"法，即先做折法而后得出举高，整个屋盖高跨比不是整数比，而各架椽的斜率则常常是整数比（有时是整数加0.5之比）。由于算料方便，举架法终于取代了宋元营造中的举折之法。

1. 殿式结构

中国古建筑常以其优美、灵动的造型特征给人以深刻印象，这一特征在明代以前的木构建筑中表现尤甚，而此效果产生的原因之一就是巧妙地使用了侧脚生起。

在中国古代官式建筑大木构架中，立柱根据所处的不同位置常采用侧脚及生起的做法。所谓侧脚，按宋《营造法式》规定："凡立柱并令柱首（即柱头）微收向内，柱脚（即柱根）微出向外，谓之侧脚。"侧脚的处理无疑对建筑整体结构的稳定性起重要作用。所谓生起，又可分为檐、角柱生起和脊槫生起，前者即指檐柱自心间向角柱逐渐加高，后者是指脊槫（或檩）上的生头木向脊槫外端逐渐加厚的处理。宋《法式》中对于各柱侧脚的数值均有明确规定。但至明代以来这种做法却渐趋减弱，湖北现存的明代官式建筑中立柱有的有侧脚及生起，尤其是早期建筑遗存，如位于武当山脚下的遇真宫大殿、矗立在高台上的荆州三观等。在湖北地区遗存的明代后期至清代建筑中，有大量实例不遵循此法。原因或在于两方面：其一，从结构体系上看，大木构架各层之间由于采用穿插枋、随梁枋等构件使得排山构架的联系更趋直接，联系构件的使用加强了整个木构架的整体稳定性；其二，从加工技术上看，明代在榫卯加工技术上有较大发展，在一定程度上加强了构架的整体联系。随着大木技术的发展，追求实用简便以利施工的目标必然促成构造的简化②。

2. 斗栱

随着构架技术的发展与变化，明代建筑在用材制度上逐渐摒弃了宋代的材份制，其斗栱用材取值显著减小，成为后世采用的斗口模数制的开端。③在斗栱用材等级划分中，其斗口等级也有明显的规律，成为明代采用斗口模数制的一个重要指征④。有理由相信，明代斗栱栱件的用材大小取值也是基于方便施工取料的目的。

因明代木构技术也在发展变化，不同时期的斗口取值也有较大差异。前期建筑斗口用材通常分为七个等级，如武当山遇真宫真仙殿的斗口取值11.5厘米，折合营造尺3.6寸，属于二等材（图8-1-1）。

以武当山道教建筑为代表的湖北明代官式建筑，其斗栱除了铺作层降低、真昂在柱头铺作消失、材分减少等以外，还呈现一些时代特点，主要体现在镏金斗栱的形成与发展方面。镏金斗栱，是明初出现的一种特殊的斗栱类型，指檐下两柱头间，与金桁相联系的一类斗栱。它自檐柱中线以外，与普通斗栱完全相同；中线以里，耍头、连撑头、桁椀及各层挑斡后尾，都在后面特别加长，顺着举架的角度向上斜起秤杆，承托上一架的桁或檩；各层秤杆之间，横着安栱或三福云、麻叶云头，直着用伏莲销销在一起的一种特殊斗栱。镏金斗栱被认为是由早期具有结构作用的下昂演化而来。与其后清代建筑不同，在明代早期建筑中，镏金斗栱的起秤杆在檐下有着明显的结构平衡作用。武当山明代早期宫观的镏金斗栱可见到下昂延伸至

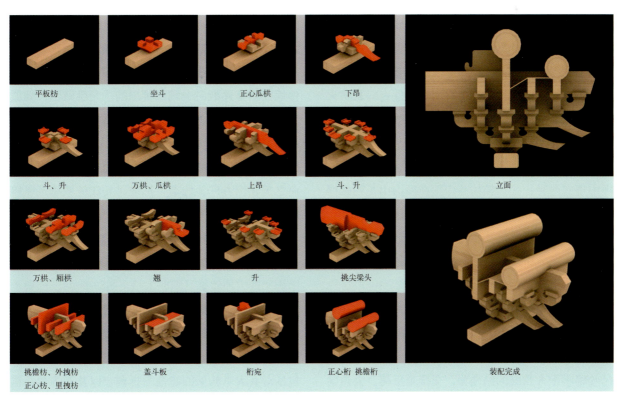

图8-1-1　遇真宫斗栱①（图片来源：华中科技大学民族建筑研究中心提供）

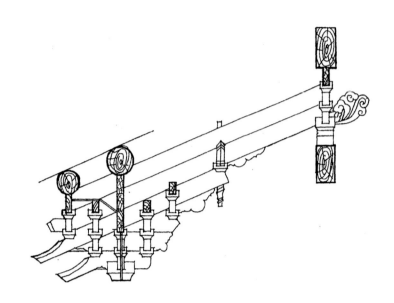

图8-1-2 湖北武当山紫霄宫大殿下檐平身科侧样（图片来源：《明代官式建筑大木作》）

起秤杆，为同一组构件，即为真昂镏金斗栱。如紫霄宫大殿以及遇真宫大殿（已毁），就使用了具有一定结构意义的真昂镏金斗栱（图8-1-2）。

3. 屋顶形式

湖北官式建筑遗存中，重檐歇山未定为最高等级，如武当山紫霄宫大殿、宜昌黄陵庙等，其次为单檐歇山、悬山、硬山以及攒尖顶。

至明代，硬山顶在中部地区基本普及，官式建筑中也渐增。硬山顶的产生有两个条件：一是防火要求提高。人口密度的提高促成了建筑密度的提高，从而对防火提出了要求。二是砖材的普遍使用，使得墙体的高度较易增加。从现存遗构来看，硬山墙有两种：一为模仿悬山顶在硬山山花处做博风。一为封火山墙，使局部或全部山墙高出屋面，或呈阶梯状，谓之马头山墙，或呈弧形，谓之观音兜，湖北民间称之为"衮龙脊"或"猫拱背"。

4. 翼角做法

关于翼角的做法，在湖北明代官式建筑遗存中也颇有特点。在北方，多数明代建筑的翼角沿用隐角梁法，即在平缓的大角梁中部向上斜置一段截面尺寸略小于大角梁的隐角梁，交接至平槫。大角梁做法也较灵活，有时置于抹角梁上，或置于顺梁之上，有时悬出抹角梁作垂莲柱状。隐角梁法至近代一直沿用。

隐角梁法使北方建筑的翼角在外形上具有寓柔于刚的雄伟气势，而在南方地区多沿袭宋法，大角梁置于平槫之上或微微下落，与平槫相嵌。为防止倾覆，将出檐减小，同时保持较宽的廊步，以保证大角梁的后端长度不小于整个翼角悬臂端尺寸。另一种做法，如湖北当阳玉泉寺大殿采用了多层木构件逐一相叠逐渐向上翘起挑出的子角梁做法，颇似后来的嫩戗发戗。此法可以产生错觉，以比较小的冲出值与高高翘起的形象使人误认为翼角远远飞出，同样解决角梁缩短带来的问题，它所创造的柔曲之美在南方广为传播，形成了长江流域建筑风格的一个要素⑤。

5. 综合案例——武当山遇真宫

武当山遇真宫大殿（即真仙殿），为三开间抬梁构架歇山顶建筑（图8-1-3、图8-1-4）。该殿于2003年因火灾被焚毁。其后华中科技大学研究团队以1990年测绘资料为蓝本，对这座明代早期官式建筑的典例进行了虚拟复原研究（图8-1-5）。其中包括对其大木构架的建模与拆解，以及对各类斗栱构件的拆解分析。

(1) 大殿大木构架的搭建和拆解。包括：三间七架抬梁式排山的搭建、歇山两山构架的搭建、整体"装配"成完整屋身大木构架系统。遇真宫大殿歇山之两山构造较有特点，并非清式建筑中常用的"踩步金"梁架的做法。事实上根本就没有"踩步金"这个构件，而是采用上桁下枋替代"踩步金"的作用，山面椽尾直接搭在两山金桁上。而下部的两山金枋正好用于承载两山镏金斗栱起秤杆之尾部。这种做法使得在斗栱与金桁的关系上，两山同正面一致，从而保证了室内周边屋架处理的完整性（图8-1-6）。

(2) 各类斗栱的拆解分析。遇真宫大殿主要斗栱有4类：柱头科、平身科、角科和隔架科（权按清式名之）。因隔架科斗栱相对简单，研究团队主要针对前三种斗栱进行建模，遇真宫大殿斗栱在武当山明代建筑斗栱中最具代表性。尤其平身科，是明代早期官式建筑中为数不多的真昂镏金斗栱之典例。华中科技大学在其复原研究中，通过精确建模，将其构造形式清晰地展现出来，可见到下昂延伸至起秤杆，与之为同一组构件，即为具有明显结构平衡作用的真昂镏金斗栱（图8-1-7）。

图8-1-3　20世纪80年代武当山遇真宫大殿外观（图片来源：华中科技大学民族建筑研究中心提供）

图8-1-5　武当山遇真宫大殿室内构架模型（图片来源：华中科技大学民族建筑研究中心提供）

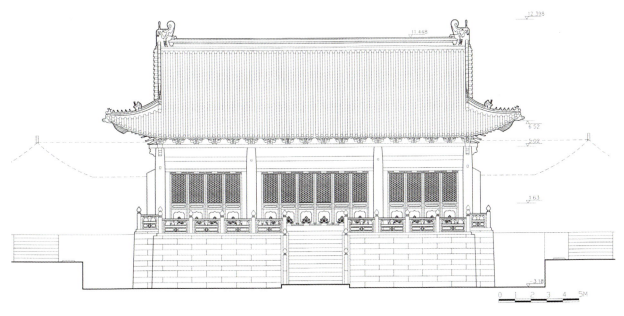

图8-1-4　武当山遇真宫大殿正立面测绘图（图片来源：华中科技大学民族建筑研究中心提供）

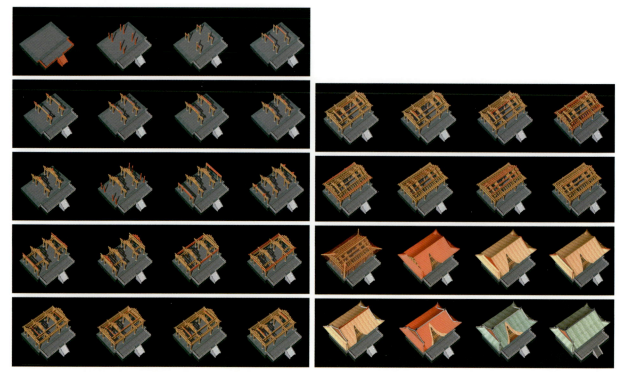

图8-1-6 武当山遇真宫大殿的搭建与拆解模拟图（图片来源：华中科技大学民族建筑研究中心提供）

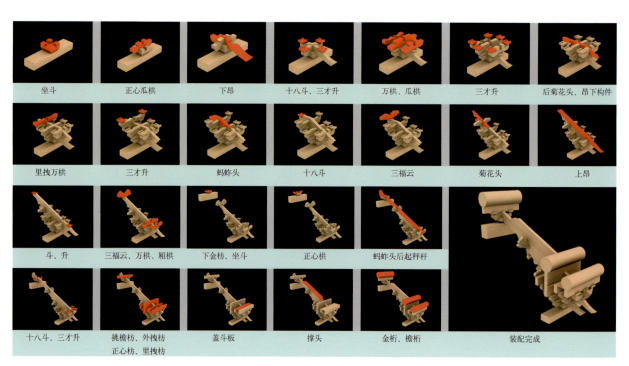

图8-1-7 武当山遇真宫大殿平身科搭建与拆解模拟图（图片来源：华中科技大学民族建筑研究中心提供）

二、大木小式

（一）梁架结构

如前所述，小式建筑主要用于民宅、店肆等民间建筑和重要组群中的辅助用房。湖北传统建筑中，大量的乡土建筑基本上为小式梁架结构，也存有一定量的楼阁式结构。但许多祠堂、大屋的开间常超出五开间，通进深也有多于七架的，有的局部还采用斗栱等构件，在屋顶形式上有使用重檐的，或采用筒瓦和琉璃瓦件，这些都超出了小式建筑的"规制"，但反而形成了具有地方特点的构造形式。湖北古建筑中小式建筑以砖木混合结构为主要结构体系，同样可以分为"抬梁式"（叠梁式）与"穿斗式"两大类型，亦有抬梁和穿斗相结合的结构形式，以及"穿梁式"（又叫插梁式）的结构方式。

1. 抬梁式

湖北各地民居中的堂屋或官厅（正厅），以及祠堂、会馆、戏台等，因其进深规模大，往往采用抬梁结构。抬梁式将整个进深长度的大梁放置在前后檐柱柱头上，大梁上皮在收进若干长度的地方（一步架）设置短柱（瓜柱）或木栱，或大斗，短柱顶端放置稍短的二梁，如此类推，在各层梁的两端和位于最上部的平梁中间的小柱上架檩，然后在最高的梁上置脊瓜柱或其他构件，最后再设置脊檩（图8-1-8）。抬梁式梁架中柱子相对较少，从而加大使用空间。但抬梁式对材料的要求也较高，木材

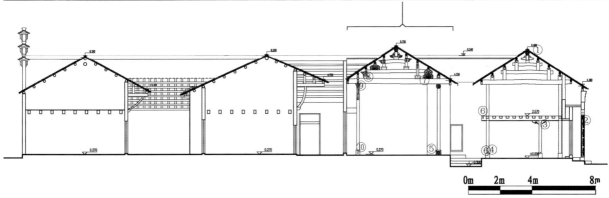

图8-1-8　罗田九资河新屋垸的梁架结构（图片来源：华中科技大学民族建筑研究中心提供）

也较为粗壮。

在纵向上，各榀屋架除由檩条拉接以外，檐柱柱头上有额枋连接，各檩条下面尚有通长的枋木和垫板连接，共同构成整体框架。这种构架方式的，木构件之间虽然无受力木构件榫卯，但是在厚重的屋面荷载重压之下，各构件紧连在一起，可形成稳定的整体。

一般来讲，三架梁、五架梁的断面呈琴面，上下削平少许，常做成月梁的形式，梁端刻出卷曲线。瓜柱一般施雕刻，骑于梁上。尤其是前檐底层的穿梁（相当于额枋）亦做成肥大的月梁，以显示气派。梁、檩端部多以插栱承托，大的厅堂室内皆有天花吊顶。也有的抬梁式根据屋顶的高度和坡度特点而采取不同的变通做法，如竹溪县中峰镇甘家祠堂后屋的梁架（图8-1-9），有的为了调节屋顶坡度和室内进深，一架梁或三架梁采用抬梁，五架梁采用插梁式（图8-1-10），也有的在梁上既抬梁，又设驼墩等直接置檩（图8-1-11）。由此可以发现用于抬梁的构件形式变化丰富，有驼墩、坐斗、莲芯、花瓶、雕版等。

2. 穿斗式

穿斗构架是由柱子、穿枋、斗枋、纤子、檩木

图8-1-9　竹溪中峰甘家祠堂梁架（图片来源：华中科技大学民族建筑研究中心提供）

图8-1-10 英山陶家河安家新屋屋架（图片来源：华中科技大学民族建筑研究中心提供）

图8-1-11 燕厦碧水村谭氏宗祠（图片来源：华中科技大学民族建筑研究中心提供）

五种构件组成，又称"立帖式"。构架中檩条直接搁置在柱子上，每根檩条对应一个柱子，以不同高度的柱子直接承托檩条，有多少檩即有多少柱，如进深为八步架则有九檩九柱。檩条上再布椽，屋面荷载通过椽子传给檩条再直接传给柱。每排柱子之间再以横向的穿枋连接起来，形成一"榀"构架，穿枋只起联系作用，不承重。柱与柱的彼此联系为了便于安装板壁、夹泥等则用穿枋横穿过柱心，至出檐则变为挑枋，承托檐端。架数愈多，穿也愈多，普通有一穿、二穿、三穿，大房则多为四穿、五穿等。

各"榀"之间再以枋连接，从而形成一个整体的结构体系。穿斗式结构体系对基础要求不高，所用木料的尺寸也较小，便于施工又比较经济，而且对地形适应性极强，布置灵活，因此在原来临水、峡江或坡地应用比较普遍。鄂东南地区的官厅和祠堂正殿的边帖梁架多使用穿斗结构，普通民居的正帖、边帖梁架都以穿斗结构为主。所以说，穿斗式结构在鄂东南地区是一种民居的主要结构。通山县阮班托老宅堂屋正帖梁架就是穿斗式结构（满枋满瓜）。

穿斗式结构体系的形式有很多，一般可以分为"全柱落地式"（图8-1-12）和"局部柱落地式"（图8-1-13）两种。在鄂西和一些滨河峡江地带，或是有的山地，极具地方特色的"千柱（脚）落地式"即为"全柱落地式"。此种构架的檩条和柱子一一对应，并且每柱皆落地，故称"千柱落地"。有的穿枋穿出檐柱之后承托屋顶挑檐，此时的穿枋又具有挑梁的作用。穿斗式结构体系柱间以穿枋相联系，柱脚一般都垫石块或是条石以防潮。

从稳定性上讲，排柱架的横向稳定非常好，整排统穿在一起呈三角架不易变形，但纵向斗枋稳定性相对较差，且前后檐墙多为板壁或木装修，刚性较砖石、土墙差许多，故在南方常看到左右歪斜的穿斗架房屋，需用支顶。为克服这种缺陷，住户往往在两山部分加设披屋，有助于保持稳定。穿斗架

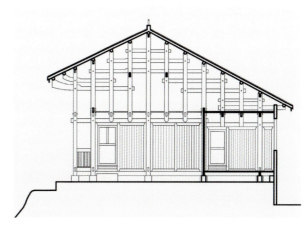

图8-1-12 湖北恩施彭家寨（图片来源：华中科技大学民族建筑研究中心提供）

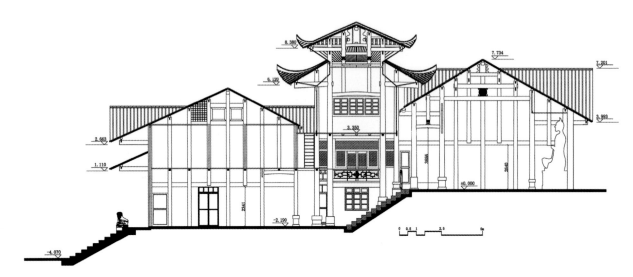

图8-1-13 湖北恩施三元堂（图片来源：华中科技大学民族建筑研究中心提供）

多为杉木，材直且防蛀。但用材细小，且柱身为通榫穿透多处，为了不损伤其承载能力，故穿斗架的构件皆为原木，不加任何雕饰。同时穿斗的结构方法也没有节点加强辅件，如替木、角背、撑木、雀替等，因此也无可供艺术加工的余地，所以整体感觉十分简洁轻快，结构艺术感极强（图8-1-14）。

穿斗架的架设方法也不同于抬梁式，由于有大量穿枋，斗枋须穿透多个柱身，无法在空中装配，所以整榀排柱架须在地面装配好，然后整体立起，临时支戗到位，再用斗枋将各榀屋架串连，最后架檩成为整体。正因为如此，穿斗架无法建造高大的房屋。

3. 穿梁式

穿梁式，又叫插梁式[6]，即是承重梁的梁端插入柱身（一端插入或两端插入）。与抬梁式的承重梁顶在柱头上不同，与穿斗架的檩条顶在柱头上，柱间无承重梁，仅有穿枋连接的形式也不同。具体讲，就是屋面檩条下皆有柱（前后檐柱及中柱或瓜柱），瓜柱骑在（或压在）下面梁的两端，而两端的瓜柱又通过插入其中的梁连接。顺此类推，最外端两瓜柱骑在最下端的大梁上，大梁两端插入前后檐柱柱身。虽然穿梁架形式上兼有抬梁与穿斗的特点（图8-1-15）。从稳定性角度看，插梁架显然优于抬梁架，因为它有多层次的梁柱间插榫，克服横向位移。为了加大进深，可增加廊步，以及用出挑插栱的办法，增大出檐。在纵向上亦以插入柱身的连系梁（寿梁、灯梁）相连，形成构架（图8-1-16）。

插梁架多用于鄂东大型住宅的厅堂或祠堂，空间宏阔，内部有时还有轩顶及天花顶，因此用料皆较粗大。为了增加艺术效果，显示财势，这类构架的雕饰皆极繁复，甚至红油金饰，色彩绚丽异常。较重要建筑的插梁架皆保留了斗栱的节点构造，有的加以艺术变形（如象鼻形）。而大梁、连系梁、随梁枋、瓜柱或坐斗皆是雕饰的重点，形式变异之丰富，远胜抬梁式。图8-1-17为湖北通山光禄大夫宅的插梁构架，大梁为七架梁，前檐步为扁作船篷轩，后檐步为茶壶档轩。

一般的插梁式为琴面的木梁穿插在蜀柱（立柱）之中，在湖北罗田的九资河镇新屋垸的官厅，穿梁为雕饰精美的拱形梁置在类似坐斗的构件上，并通过榫头与蜀柱（立柱）连接，而且拱形的梁下还有花牙子（图8-1-18、图8-1-19）。檩条（有的还有叠檩）通过斗栱等构件承在立柱端。也有的不论是抬梁式还是插梁式，都会采用一些类似托手、叉手或其他三角形（装饰）构件来加强构件的稳定

图8-1-14 湖北恩施吊脚楼（图片来源：华中科技大学民族建筑研究中心提供）

图8-1-15 插梁架（湖北罗田新屋垸祠堂）（图片来源：华中科技大学民族建筑研究中心提供）

性（图8-1-20）。

4. 组合式

湖北民间建筑中较少发现有全部使用抬梁架搭建的房屋，只是有某些民居中为了加大厅堂空间，在明间使用抬梁架结构体系，在次间、稍间仍采用穿斗式结构体系，这就形成了极具特色的穿斗与抬梁组合式结构体系，在湖北峡江地区比较突出。

还有一种穿斗抬梁组合方式就是在一榀屋架上兼有抬梁与穿斗的特点，如图8-1-21所示。这种结构方式就是避免房屋的柱子排列过密影响底层的使用，就将局部的柱子不落地，转而架在穿枋之上，这种就是"局部柱落地式"，此时的穿枋就起了梁的作用。它不仅具有以梁木承重传递应力的抬梁式特征，而且同时具有檩条直接压在柱头上、瓜柱落在下面梁木上的穿斗式原则。

图8-1-16 湖北阳新木港镇柯家老屋（图片来源：华中科技大学民族建筑研究中心提供）

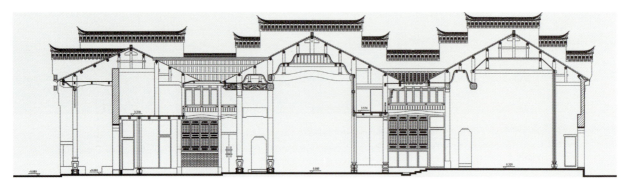

图8-1-17 湖北通山光禄大夫宅剖面（图片来源：华中科技大学民族建筑研究中心提供）

这种穿斗抬梁组合式不同于穿梁式，因为以梁承重传递应力是抬梁的原则；而檩条直接压在柱头上，瓜柱骑在下部梁上，又有穿斗的特色。这种组合方式没有通长的穿枋，其施工方法也与抬梁相似，是分件现场组装而成。有些建筑为增强稳定性，在大梁下边另加一道或两道插梁，使构架更为坚稳。从承载角度看，由于步架小（约80厘米左右），用料大，也是可靠的。虽然承重梁的入柱榫头较梁截面减少了三分之二，降低了端部抗剪能力，且杉木横纹抗剪能力极强，故也无大碍。从用料来看，插梁架较穿斗架提高很多。穿

图8-1-18 湖北罗田新屋垸雕花梁架（图片来源：华中科技大学民族建筑研究中心提供）

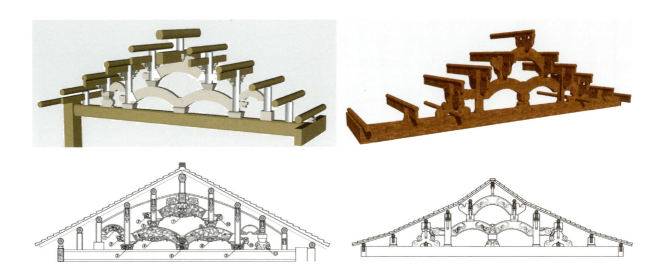

图8-1-19 湖北罗田新屋垸梁架详图（图片来源：华中科技大学民族建筑研究中心提供）

图8-1-20 湖北随州草店宋家大湾祠堂（图片来源：华中科技大学民族建筑研究中心提供）

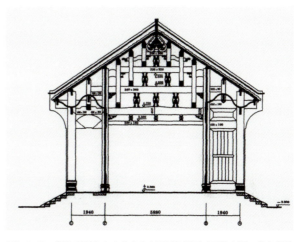

图8-1-21 湖北利川市大水井李氏宗祠厅堂剖面（图片来源：华中科技大学民族建筑研究中心提供）

梁架屋面檩位与各层托梁的端头位置并不一致。檩位坡度平缓，梁端位连线坡度陡峻，这样以使各层梁枋间隔舒展开来，有利于艺术加工，增强结构构件的艺术性。

土家民居按进深有三柱二骑（俗称尖刀架）、三柱四骑、三柱五骑、三柱六骑、三柱七骑、四柱五骑、四柱六骑、四柱七骑、四柱八骑、五柱七骑、五柱八骑、六柱六骑、七柱十二骑之别，其实某种意义上就是穿斗式或是抬梁、穿斗结合的形式（图8-1-22）。最常见的木构架形式有"三柱四瓜（骑）"、"五柱四瓜"和"五柱八瓜"。"三柱四瓜"采用5.6分水[7]；"五柱四瓜"采用5.7分水；"五柱八瓜"采用5.8分水。制作方法一穿至三穿枋分左右两截从檐柱向脊柱穿进而成；四穿至顶穿枋则各为整枋由脊柱向檐柱穿进而成。

与之相对应的为汉族地区广泛采用的梁架样式如表8-1-1。湖北的梁架结构虽然多样，但可按照类型将其归结为主要的四种：檐柱造（如表中的五架二柱、七架二柱）、金柱造（如表中的五架四柱）、中柱造（如表中的五架三柱、七架五柱、七架三柱），以及排柱造（如表中的五排柱）。在此基础上，匠师根据实际需要加以变化，发展了非对称

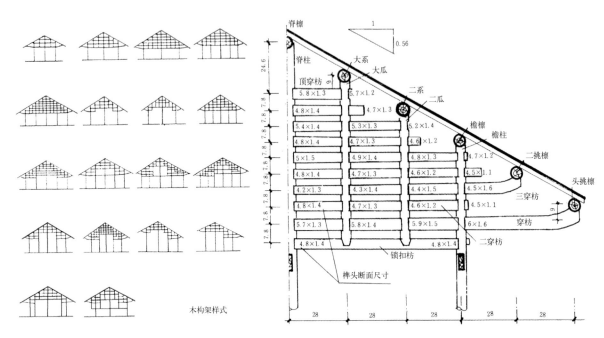

图8-1-22 湘鄂西土家族民居常见木构架样（图片来源：杨慎初《湖南传统民居》）

湖北地区的主要梁架结构（以鄂东南地区为主）　　　　表8-1-1

五架二柱	五架三柱	五架四柱（带前后廊）	五架三柱（带前廊）
用于两地普通民宅的明次间	用于两地普通民宅的明次间	用于两地普通民宅的明次间	用于两地普通民宅的明次间
五排柱	六架三柱（带前廊）	六架四柱（带前廊）	六架三柱（分大小室）
用于普通民宅的明次间	用于两地普通民宅的明次间	用于两地普通民宅的明次间	
七架五柱（可设前/后廊）	七架二柱（抬梁式）	七架三柱（可分前后室）	七架三柱加一步（可设前后廊）
用于重要建筑的次间和普通民宅的明次间	用于重要建筑和住宅厅堂的明间	用于重要建筑和住宅厅堂的明间	用于重要建筑和住宅厅堂的明间

的其他丰富的梁架样式，表中的五架三柱（带前廊）、六架三柱、六架四柱、七架三柱加一步。有的地方认为六架三柱分两间的形式不吉利，是不能作为坐南朝北房子的梁架结构的。

5. 墙承式

随着砖材的普及，在明代就出现了混合结构的新探索。湖北地区几乎不见用木构解决屋檐、平坐的悬挑问题的实例，但有以砖墙承重，使用木过梁和木斗栱，以木构解决简支和悬臂问题。通常呈硬山式，后墙无木柱，梁枋均插入砖砌体内。这种做法较普遍，称为"墙承式"，有的地方叫"搁墙造"。

6. 楼式梁架结构

所谓楼式梁架结构，主要有两种：一是在穿斗式（也有穿斗、抬梁结合的形式）的基础上分隔上下空间，增加楼层和使用面积。在一穿上皮，常用欠子（或称牵子，即糠枋）顺着檩子的方向联络着构架与构架。欠子上常铺楼板，板上作皮藏及隔冷热之用。有的根据地形可以局部架空或建成干阑式建筑。此类楼式结构有几种类型：（1）以底层大梁出挑插入上层悬挑的檐柱中；（2）以插栱由檐口向外挑出挂檐柱于其上，檐柱下再以具有斜撑作用的飞来椅支托；（3）两法相结合，双层出挑。

另一种是在硬山搁檩式的基础上，在山墙的中间高度搁置成排的檩条，上置楼板，形成楼层或阁楼（图8-1-23）。图8-1-24为湖北通山承志堂正堂的楼式屋架，图8-1-25为湖北阳新木港镇柯家老屋厢廊的楼式结构和楼梯。

楼面做法甚多，主要做法有两种：梁板式，此时板较厚；密肋式，此时板稍薄，此外，少许楼阁在木楼板上铺砖，添加火塘，如鄂西的少数民族民居。

（二）构架

1. 纵向受力构架

纵向受力构架除了上文谈及的抬梁、插梁式等构架外，在湖北地区还有几种比较有特点的出挑受力构架，譬如大刀梁、板凳挑、鳌鱼挑等。它们大都受力和构造原理相近，但形式变化多样，反映出鲜明的地域特点。

（1）船篷轩（卷）

"卷"语出《园冶》："前添敞卷，后进余轩，必用重椽，须支草架"。"卷者，厅堂前欲展宽，所以添设也。或小室欲异人字，亦为斯式，唯四角亭及轩可并之"。这里的卷并非卷棚屋顶，而是卷棚顶式的天花，江南今称之为"翻轩"。它是集结构

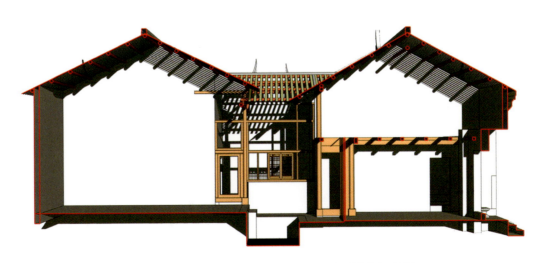

图8-1-23　硬山搁檩式楼屋（湖北麻城石头板湾）（图片来源：华中科技大学民族建筑研究中心提供）

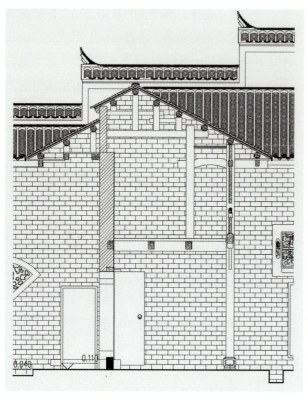

图8-1-24 通山承志堂楼式屋架（局部）（图片来源：华中科技大学民族建筑研究中心提供）

图8-1-25 湖北阳新木港镇柯家老屋（图片来源：华中科技大学民族建筑研究中心提供）

与装饰于一身的天花做法。

湖北的实例发现较大的府第和祠堂多在入口檐廊，或是天井四周檐柱采用"卷"，犹如"鹤（鹅）颈"、"船篷（轩）"，如英山段氏府第等。但像《营造法原》所载的"一枝香"、"菱角"、"茶壶档"等形式尚未见到。卷的产生除了空间上的连接、一些屋顶构造上避免天沟等技术原因外，还有另外一个社会原因，就是宅屋制度规定，使单栋民居只能沿进深方向发展，在进深变大、屋脊增高后，只有做天花才能降低过高的室内空间和屏蔽上部的黑暗，即《园冶》所谓"必须草架而轩敞，不然前檐深下，内黑暗者，斯故也"。《营造法原》中所述的"抬头轩"与"磕头轩"、"半磕头轩"多是与空间序列等相关的命名。

卷虽起天花作用，但不同于天花，天花是属于装修范畴，而多数的卷，上承草架，起了传递荷载的承重作用，在施工方面也不同于天花，是在立草架之前就要安装的。

（2）大刀梁（马头挑）

吊脚楼既是穿斗式结构的一种，又有别于普通穿斗建筑。图8-1-26三维剖视模型表明该栋吊脚楼呈L形，即典型的一正一厢式，厢房处地坪低于正房地坪，底层架空形成欹子，欹子周边檐柱有些不落地，形成托步檐柱或吊脚檐柱，它们的重量由落地檐柱间的纤子支撑，也有一部分由边柱间的枋出挑支撑，围欹子周边的纤子上铺木板，形成悬空走廊，走廊端头有短柱悬空，作为走廊栏杆的支撑构件，称为"耍起"，耍起与吊脚檐柱顶头均作球形或南瓜形垂花装饰，称为"耍头"，当地人也称之为"金瓜"。耍头因接近人视点，成为土家族建筑重点装饰的构件之一。

穿枋穿出檐柱后变成挑枋，承托挑檐，吊脚

图8-1-26 吊脚楼构架（图片来源：华中科技大学民族建筑研究中心提供）

楼由于檐口出挑较大，挑枋多为两层，成为"两重挑"：上挑较小，称为二挑；下挑较大，承受檐口的主要重量，称大挑。大挑多选用大树且自然弯曲的树干，以利于承重，大挑有时做成大刀状或马头形，因此也叫"大刀挑"或"马头挑"、"龙头挑"。大、小挑的出挑尺寸及弯曲状况对屋顶的坡度及檐口造型起着至关重要的作用（图8-1-27）。

（3）板凳挑

板凳挑，是土家族建筑的特色之一，张良皋教授撰文：板凳挑的构造来源序列——它是从欹子外的挑瓜柱，到檐下的"燕子楼"

图8-1-27 湖北咸丰三角庄吊脚楼的大刀梁（图片来源：华中科技大学民族建筑研究中心提供）

图8-1-28 板凳挑（图片来源：华中科技大学民族建筑研究中心提供）

挑瓜柱，演变为板凳挑的。也有土家族民居，把"两重挑"形式转变为"板凳挑"，即出挑大挑的枋下增加一个"夹腰"，夹腰水平出挑，上立短柱，称"吊起"。吊起顶头支檩，承担部分屋檐重量，大挑也穿过吊起，把部分重量透过吊起传给夹腰，再传给檐柱。这样吊起和夹腰共同承担了比二挑还要多的重量，使受力变得更加合理，但构造也更加复杂，吊起底下的吊头也和耍头一样，做成各种形状，成为土家族建筑的装饰重点（图8-1-28）。钦子、吊脚檐柱、两重挑、板凳挑、耍起、吊起、耍头、吊头等，成为土家族吊脚楼的重要特征。

其他地区也有板凳挑的做法，如湖北峡江地区万明兴老屋、湖北麻城张畈镇鲍家冲（图8-1-29）等，还有很多商铺的廊厦出挑方式也是采用"板凳挑"（图8-1-30）。

（4）鳌鱼挑

鳌鱼挑在部分地区又称鲤鱼挂金钩（江汉平原等地），因其经常雕饰成鳌鱼（或鲤鱼）的形态，又起到出挑承托的作用而得名。

鳌鱼挑常在正贴梁架上，主要抬梁的最下一架大梁常支托在正厅（当心间）硕大的看梁上，并出挑承托檐枋，是一个标准的杠杆结构，而梁头多雕刻成鳌鱼回望的式样，非常生动（图8-1-31）。这种做法常减去两颗当心间檐柱，这样构架显得特别雄奇，空间也特别阔达。

还有一种鳌鱼挑的变化形式就是在当心间或次间的檐柱上直接出挑"鳌鱼"，类似于插栱，仅仅是形态不一样罢了，并不存在杠杆受力原理。

图8-1-29 湖北麻城张畈镇鲍家冲（图片来源：华中科技大学民族建筑研究中心提供）

图8-1-30 湖北竹溪老街商铺的板凳挑（图片来源：华中科技大学民族建筑研究中心提供）

图8-1-31 湖北通山县成氏宗祠的鳌鱼挑（图片来源：华中科技大学民族建筑研究中心提供）

（5）象鼻（插）栱

象鼻插栱与上述的鳌鱼挑的变化形式相似，只是仿生的动物形象不同，同时还有的象鼻插栱横向伸出，起到类似雀替的作用（图8-1-32）。

瓜柱与梁。在插栱地区，瓜柱常通过硬木销子或榫头穿透平盘斗而插于梁上。

（6）斜撑栱

在梁头出挑处或是厅堂与厢廊的交角处的立柱上常采用斜撑栱（图8-1-33），既起到辅助支撑的作用，又极具装饰性（图8-1-34）。如图8-1-35采用奔鹿造型的斜撑，形态生动，意趣盎然，且富于"禄来"的吉祥之意。

2. 横向连系构架

檩条、梁、枋等都属于民居的横向连系构架，湖北民居由于开间不大，所用的横向连系并不复杂，主要在中轴线上的厅堂和较大型的祠堂、戏台、会馆等上存在较多。由于梁枋用在不同的地方有不同的名称，如有看梁、大梁、额枋等，下面分别对其进行介绍：

（1）大梁

大梁位于民居正厅脊檩的正下方（图8-1-36），一如清代官式做法中脊桁下面的脊枋，只是中间基

图8-1-32 湖北麻城木子店石头板村老屋（图片来源：华中科技大学民族建筑研究中心提供）

图8-1-33 湖北黄陂王家河镇罗岗村老宅天井的斜撑(图片来源:华中科技大学民族建筑研究中心提供)

图8-1-34 麻城木子店邱家荡凤凰斜撑(图片来源:华中科技大学民族建筑研究中心提供)

图8-1-35 奔鹿造型的斜撑(图片来源:华中科技大学民族建筑研究中心提供)

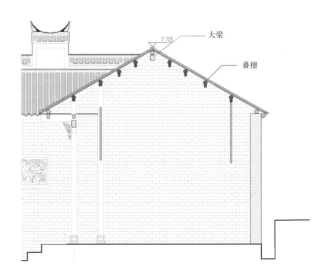

图8-1-36 湖北通山李氏宗祠剖面(图片来源:华中科技大学民族建筑研究中心提供)

本上没有脊垫板,而且大梁一般较脊檩更加粗大。在砖木混合式的湖北民居中,大梁除了部分对左右两缝梁架或山墙起到牵引连系功能,在结构上主要加强脊檩承托屋顶(尤其是正脊及脊饰)的重量。上大梁在民居营造中是最为被看重的步骤,湘鄂地区上大梁仪式都要选择吉日举行,并且诸如建成时间、工匠姓名、维修记录等重要信息都记录在上。上梁等相关习俗至今仍流传在湖北地区的广大农村。

(2)看梁

看梁与大梁、过梁一样,都是拉接正厅(堂

图8-1-37　湖北大冶水南湾民居中看梁上精美的雕饰（图片来源：华中科技大学民族建筑研究中心提供）

屋）屋架的横向构件（图8-1-37），只是所在位置不同而起了不同的称呼。看梁下也有铜质挂钩，作为喜庆日子张灯结彩之用。看梁在堂屋外的檐柱上，入户大门的上方，由于所在位置的重要性，使得看梁成为了一户人家重要的装饰部位。对比湖北各地地区，鄂东南地区在看梁的雕刻装饰上尤甚。

（3）叠檩与连机

在湘鄂地区常见的还有在檩（桁条）下增加一道方形的檩条（枋）的做法，这样形成叠檩，不仅增加了装饰的作用，更重要的是增加了房屋的稳定度。这么做多半是为了保证房屋有足够承载力而为之（图8-1-36）。

连机是指托于檩下的长方形木材。起连接作用的矩形断面木材，它同檩木一样，分别称为"檐枋"、"脊枋"和"金枋"。在《营造法原》中都称为"连机"。它们与檩木配套成对，檩木是设在架梁之上，枋子是设在架梁之下。

（4）伴梁与燕子步梁

与叠檩与连机异曲同工的还有处在大梁两边各有一根伴梁，形成所谓"三花檩"，在鄂东南地区又叫做"燕子步梁"。伴梁的直径一般为10厘米左右（图8-1-38）。三花檩在湖北地区，尤其是鄂东南、湘东。沿明清移民路线上溯至江西修水，"三花檩"的做法非常普遍（图8-1-39）。这种做法其实非常有助于屋面的稳定，尤其是有利于屋顶合脊。鄂东南地区的祠堂和大屋中常有用下增加一个八出斗栱的结构来加固三花檩的整体固牢度（图8-1-40），这种斗栱也作"莲花撑"⑧，细观莲花撑的一瓣发现其形如象鼻。它不仅对于民居脊檩有加固作用，并且极大地丰富了室内空间。

3. 竖向受力构件——柱

（1）"将军柱"

"将军柱"（或叫"伞把柱"、"冲天炮"）这一特殊构造，并不是在所有"吊脚楼"建筑中均存在，它只存在于"「"、"¬"或"⊓"形的吊脚楼中，是吊脚楼单侧或两侧屋面较低的厢房与正屋较高屋面相交时一种十分复杂的屋架处理方式（图8-1-41）。

湘鄂西土家吊脚楼与其他干阑建筑构造上最大的区别在于：将正屋与厢房用一间"磨角"连接起来，这个"磨角"就是土家人俗称的"马屁股"；在正屋和横屋两根脊线的交点上立起一根"将军柱"，承托正、横两屋的梁枋，虽然很复杂，但却一丝不苟。就是这一根"将军柱"成了鄂西吊脚楼将简单的两坡水三开间围合成天井院落的重要枢纽。以它为枢轴，房屋的转折变得十分合理、自然。

图8-1-38 通山成氏宗祠（图片来源：华中科技大学民族建筑研究中心提供）

图8-1-39 通山宝石村民居中的"三花檩"（图片来源：华中科技大学民族建筑研究中心提供）

图8-1-40 脊瓜柱处设"燕子步梁"（图片来源：华中科技大学民族建筑研究中心提供）

图8-1-41 "将军柱"（图片来源：华中科技大学民族建筑研究中心提供）

（2）包镶柱

包镶柱（梁）在湖北地区比较常见，尤其是在较大的祠堂、公屋里。包镶柱可能有两种情况：一种是因缺乏粗大的木材，只能以稍细的木材作为主体，在外面再包镶一层木板，可能是同种木材，也可能是更好的木材，这样柱梁显得比较粗壮，也表明房主"不差钱"。这种做法不同于传统的"拼攒柱"和束柱的做法。另一种情况是原柱子因为糟朽或表面破损而进行的包镶加固，将糟朽部分沿柱周围剔除糟朽部分，再凿铲剔挖规矩、拼包木板与修整、涂刷防腐油等。以上两种有的不安铁箍（图8-1-42）。类似包镶柱的还有包镶梁的做法，但毕竟受力不如等粗的实材，日久还是容易破损劈裂（图8-1-43）。

（3）一柱双料

柱子在湖北民居中按材料分为木柱和石柱。柱一般出现在中轴线的厅堂内，截面多为方形或海棠形。湖北地区民居为石柱础上承木柱，柱础雕刻

图8-1-42 湖北阳新柯家的包镶柱（图片来源：华中科技大学民族建筑研究中心提供）

图8-1-43 湖北通山成氏宗祠的包镶梁（图片来源：华中科技大学民族建筑研究中心提供）

图8-1-44 湖北光禄大夫第"一柱双料"做法（图片来源：华中科技大学民族建筑研究中心提供）

图8-1-45 湖北阳新玉塊李氏宗祠的"一柱双料"（图片来源：华中科技大学民族建筑研究中心提供）

题材多样，为防雨淋，把石柱础做到0.6~1米左右，也有的将柱身的下半截采用石材，也就形成了所谓的"一柱双料"的做法（图8-1-44，图8-1-45）。可见这种应对雨水和潮湿的不同策略，也与就地取材的营造习惯和户主的经济实力有关。

（4）柱础及磉礅

柱础的作用是避免木柱直接落地造成的受潮腐烂、碰撞受损，所以石材自然就成为做柱础的理想材料。柱础同时也是装饰的重点部位，不仅形状雕成方形、鼓形、瓜形、八角形等等，雕刻的图案也是精美丰富。

磉礅的作用和柱础的类似，磉礅是将整块条石埋入地下，露出地表高度在150毫米左右，石条上柱脚下贯穿地脚枋，上部用来支承木柱和木板壁，很多块条石连在一起用来支承一排木柱和一整块木板壁的称连磉（图8-1-46）。

鄂西土家族人修房时讲究暖和，排山的下端用地脚枋（地枕子）穿斗，在火塘屋、卧室都铺上楼

图8-1-46 湖北通山镇宝石村民居柱础及磉礅（图片来源：华中科技大学民族建筑研究中心提供）

板，谓正板，在装修上达到"上楼下正"就满意。

在没铺正板的堂屋和厨房，地面要用木棒捶平整。由于柱头没有落地，地脚枋与地面有高约30厘米的距离，在厨房和堂屋四周、前后阶檐壁可看见正板下粗糙的地面，同时冷风和潮气从地面吹来，为避免此种弊端，彭家寨多数房屋在此处镶地圈岩，将岩石凿成规整的符合尺寸的长方形的石块，中镂空雕"鼓炉钱"花，也就是中为铜钱、两边为梭子的花形，保证房屋空气流通，以免木材腐烂，美观实用。

第二节 小木技术与家具

一、外檐小木作

（一）门

门主要分为版门和隔扇门，版门又分为棋盘版门和镜面版门，两者的主要区别在于棋盘版门先做边框，再在框的一边钉板；而镜面版门不做边框，完全都由厚木板拼合而成。版门一般都用于大门，通常是两扇。宋《营造法式》规定单扇版门的高宽比为2∶1，最大不能大于5∶2。隔扇门一般用于天井周边的内外隔断以及内部隔断，通常为偶数扇，每扇的高宽比在3∶1~4∶1左右。隔扇大致可分为花心和裙版两部分。隔扇是装修的重点部位之一，其中隔芯和裙版又是重点装饰所在，其制作充分利用木材便于雕刻和连接的长处，由种类不多的雕饰构件组合出丰富的图案。隔芯图案中一些具有象征寓意的纹样令人印象深刻，在湖北峡江地区应用广泛，例如大昌古城温家大院的门窗棂格以蝙蝠、花鹿、寿桃、喜鹊等动植物纹样来表达"福禄寿禧"的寓意。其他的还有几何纹样、文字纹样来象征吉祥的作法[9]（图8-2-1、图8-2-2）。湖北新滩的郑书祥老屋装饰也极为精致，郑书祥老屋的木装修，有版门、隔扇门、隔扇窗、雕花栏板等。隔扇门六抹头、冰花纹隔芯，较为特殊的是：其边梃和抹头看面中心均倒槽，使其看上去呈并列双弧形。隔扇窗四抹头、方隔芯。装修上的其他部位还有龙、凤、蝙蝠、栀花等。

古建筑中民居的正堂屋大门多做成"六合门"，如鄂西恩施彭家寨的门窗古朴，高2.8米，宽5米。由六扇能开合的门扇组成三对大门，用门轴安装在上下门里，每一扇门的两端透雕或浮雕"迤子花"，中间做成各式花样的门窗。"六合门"有真假之分，真"六合门"六扇均能开启，两扇一对，形成三个通道，它们尊卑有序，进出的先后都有讲究，过年时村民玩狮子灯，狮队绕进绕出的门不合"规矩"，就会"玩不出门"。假"六合门"两边的门扇不能开启。有的住户在假"六合门"门外加装两扇对合开的"扦子门"用以挡鸡犬，"扦子门"高1.1米，宽1.7米，门由椿木、"猴板栗"树做成"羊角角"，与湖南的子母门类似。因为当地民风淳朴，鲜有盗贼，有的甚至只做简易的"扦子门"（图8-2-3）。

次堂屋则没有这么讲究，次堂屋一般就是用"对子门"，即两扇开合自如的大木门，其他的地方用的都是单扇的门。单扇的门有两种，一种是"印门"，关起来门板刚好嵌入门框中，使门框和门板严丝合缝；另一种是"乓门"，因门板大于门框，关门的时候门板门框相撞发出"乓乓"声而得名。

（二）窗

窗主要有直棂窗、槛窗、支摘窗、横披四种（图8-2-4）。直棂窗就是以截面为方形、菱形或者三角形的棂木，间隔5厘米左右竖于窗洞中。直棂

图8-2-1 湖北秭归凤凰山民居（图片来源：华中科技大学民族建筑研究中心提供）

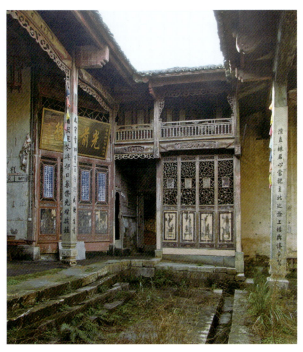

图8-2-2 湖北通山成氏宗祠（图片来源：华中科技大学民族建筑研究中心提供）

窗是固定的，不能闭合，一般会在窗后再装木板窗来闭合。直棂窗防盗效果较好，一般用于建筑的外墙。槛窗是由隔扇门变化而来，所以形式也相仿，不同的是隔扇门是落地的，而槛窗下部还有槛墙。槛窗通常为偶数扇，向内开启，多用于天井周边。支摘窗分为支窗和摘窗两部分。支窗类似于现在的上悬窗，用木棍将窗户支起，摘窗就是可以取下来的窗，一般支摘窗分上下两层，上部支起，下部摘下。秭归新滩的杜家老屋西厢房正面就使用了支摘窗，花芯为万字形，窗下做土砖槛墙。横披是当建筑较为高大时，檐墙也跟着变得高大，在按正常尺寸装上门窗后，上部还有一段剩余，这时就在门窗上再设中槛，中槛与上槛之间的那部分就是横披。一般再分隔成几扇，窗的纹样与隔扇窗类似。

窗户的功用是采光通风，但传统建筑的窗户在讲求实用的同时被赋予很多文化内涵。安装于门

| 真六合门 | 假六合门 | 扦子门 |

图8-2-3 六合门与扦子门（图片来源：华中科技大学民族建筑研究中心提供）

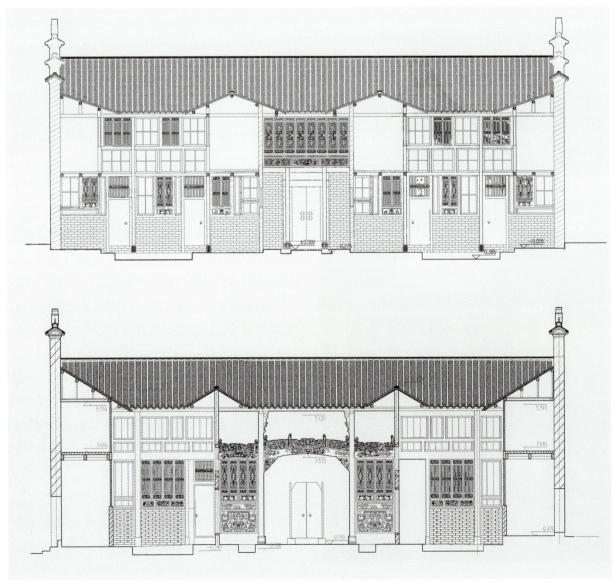

图8-2-4 通山李氏宗祠的各种门扇和窗扇（图片来源：华中科技大学民族建筑研究中心提供）

上、板壁上的窗户花样有"王字格"、"步步紧"、"万字格"、"寿字格"等。门窗是长方形，壁窗多正方形，窗花上下或左右对称。在彭家寨，木匠在做窗户前要画"小样"——施工图纸；分"桥子"，按需要以榫卯的形式截断为约3厘米见方的小木条；"踩"，将"桥子"卯榫对齐，捶实成形。

窗花是体现土家匠师技艺和情趣的又一绝佳之处，寄托着土家人对幸福生活的美好祝愿，用素"桥子"做成的每种窗花样式都有相关的寓意，有的甚至把"桥子"做成多种花样和小动物图案，浅线施纹，精细流畅，栩栩如生。

此外湖北古建筑中的栏板和家具等小木作构件雕刻极为华丽与精致。湖北古建筑一如全国其他地方的古建筑，小木作最能体现木匠手艺精湛与否，也是古建筑装饰最为集中的地方。

（三）板壁（木板墙）

除了隔扇、屏门外，还有作为室内的隔断墙——木板壁，常见于穿斗式或插梁式构架的"墙体"，其厚度一般在10～20毫米之间，木板壁一般会有宽度为100毫米左右的木框。木框比木板较厚，一般为45～60毫米，木板壁与木框固定，木框左右两边和木柱固定，上部和大产固定在一起，固定的方法是在木框侧边凿若干个矩形孔洞，再在木框对应的柱子和大产处也相应地凿同样大小的槽，最后用扦子的长条形方木插进孔洞将其固定，木板壁的下端一般直接搁置于底部的磉礅、石板或者磉礅上的木板上。大产相当于是穿插枋，起拉接木柱、增强稳定性的作用。大产一般有两块，分别位于柱子的中部和上部，大产端部会以榫卯方式插入木柱中，再用漫子在与其垂直的方向插入，将其和木柱固定，防止松动（图8-2-5、图8-2-6）。

室外用木板墙的主要存在于商铺这一特定类型的乡土建筑中。商铺大多使用活动的木板门、木板窗来作为外墙维护，便于拆装。木板门一般高于2200毫米，宽超过320毫米，木板窗高不少于1300毫米。在木板的上下分别有一根如"凹"字形的构件，顶部中间开有凹槽，木板就卡在凹槽内。木板门的中间两扇是可以开合的，平时做生意时只需卸下窗扇木板。

还有围篱式墙也算是小木作的一种。围篱式墙是一个统称，它包括竹、木、藤等多种材料的墙体，一般用于乡村中的院墙、篱笆，以及一些像厕所、牲畜房之类的附属用房的墙体（图8-2-7）。因其重量轻又比较通透，它还常用于山墙的山尖以

图8-2-5 湖北通山王南丰宅的木板壁（图片来源：华中科技大学民族建筑研究中心提供）

图8-2-6 湖北阳新龙港镇肖氏宗祠的板壁与隔墙（图片来源：华中科技大学民族建筑研究中心提供）

图8-2-7 鄂东南、鄂西南民宅的竹篱墙（图片来源：华中科技大学民族建筑研究中心提供）

及二层楼面等位置，其风格简洁质朴，富有野趣。围篱式墙的总体技术水平较为简单，加工方便，一般多采用编织、绑扎和拼合的方式，虽比较随意，但富于材料特性和建构的逻辑。

二、室内小木作

（一）天花

湖北的民宅和祠堂多为"砌上露明"造，但也有许多在大型民居的正堂（祖堂）、祠堂的寝殿、大屋的过亭上也常出现天花（吊顶）的做法。常见吊顶方式可分为平棊天花和藻井两类。藻井常用在戏台建筑或是祠堂的戏楼上（图8-2-8），湖北各地所见的藻井大多比较简易，多为八棱锥台形，有的呈四边形，多比较小巧，位于檐廊尽端等处，还有的藻井与平棊相结合（图8-2-9）。有的天花也不拘一格，采用云拱形（图8-2-10）、船篷形等

图8-2-8 湖北红安吴氏祠（图片来源：华中科技大学民族建筑研究中心提供）

图8-2-9 湖北通山江源村桥头宅（图片来源：华中科技大学民族建筑研究中心提供）

图8-2-10　湖北英山段氏府第（图片来源：华中科技大学民族建筑研究中心提供）

等，显示出民居建筑非常自由生动的特点。

（二）室内家具

室内家具主要有桌椅、架子床（拔步床）、案台、神龛等。

现存的一些架子床多为清末和民国时期的遗存（图8-2-11）。案台则稍早，或简或繁（图8-2-12）。而神龛则多层次丰富、雕刻繁饰讲究，成为装饰的重点部位（图8-2-13、图8-2-14）。在地域上以鄂东南等地的装饰尤甚。

人与神祇、家先共居则是一些少数民族建筑的重要特点。土家族、苗族、侗族都在房屋中为各路神仙和列祖列宗设置了接受全家人供奉的空间，这个空间集中在堂屋"神龛"及房屋中相当于神龛的地方，其次是灶屋，人们还认为在民居的牲畜圈养间、碓磨加工房等旮旮旯旯都有神魂。但不同少数民族房屋中，神龛的位置、功能和形式各不相同，建筑中的神居空间成为识别民族的重要标志之一。

三、木雕

湖北古建筑多为木构建筑，因此木雕作品非常丰富，大多分布在隔扇门窗、梁枋、雀替、撑栱、栏杆等处，雕刻手法有浅浮雕、圆雕、镂空雕（图8-2-15）。一般木雕创作有备料、立意、画活、雕大形、细部雕凿、最后处理等等几道工序。表现技法上几何花草或是其他吉祥图案多采用传统的平面式构图，也有的采用古代绘画中散点透视的技法（图8-2-16）。

湖北做工精细、造型优美的木雕不胜枚举（图8-2-17），例如巴东县楠木园乡李光明老屋在明间什锦窗窗心处透雕一供桌，上有花瓶、菊花，巴东县三峡地面文物保护总体规划中对其评价为"……为民居建筑中不可多得的艺术构件"。新滩民居大多是有钱的船老板所建，所以木雕也是异常丰富和精美。例如郑书祥老屋的木装修，有板门、隔扇门、隔扇窗、雕花栏板等。隔扇门六抹头、冰花纹格芯较为特殊的是：其边梃和抹头看面中心均倒槽，使其看上去呈并列双弧形。隔扇窗四抹头、方格芯。除了简练的直楞纹、万字纹、冰裂纹、拼花外，装修图案主要还有花草、龙凤、骏马（图8-2-18）、蝙蝠、历史掌故等。

一般的木雕构图形式多近方形，或是圆形、扇形、云形等传统绘画题材惯用的构图和比例，还有一些采用长卷式构图，将表现的各个景点的画面有如竹简般编排成"册"，横向展开。这和一些墙壁上的历史故事画一样，成为了一种基本范式。

长卷式的木雕在中国传统民居中其实屡见不鲜，主要是位于厅堂正面的大梁或枋、楼层的栏板下桴或窗扇等的下槛（图8-2-19）。主要因为这些部位或构件本身即为线性，或是长方形的面材，在上面雕饰最恰当的构图自然便是长卷式的了。其实这些部位的雕饰构图与中国传统建筑施作于梁、枋上的彩画是相近的，也多由三部分组成，分为箍头、藻头、枋心。中间的枋心部分则可以描绘（雕刻）连续画面或长卷式的场景，也有两部分或三部分构成紧凑或浑然一体的（图8-2-20）。但一般"枋心"部分的雕饰多为吉祥图案或花草灵兽的重复排列（图8-2-21），或是历史人物按照某种场景排列开来。

图8-2-11　湖北黄陂大余湾民居中的桌椅和架子床（图片来源：华中科技大学民族建筑研究中心提供）

图8-2-12 鄂东的案台（图片来源：华中科技大学民族建筑研究中心提供）

图8-2-13 湖北通山燕厦谭氏宗祠（图片来源：华中科技大学民族建筑研究中心提供）

图8-2-14 湖北阳新太子镇徐氏祠堂（图片来源：华中科技大学民族建筑研究中心提供）

图8-2-15　吴氏祠内柱梁等处雕饰（图片来源：华中科技大学民族建筑研究中心提供）

图8-2-16　湖北古建筑中木雕构图（图片来源：华中科技大学民族建筑研究中心提供）

图8-2-17 湖北古建筑中门窗木雕（图片来源：华中科技大学民族建筑研究中心提供）

图8-2-18 麻城木子店邱家荡隔扇上的骏马雕饰（图片来源：华中科技大学民族建筑研究中心提供）

图8-2-19 湖北古建筑中长卷式线形构图的木雕(图片来源:华中科技大学民族建筑研究中心提供)

图8-2-20 湖北大冶水南湾民居中位于厅堂正面的梁架与木雕（图片来源：华中科技大学民族建筑研究中心提供）

图8-2-21 吴氏祠的戏台檐下的横梁（图片来源：华中科技大学民族建筑研究中心提供）

第三节 砖石技术

成品砖的加工，即砖细技术，在明代也达到了很高的水平。砖细技术是对砖进行砍磨加工，以达到砌筑上磨砖对缝的要求。磨砖对缝的砌筑方法在地宫中使用较多，磨砖对缝的墙体，墙身光滑平整，灰缝极细。

石材的加工和建造则主要在山区以及比较重大的建筑单体和建筑的重要部位。

一、砖石建筑

（一）陵墓

跨度的拱券结构中，双心券的矢跨比要大于单心券的矢跨比，所产生的水平推力也就小于单心券。

在砌筑用粘结材料方面，明代陵寝建筑中广泛使用糯米汁石灰浆，"糯米舂白煮粥，方稠黏，锅中投石灰"。这种灰浆不仅粘结强度很高，且不怕水浸雨蚀，干结后坚硬如石。

（二）桥梁

砖石桥梁多以拱桥的形式出现，其样式符合材料本身的受力特点，多见于鄂西与鄂西北，在峡江地区数量较多，其中具有代表性的有湖北通山刘家桥（图7-3-13）、黄梅灵润桥（图8-3-1，图8-3-2）、秭归千善桥（图8-3-3）、江渎桥、巴东寅宾桥（图8-3-4）、济川桥等。

鄂东黄梅四祖寺附近的灵润桥，亦称花桥，俗称过路亭（图8-3-1）。位于黄梅县四祖寺破额山出水口的石鱼矶上。元至正十年（1350年）由四祖

图8-3-1 灵润桥（图片来源：华中科技大学民族建筑研究中心提供）

寺住持祖意禅师募缘修建而成。该桥为单孔石桥，东西走向，宽约6米，长约20米，拱高3.2高，孔净跨7.35米，桥上建有廊屋五间，抬梁式构架，廊屋两端为砖砌八字牌楼门，墙壁绘有各种花鸟图案，桥下石矶上有唐宋以来历代文人墨客的题字石刻20余处，其中以唐代书法家柳公权书"碧玉流"石刻和唐宋八大家之一的柳宗元"破额山前碧玉流"诗刻最为珍贵。桥下泉水经石矶直泻深壑，构成"瀑布岭头悬，碧空垂白练"的壮观景象（图8-3-2）。

千善桥地处秭归村落中，长江南岸古驿道上（图8-3-3）。桥面长6600毫米，宽2700毫米，高5300毫米。桥面呈长方形，建筑面积17.82平方米。花岗石砌筑，保存较好。桥上曾建有凉亭，现已无存。结构作法建筑为石结构，单孔石桥，一券一伏。条石表面平整，错缝砌筑于山岩之上。桥墩：东、西宽3200毫米，高2600毫米，桥墩条石规格大小不等，条石表面平整，错缝砌筑于山岩之上。拱券：为单孔，半圆拱。跨度3300毫米，矢高1700毫米。拱券为一券一伏，以条石纵列砌筑。券石高250毫米，中心券4块，其余每道4~5块，每道券石宽度、长度不等。条石表面平整，纵向错缝砌筑。伏上用4层石料砌筑桥身。该桥桥体小巧，精致，做工考究。花岗石砌筑，单孔，一券一伏，拱券纵列砌筑。桥墩直接坐于岩石之上，桥孔跨度较小，矢高为跨度的二分之一，拱券呈半圆拱形式，承重合理。桥上曾有凉亭，凉亭立柱悬挑于桥面之外的挑石上，在当地古桥中别有一番风味，这在其他古桥中是不多见的。

图8-3-2 灵润桥全景（图片来源：华中科技大学民族建筑研究中心提供）

图8-3-3 千善桥（南面）遗存（图片来源：华中科技大学民族建筑研究中心提供）

图8-3-4 寅宾桥（图片来源：华中科技大学民族建筑研究中心提供）

寅宾桥是古代驿道在巴东境内的第一座桥，也是巴东同秭归的分界标志（图8-3-4）。古时候，来自官方的诏书、命令或者皇帝的书信，都是从这里进入巴东再转入四川。其在当地又名古石桥，位于巴东东口镇与秭归县牛口乡交界处，清乾隆年间建，该桥所处地势西高东低，南北横跨在韩家河之上，韩家河经过古桥向东南100余米后入长江。寅宾桥是峡江流域现存的最大古石桥。古代全国东西交通的重要经路——长江路（南京至成都）经巴东，寅宾桥是其县境东段起点，历史上曾经是连接巴东与秭归的重要交通枢纽，是研究清代桥梁的重要实例。其结构特征为单拱石桥，石材多为灰砂岩石，横联拱券，尖券，无券脸石，桥长约55米，桥宽约为5.8米，拱跨12.4米，拱高6.7米，桥面至河床高15.84米，建筑面积约320平方米。两岸桥墩建筑在韩家河两岸的自然岩石之上，其上用方整石建桥台基础，券石多为长条石砌筑，多为一顺一丁形式。条石长约1.2米左右，断面尺寸多为320毫米×280毫米，其下雁翅石同为长条石砌筑，拱内的内券石头厚430毫米，二伏券石厚为340毫米，桥身内填充均匀素土及乱石，桥面皆用块石铺墁。桥身除基础和拱券为石灰糯米浆砌筑之外，其他各处均为白石灰浆垒砌。经两百多年无数次洪水冲击、侵蚀，桥体构件损失较为严重。

二、砖的砌筑

湖北古建筑中砖墙有很多种砌法，以墙体的结构构造以及砖的形状尺寸来确定砌筑方法。墙的砌法主要有：实滚、花滚、空斗砌法等几种，每种中又有很多变化。一般空斗墙内都填碎砖石和土，这样一方面增加了墙体的稳定性，另一方面也增强了保温隔热性能。另外还有一些有特殊叫法的墙体，"镶思"是指砖面有方砖的砌法；"合欢"是指没有眠砖，全部以青砖陡砌成的空斗墙。小镶思、小合欢不设丁砖。还有"双龙出洞"⑩，是高矮斗的砌法，只是用的砖为厚砖，中间空隙非常小（表8-3-1）。

所用砖和全国大多数地区一样，都使用青砖，即在烧制后进行不通氧处理的砖块，因为是手工制作，用途各异，所以各地的砖规格各异，没有统一标准，不同地方的砖的尺寸和砌筑的方式不尽相同，即使同一地区、同一建筑的砖，大小也各不相同。

鄂东南地区青砖尺寸大致为：长度在265～330毫米之间，宽度在140～200毫米之间，厚度厚砖在90～120毫米之间，空斗墙所用的薄砖一般厚25～30毫米。另外还有各种弯曲形状的砖，可以组合成各种图案。据资料记录统计，峡江地区砖的尺寸有以下几种，分别是：250×150×25毫米，280×160×25毫米，360×120×40毫米，300×150×40毫米，300×180×30毫米，300×180×100毫米，800×150×40毫米。墙体一般砌空斗墙，内填碎砖和土，墙厚约340毫米。峡江地区砖墙一般为空斗墙，而且使用的砖厚度都较薄，最薄为25毫米，还有30毫米和40毫米两种尺寸。使用薄砖是出于节约成本的考虑，使等量的黏土可以制作更多的砖，而空斗墙中间填充土和碎砖石，只在表面用砖，同样也减小了砖的使用量。而且填充了土和碎砖石的空斗墙防潮、保温、隔热效果都很好。

空斗墙分为有眠空斗墙和无眠空斗墙两种，卧砌的砖称眠砖，立砌的砖称斗砖（陡砖）。峡江地区的砌法多为一眠一斗。只是在墙根部位稍有变化，一般会在条石上部顺砌3～4皮砖，有的还会在这3～4皮砖上再砌格子状砖，然后上面再砌一眠一斗空斗墙。

三、石材的砌筑

石材一般用作建筑的基础、护角石、门框及过梁等，这些石材通常是比较规整的花岗岩石等。还有用石块当作承重墙的砌体，与砖承重并无太大区别的建筑（图8-3-5），更有一石块砌墙、用石板作瓦铺砌屋顶的"石板屋"。用石板作为屋顶材料

湖北古建筑中砖墙常见砌法种类　　　　表 8-3-1

名称	立面	断面	轴测图	特征概述
丁砌				青砖全部以丁面向外，每层之间错缝砌筑
顺砌				青砖全部以侧面向外，每层之间错缝砌筑
实滚1				又称"席纹"，因其砖的排列纵横交织，有如凉席的纹理。这种砌法非常坚固，一般用于墙的基础部位
实滚2				在竖向上一层砖卧砌，另一层砖丁面向外立砌，墙体为实心，一般用于墙的基础部位
实滚3				将砖倾斜一定的角度，相互叠压排列在一起，两层之间交替向左、向右倾斜
合欢1				墙体在竖向上没有卧砖，全部以斗砖砌筑，横向上一块陡砖和一块丁砖相间而砌，丁砖并没有贯穿墙体，前后丁砖相互错开，分别抵在相对应的陡砖上，这样有效避免了热桥
一眠一斗1				竖向上一眠一斗相间砌筑，横向上一块陡砖和一块丁砖相间而砌，眠砖即为卧砌的砖，加强了空斗墙前后陡砖之间的联系，使其更加稳固
一眠一斗2				和上一种砌法类似，只是墙体的厚度加厚了
镶思				"镶思"即为立面上出现方形的砖面，具体的砌筑方法和空斗墙类似
双龙出洞				砌法上是"高矮斗"的砌法，即横向方向上用陡砖砌筑；在竖向上，一层卧砖和一层陡砖相间。剖面上卧砖高低交错搭接，墙体内为空心，墙内填充泥土。只是所用青砖较厚，中间空心部位很小，在端头部位会用一块特制的小方砖收头

的做法（有的地方称板坪或石枋），如云贵地区的闪片房，在湖北也可觅见。"石板屋"是相当具有山地文化的传统住屋，所用的石材，是以当地出产的石材（如黑灰板岩及页岩）经简易加工后成为趋于规则片状的石板，然后堆砌而成具有鲜明特点的住屋。

一般人居住的石板屋，三星期可以完工。山地的石屋层层叠叠，沿着山坡自下而上，布局井然有序。有的组成院落，纵横交错，石砌围墙，石拱门进出。甚至村寨中河边树下都安置着石凳、石椅与石桌，以供休憩、娱乐。作为比较小的砌体材料的石构在堡寨或山寨中表现得最为充分，主要的砌筑形式有拱券式、叠涩式、简支式等，而其中后三种最具代表的便是堡寨的寨门（表8-3-2）。

拱券式是石寨寨门常用的形式之一。门洞起券时，先支模，即预先搭建具有一定弧度且能承重的构筑物，将石材沿构筑物边缘由两边向中间砌筑，利用石材本身的重力和石材与石材之间的侧向压力，将力分解为水平推力传递给两边的石材上，通过力的传递达到力的均衡，最后拆去预支模。根据所选用石材的不同，用相同的砌筑方法完成的寨门呈现出不同的风格。

叠涩式是一种古代砖石结构建筑的砌法，用山石向门洞中心逐渐挑伸，至洞顶再用石材为梁压盖，这种方法也称为"挑梁式"，其两端的搭接部分，每端应在15厘米以上，施工时，中间应搭建支撑架。

简支式又叫"过梁式"，是在垂直砌筑的寨墙上预留开口，达到入口所需的一定高度后，在寨墙上横向放置青石板，形成方形通道。通常这样的砌筑方式会与门楼相结合设计。

图8-3-5　武汉黄陂王家河镇文兹民居（图片来源：华中科技大学民族建筑研究中心提供）

以山寨寨门为代表的石构形式　　　　表 8-3-2

类别	实例		
拱券式			
叠涩式			
简支式			

石头山寨民居的建造外观还十分注重修饰美观，在石头房的整体造型中，虽然受着传统的影响，但能根据自然环境、生产力及经济水平，创造出独特简洁的几何图形美。在石头寨房屋的内部与外部结构装修上，由于运用了大小不同材料的组合，很富有质感和肌理，不规则的长方形、菱形、三角形及多边形的石块及圆形的卵石垒砌组合；山寨石屋山墙的石质榫头上雕有图案，有的是龙形、兽形，有的花卉纹样，别具一格。

四、砖石雕饰

（一）砖雕

砖雕俗称"硬花活"，通常是使用特制的水磨青砖进行图案雕刻，它具有刻画细腻、造型逼真的特点。选料时，应根据图案的大小、所处的位置、建筑的等级及工艺的难易程度决定。澄浆砖、停泥砖适宜雕凿高难度的作品。在同一种砖材中，应选用材质较细致、硬度高、色泽一致、砂眼少的，敲击时不可有劈裂之声，工艺程度要求越高，越应仔细挑选[11]。砖雕的图案可以在一块砖上雕刻，也可以在多块砖上分别雕刻，最后再拼装在一起，组成一个大型砖雕作品，例如照壁、门楼等。砖雕的手法主要有阴刻、平雕、浮雕、透雕、立体雕，一般用于入口门楼、照壁、大门翼墙下碱、槛墙、花碱、屋顶、墀头、门楣匾额等处（图8-3-6）。

相比之下，湖北古建筑中的砖雕并不是特别突出。值得注意的是，有许多青砖本身制坯时就印上花纹，或是刻有宅屋的堂号、营造厂名、年号或吉凶方位等信息，砌筑后除自然肌理外也形成一种装饰效果（图8-3-7）。

（二）石雕

湖北的石雕虽不如福建等地著名，但也自成一体。湖北大冶太子镇和保安镇尹介园也都是湖北有名的石雕之乡。

图8-3-6　湖北古建筑檐下、墀头处的砖雕（图片来源：华中科技大学民族建筑研究中心提供）

图8-3-7 砖上的图案和文字信息也形成一种装饰（图片来源：华中科技大学民族建筑研究中心提供）

按照古代传统，石作行业分成大石作和花石作，其匠人分别被称为大石匠和花石匠。石雕制品或石活的局部雕刻即由花石匠来完成。石雕就是在石活的表面上用平雕、浮雕或透雕的手法雕刻出各种花饰图案，通称"剔凿花活"。一般民居采用石雕装饰的部位最常见的是柱础、门枕石（图8-3-8）、护角石（图8-3-9）、门楣（图8-3-10、图8-3-11）和门梁交角处等其他部位（图8-3-12）。根据位置和尺寸大小雕饰相应的主题，如在门罩、柱础等处雕刻诸如象征吉祥的凤凰、麒麟、龙、仙鹤等动物图案，还有松、竹、梅、兰、菊等植物图案，形象生动。

如柱础的石刻，湖北的上乘之作随处可见。湖北的民居官厅、祠堂柱下皆有柱础石。且柱础石形状多种多样，鼓形、方形、八角形、六角形、凳子形、花瓶形等（图8-3-13），有的可以叠置两层，一般皆较高，以防潮气上吸。柱础石雕刻是一大特色，花色繁多，具有一定的识别性。如图8-3-13中的湖北英山县段氏府第的柱础石刻，汉白玉柱础上精雕细刻的"瓜瓞连绵"；如图8-3-8中的湖北英山县南河段氏府第，门前抱鼓石上雕刻着"鹿鹤同春"等图案。在湖北古建筑中盘龙石柱并不多见（图8-3-14）。

石雕多为花岗石，如图8-3-15所示的鄂西鱼木寨双寿居的石雕，既精细又浑然一体，也有的石雕采用红砂石，如图8-3-16所示的湖北红安吴氏宗祠的牌坊门，石雕既与立面造型相适宜，又呈现出显眼的色调和丰富的细节。

还有一些雕花的石窗显示出或如木雕般的繁花锦绣（图8-3-17），或呈现出似玉一般的灵秀，天井中排水口的石箅也多吉祥之意。当然还有石构牌坊、寨门等，更是石雕艺术的杰作。

湖北竹溪中峰甘家祠堂　　湖北大冶水南湾　　湖北竹山田家坝三盛院　　湖北麻城木子店夏斗寅故居

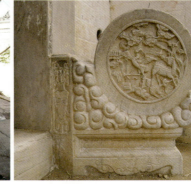

湖北竹山田家坝三盛院　　　　　　　　　　　　　　湖北英山县南河镇段氏府第

图8-3-8　门枕抱鼓石（图片来源：华中科技大学民族建筑研究中心提供）

图8-3-9　护角石（图片来源：华中科技大学民族建筑研究中心提供）

图8-3-10 湖北各地的门楣匾额（图片来源：华中科技大学民族建筑研究中心提供）

图8-3-11 湖北各地的门楣过梁装饰（图片来源：华中科技大学民族建筑研究中心提供）

湖北红安县陡山村

湖北麻城盐田河雷氏祠　　　　　　　　　　　　　　　　　湖北竹山县田家坝南坝村

图8-3-12　湖北各地的门梁交角处雕饰（图片来源：华中科技大学民族建筑研究中心提供）

湖北英山县南河镇段氏府第　湖北阳新太子镇徐氏祠堂　湖北通山燕厦碧水村谭氏祠　湖北竹山县田家坝黄州庙　　湖北大冶水南湾

湖北竹山县田家三盛院　湖北竹溪中峰镇甘家祠堂　湖北竹溪中峰镇甘家祠堂　湖北郧西香口乡王氏宗祠　湖北竹山县田家坝南坝村　湖北红安吴氏祠　湖北英山县南河镇段氏府第

图8-3-13　石柱础（图片来源：华中科技大学民族建筑研究中心提供）

图8-3-14 麻城盐田河雷氏祠中盘龙柱(图片来源:华中科技大学民族建筑研究中心提供)

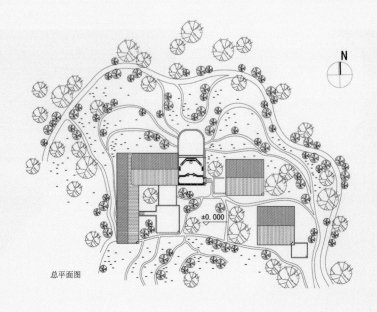

总平面图

墓碑东立面图

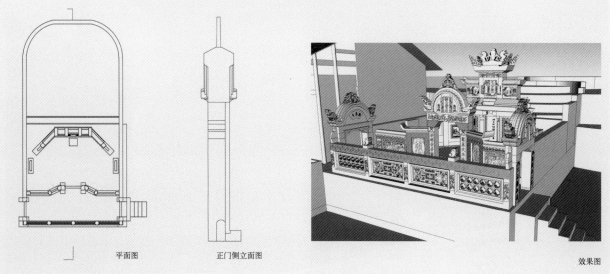

平面图　　正门侧立面图　　效果图

图8-3-15　鱼木寨双寿居古墓群测绘图（图片来源：华中科技大学民族建筑研究中心提供）

图8-3-16 吴氏祠入口外观（图片来源：华中科技大学民族建筑研究中心提供）

图8-3-17 鄂西北高家花屋石窗图案（图片来源：华中科技大学民族建筑研究中心提供）

第四节 彩绘、灰作

一、彩绘（作）

湖北传统建筑装饰的手段包括木、砖、石雕一类的"硬花活"，灰塑、泥塑一类的塑形装饰，还有就是设色涂绘的平面装饰，即常说的"彩绘（作）"。彩绘（作）分为官式建筑彩画与传统民居彩绘，其中官式建筑彩画与明清官式做法一致，在此从略。值得一提的是，在湖北传统民居的营建过程中，有许多特殊的彩绘装饰做法。

民居彩绘有施于木构上的，也有绘于墙身批荡上的。绘于木构表面的彩画常见于天花藻井、梁枋等处，既起到装饰作用，又很好地保护了木材。而在湖北民居中，木构大部分保持木之本色，即使上色，也多以厚重的栗、黑色为主。少数祠堂、戏台等会施以较炫灿的色彩，或用金粉勾画花草、几何图案（图8-4-1）。

绘于墙身批荡之上的主要见于入口门楼、墙身檐口、山墙博风、墀头等处。湖北传统民居绘画可分为彩绘和墨绘两种。见于墀头、马头墙檐下等处的彩画，多为黑白图案，墨线淡彩退晕，再以其他彩色点缀，格调较为淡雅、平和，题材主要是花草、动物、几何纹饰、吉祥物等，主要表达某种寓意，多起装饰作用。由于所用绘制原料的原因，民居的装饰绘画大多遭受了不同程度的破坏，但有些依然精彩，其内容多为花卉卷草、吉祥纹样或者先贤故事（图8-4-2）。

一般湖北民居民居墙身彩绘色泽较单一，除墨线外，尚有明黄、土红、石青等点缀。整体格调较为淡雅、朴素。由于墙面灰皮剥落和雨水的冲刷，

湖北红安吴氏祠戏台藻井

湖北麻城盐田河雷氏祠

图8-4-1 湖北民居中的彩绘1（图片来源：华中科技大学民族建筑研究中心提供）

图8-4-2 湖北民居中的彩绘2（图片来源：华中科技大学民族建筑研究中心提供）

多数彩画已斑驳不清，只能从依稀残留的部分彩画中窥视其全貌，也更显古朴、素雅，如秭归新滩的郑启光和郑韶年老屋，外墙装饰多为黑白图案，多为白底，用黑色画出彩带、琴、棋、书、画等图案；又如郑书祥老屋的窗口、窗楣、檐口等处均绘有墨线淡彩退晕彩画；还如湖北郧县的上津古城部分民居檐口的彩绘等。只有在某些祠庙建筑中才会大面积地使用浓烈鲜艳的颜色，例如巴东的地藏殿供奉主管阴间的地藏王菩萨，是为在长江上不幸溺水而亡的无名者超度亡灵，以求安息的场所。其殿外墙体均涂成红色，檐下墙面施以黑、土红、黄色三种颜色为主的彩画，因此又被称为红庙。

二、灰塑

灰塑又称泥塑，是古建筑中一种常用的装饰手法，一般以灰泥为主要材料。灰塑可塑性强、制作相对简单，既可在现场直接制作，也可预制，再在现场装配，并且成本也较低，因此在湖北古建筑中应用较广泛，常见于民居主要厅堂前天井空间的两侧、山墙顶端、门额窗框、屋檐瓦脊、亭台牌坊等建筑物上雕塑造型，堆塑出人物、动物、花草等。手法有多层式立体灰塑、浮雕式灰塑、圆雕式单体灰塑等，其主要题材同石刻一样，都是祈福求祥、装饰门庭为主（图8-4-3）。

灰塑的主要工序有七道：首先是选料和配料。灰泥成分的基本配方包含石灰、砂以及棉花（或麻绒），三者以一定比例混合而成。配好料后，再加入草根或粗纸做成两种灰膏（分别叫草根灰、纸筋灰），柔中带韧性，主要是用来做灰塑的底子和造型。这些灰膏要加入糯米粉和糖封藏一个月。为了延缓干燥，减少裂缝，也常加入煮熟的海菜汁（也称为海菜精）。这几种材料混合之后，再以人工方式捣成糊状，直到出油为止，此时黏度最高，最适合制作泥塑。技术高超的工匠，制作的灰泥固着力好，日久灰泥也不至松脱或龟裂[12]。这期间就可以对作品进行构思。有了整体的把握，才能够进行定型和定情，即先用草根灰在铁线扎的模型上堆塑出作品的基本形状，再用纸筋灰进行精雕细刻，最后加以着色，整个作品才算真正完工。

灰塑可以塑造出丰富的造型，塑形需要借助于铁丝或者竹筋，用铁丝或竹筋塑形完毕后再用灰泥层层加厚即可，例如秭归香溪镇的王氏宗祠戏楼的脊饰就是此类做法，非常精美（图8-4-4）。

湖北峡江地区民居的窗套多使用称为"外马蹄"或"几案腿"的灰塑装饰，是峡江地区的一大特色，外形呈两个向下的朝外弯曲的角状，也用于牌楼门仿木壁柱底部装饰。

此外还有用作居家或供奉、装饰的泥塑雕像。泥塑艺人曾被视为"江湖乞丐"、"下九流"，生活极其艰难。恶劣的生存环境，致使泥塑传统工艺日渐衰落，濒临失传，残存的少数艺人，农忙时种地，闲时从艺，被称为"杵师"。有中国泥塑之乡美誉的湖北黄陂泡桐镇（今属李集镇）[13]，今日已失去往息光华，只能通过镇上遗存的工艺厂和少许泥塑艺人来追忆。

三、嵌瓷（剪粘）

在制作灰塑构件时，有的会在灰塑表面施以彩绘或镶贴瓷片，使其色泽鲜艳明快，例如秭归新滩的金贵祠堂，其大门的仿木额枋装饰均用青花瓷片镶嵌，基本上是仿彩绘效果，非常漂亮。屈原故里牌坊除了脊饰外连勾头也镶嵌了瓷片。还如湖北省竹溪县中峰镇的甘家祠堂入口装饰，颇似"嵌瓷"的装饰工艺，虽略嫌粗朴，但也代表了湖北古建筑的一种装饰类型（图8-4-5）。

图8-4-3 湖北古建筑中的灰塑（图片来源：华中科技大学民族建筑研究中心提供）

图8-4-4 鄂东南徐氏宗祠和峡江王氏宗祠的鳌鱼脊饰（图片来源：华中科技大学民族建筑研究中心提供）

图8-4-5 金贵祠、屈原故里牌坊及甘家祠的"嵌瓷"装饰（图片来源：华中科技大学民族建筑研究中心提供）

注释

① 潘谷西. 中国古代建筑史（元明卷）. 北京：中国建筑工业出版社.

② 郭华瑜. 明代官式建筑侧脚生起的演变. 华中建筑，1999，（4）.

③ 李晓峰，黄涛. 武当山遇真宫大殿数字化与虚拟复原研究. 建筑学报，2004，（12）.

④ 郭华瑜. 论明代建筑之斗栱用材等级. 华中建筑，2004，（5）：131.

⑤ 潘谷西. 中国古代建筑史（元明卷）. 北京：中国建筑工业出版社.

⑥ 这种构架与抬梁架一样，在文献及工艺上并无固定称谓，为研究分类的需要，孙大章先生名之为插梁架。

⑦ 分水为民间建筑术语，即屋架高度与下弦一半之比。比值为0.56，即为5.6分水。（资料来源：永顺县列夕乡老木匠董祖文师傅提供，转引自：杨慎初. 湖南传统建筑. 长沙：湖南教育出版社，1993.）

⑧ 潘莹. 江西传统聚落建筑文化研究[D]. 华南理工大学博士论文，2004：196.

⑨ 程世丹. 三峡地区的传统聚居建筑. 武汉大学学报，2003，10.

⑩ 根据湖北通山江源村的工匠师傅王能太的表述，称为"双龙出洞"。

⑪ 刘大可. 古建砖雕技法（上）. 古建园林技术，1990，（01）.

⑫ 王楠. 峡江地区传统建筑研究. 河南大学硕士学位论文，2008.

⑬ 清代泡桐老泥塑艺人官志武继承了雕塑传统工艺，曾在湖北武当山、木兰山、河南鸡公山、洛阳白马寺雕塑了许多大佛像。民国时期，各湾村建庙，修泥菩萨风行一时。泡桐杵师后裔继承人用木雕、泥塑、油漆制作佛像、装修神龛、殿堂绘画等，创作了大量作品。新中国成立后，泥塑传统工艺开始走向现实、贴近生活。1968年，武汉市曾举办了"黄陂农民泥塑展览"和《收租院》大型群塑展。1983年，路易爱尼带来了摄影师，摄制了《中国黄陂泥塑》电视纪录片。

湖北古建筑地点及年代索引

类型	名称		地点	年代
古城	荆州古城		荆州江陵	清
	襄阳古城（夫人城）		襄阳城西北隅	明清城墙
	襄阳城		襄阳城	明清城墙
	上津古城		郧西县上津镇	明清城池
	唐崖土司城		咸丰唐崖司镇	明清
	城楼	襄阳临汉门	襄阳城	明代城墙
		蕲州城北门	蕲春县	明代城墙
		襄阳谯楼	襄阳市襄城区	清代城池
		鄂州庾亮楼（谯楼）	鄂州市古楼街	民国年间
		通城天岳关	通城东南	清代城池
城镇聚落	十堰市张湾区黄龙古镇		十堰市张湾区西郊	明末清初
	蒲圻洋楼洞		赤壁市西南松峰山下	始建于明天启年间
	罗田屯兵堡		胜利镇	明嘉靖
	红安七里坪		红安县大别山南麓	明清
村落	大冶水南湾		鄂东南大冶市大箕铺镇	明末清初
	通山宝石村		通山县闯王镇	明初
	通山江源村		通山县洪港镇杨林乡	明末清初
	麻城市木子店镇石头板湾		黄冈市麻城市木子店镇	元末明初
	大悟熊家畈村		大悟县黄站镇熊畈村	清光绪年间
	红安县华家河镇祝家楼村		红安县华家河镇	明
	罗田九资河新屋坑		罗田县九资河镇	明
	竹山三盛院		十堰市竹山马家河乡两河村	清末
	利川鱼木寨		利川市谋道乡大兴管理区	清嘉庆初年（1796年）
	宣恩彭家寨		宣恩县沙道沟集镇东南两河口村	明清时期
	利川大水井		利川市柏杨坝镇	清代晚期
	阳新太子镇大屋李		阳新太子镇旁父子山脚下	明朝末年
	京山绿林镇吴集村		荆门市京山县绿林镇	清
道教宫观	武当山道教建筑群		湖北省丹江口市境内的西南部	始建唐代贞观年间
	荆门白云楼		龙泉街道办事处青龙山西麓	清
	荆州玄妙观		荆州市荆州区城内东端	明
	荆州开元观		荆州市荆州区城西城荆中路	明
	荆州太晖观		荆州市荆州城西门外太晖山	明洪武二十六年（1387年）
	钟祥元佑宫		钟祥市郢中元佑路	明清
	武昌长春观		武昌区大东门外双峰山南麓	清

续表

类型	名称	地点	年代
道教宫观	麻城五脑山庙	麻城五脑山南麓	清
	利川三元堂	利川市忠路镇	清
	房县显圣殿	房县军店镇	清
	鄂州观音阁	鄂州鄂城东门外	清
	建始石柱观	建始高坪镇望坪村	清
	通山祖师殿	通山九宫山	元
	房县观音洞	房县城关镇炳公村	清
佛教寺庙	黄梅五祖寺（东山寺）	五祖镇北2.5公里	宋、明、清、民国
	黄梅四祖寺	大河镇四祖寺村	唐、宋、明、清
	汉阳归元寺	武汉市汉阳区翠微路	清
	武昌宝通禅寺	武汉市武昌区	明清
	当阳玉泉寺	当阳市城西玉泉山东麓	宋、明、清三代均大规模扩修
	谷城承恩寺（万铜山）	谷城万铜山	始建于隋，明扩修
	天门皂市白龙寺	天门皂市五华山	始建于南朝
	利川石龙寺	利川团堡镇	明
	枣阳白水寺	枣阳市吴店镇狮子山	清代
	十堰市回龙寺	十堰市茅箭区西坪村	元末
	襄阳铁佛寺大殿	襄阳市襄城区西街	始建于唐朝
	巴东红庙（地藏殿）	巴东县东口乡的红庙岭	建于清乾隆三十年（1767年）
	云梦泗洲寺（下辛店）	云梦下辛店	始建于南朝梁代
清真寺	武昌起义街清真寺	辛亥革命起义街城楼前	始建于1862年，抗日战争时，清真寺大部被炸毁，1984年重修
	樊城清真寺	襄阳市樊城教门街	始建于明永乐年间，清同治六年（1867年）重修
	汉口民权路清真寺	汉口民权路	始建于清雍正年间（1723～1735年），辛亥年（1911年）遭大火焚毁后，又在原地复建如初，1930年再次重修
陵寝	钟祥明显陵	钟祥市城东郊的松林山	始建于明正德十四年（1519年），于嘉靖十九年（1540年）建成
	武汉江夏楚王陵	武汉市江夏区龙泉镇龙泉山	始建于明正德十四年（1519年），于嘉靖十九年（1540年）建成
	当阳关陵	当阳市玉阳关凌路西	明嘉靖十五年（1536年）
	蕲春李时珍墓	蕲春县蕲州镇竹林湖村王福咀东北400米，雨湖之滨	明
	阳新县浮屠镇陈献甲墓	阳新县浮屠镇陈献甲村	明

续表

类型	名称	地点	年代
宗祠	红安吴氏祠	红安县八里湾陡山村	清
	阳新太子镇李氏宗祠	黄石市阳新县太子镇	始建于清末，民国25年（1936年）重建
	枣阳鹿头镇郭营祠堂	枣阳市鹿头镇郭营村	清末
	竹溪中峰镇甘氏祠堂	十堰市竹溪县中峰镇甘家岭村	始建于清乾隆二十二年
	阳新梁氏宗祠	黄石市阳新县白沙镇梁公铺	清康熙年间
	阳新浮屠镇玉堍李氏宗祠	黄石市阳新县城西北浮屠镇	清代中期
	通山焦氏宗祠	咸宁市通山县闯王镇高湖芭蕉湾村	晚清
	阳新三溪伍氏祠	黄石市阳新县三溪镇	清
	阳新太子徐氏宗祠	黄石市阳新太子镇四门楼村	清光绪年间
	麻城盐田河东界岭雷氏祠	黄冈市麻城盐田河百亩堰村	清嘉庆六年（1801年）
	郧西县香口乡柯家祠堂	十堰市郧西县香口乡	始建于清嘉庆二十一年（1816年），现为民国十一年（1923年）重建
	洪湖瞿家湾宗伯府（瞿氏祠）	洪湖瞿家湾老街西段南侧	清乾隆年间（约1765年）
	秭归县新滩镇的金贵宗祠	秭归县新滩镇桂林村	清
	秭归县屈原镇的杜氏宗祠	秭归县屈原镇龙马溪村	清
	秭归县香溪镇的王氏宗祠	秭归县香溪镇	清乾隆
	高罗李氏宗祠（观音堂）	恩施州宣恩县高罗乡黄家河村9组	清光绪二十三年（1897年）
宫庙	宜昌黄陵庙	长江西陵峡南岸宜昌市三斗坪镇黄陵庙村	明
	汉阳禹稷行宫	汉阳龟山东麓禹功矶	始建于南宋绍兴年间（1131年），现为清代重建
	谷城三神殿	谷城县城中码头街	明末清初
	恩施武圣宫	恩施市城乡街104号	清代
	秭归江渎庙	秭归县屈原镇桂林村	始建于北宋，现为清代建筑
	蕲春达成庙	蕲春达成庙乡达成庙村	始建不详，现为清代重建
	襄阳水星台	襄阳市樊城区定中门西约50米处樊城城基上	清
	恩施文昌祠	恩施市鳌脊山顶	清
会馆	襄阳山陕会馆	襄阳市樊城县	清康熙五十二年（1713年）
	襄阳抚州会馆（樊城区）	襄阳市樊城县	清
	襄阳抚州会馆（樊城区）	十堰市黄龙古镇	清嘉庆年间
	郧西城关会馆群	十堰市郧西县	清康熙四十八年（1709年）
	上津古城山陕馆	十堰市郧西县上津镇	清

续表

类型	名称	地点	年代
戏台	蕲春横车万年台戏楼	蕲春横车镇长石村	始建于清乾隆十年（1745年），光绪十年（1884年）扩建
	浠水马垅万年台戏楼	浠水马垅镇福主村	清道光九年（1829年）
	团风回龙山大庙万年台	枣阳市鹿头镇郭营村	始建于明洪武年间（1368～1398年），明万历二年（1574年）重修
	丹江口六里坪泰山庙古戏台	丹江口六里坪镇蒿口村	始建于明代，清嘉庆十年（1805年）、光绪十二年（1886年）两次重修
	随州解河戏台	随州市新城解家河村	清乾隆三十二年（1767年）
学宫	郧阳府学宫大成殿	十堰市郧县城关西岭街	清
	浠水文庙	浠水县清泉镇新华正街	始建于北宋，明洪武七年（1374年）、清顺治七年（1650年）两次重修
	竹山文庙大成殿	十堰市竹山县城关	始建于明正统十三年（1448年），清道光二十一年（1841年）重建
	襄阳学宫大成殿	襄阳城西北隅积仓街	清道光二年（1822年）
	罗田文庙圣殿	黄冈市罗田县凤山镇胜利街	始建于元成宗大德八年（1304年），清同治九年（1870年）重建
	枣阳黉学大殿（至圣殿）	枣阳城区内大南街	始建于元至正三年（1343年），现存为清代重建
书院	蕲春金陵书院（会馆）	黄冈市蕲州镇	清同治六年（1867年）
	利川如皋书院（南坪乡）	恩施土家族自治区利川南坪乡	清乾隆五十八年（1793年）
	神农架三间书院（武昌书院）	神农架林区阳日镇供销社院内	清朝道光丁酉年（1837年）
	新洲问津书院	武汉市新洲区旧街孔子河畔	清
	建始五阳书院	恩施土家族自治区建始县	清乾隆二十年（1755年）
府第庄园	通山大夫第	咸宁市通山县	清末
	英山段氏府第	黄冈市英山县	清
	丹江口饶氏庄园	十堰市丹江口	清末
	竹山高家花屋（竹坪乡）	十堰市竹山县	清末
	新洲徐源泉公馆	武汉新洲	民国
	大水井李氏庄园	恩施利川市	清
寨堡	武汉黄陂龙王尖山寨	武汉黄陂	明宣德二年（1427年）
	南漳县春秋寨	襄阳市南漳县	明宣德二年（1427年）
	南漳县东巩张家寨	襄阳市南漳县	明清时期

续表

类型	名称	地点	年代
景园（园林）建筑	襄阳古隆中	襄阳	汉末
	黄冈东坡赤壁	黄冈市	北宋
	汉阳古琴台	武汉市汉阳区	北宋
	赤壁之战遗址	赤壁市	汉末
	蛇山黄鹤楼风景区	武汉市武昌城内	始建于三国时代东吴黄武二年（公元223年），期间屡毁屡建，现存的黄鹤楼建于1985年
塔幢	黄梅四祖毗卢塔	黄冈市黄梅县大河镇四祖寺村	唐
	麻城柏子塔	麻城市闫家河镇柏子塔村	唐
	当阳玉泉铁塔	当阳市玉泉山南麓	北宋
	红安七里坪双城塔	红安七里坪镇柳河村	宋
	黄梅高塔寺砖塔	黄梅县黄梅镇城正街	北宋
	黄梅四祖寺众生塔	黄冈市黄梅县大河镇四祖寺村	宋
	黄梅五组寺释迦多宝如来石塔	黄冈市黄梅五祖寺	北宋
	武昌洪山无影塔	武汉市武昌区洪山公园	宋
	武昌蛇山胜像宝塔	武汉市武昌区蛇山西黄矶头	元
	武穴太白湖郑公塔	武穴市太白湖	元
	武昌洪山宝塔	武汉市武昌区洪山南麓	始建元代（清重修）
	襄阳多宝佛塔	襄阳市襄城区隆中山东北	明
	荆州万寿宝塔	荆州沙市区荆江大堤象鼻矶头北70米	明
	钟祥文峰塔	钟祥城东龙山	明
	郧县铁山寺塔	郧西县店子镇铁山寺村	明
	丹江口龙山宝塔	丹江口市土台乡	清光绪二十五年至三十二年（1899～1906年）
	恩施连珠塔	恩施市五峰山之巅	清道光十二年（1832年）
	荆门东山宝塔	荆门城东的东山	隋文帝开皇十三年（公元593年）
	宜昌伍家岗天然塔	宜昌伍家岗区宝塔河江滨	清
	黄梅五祖寺乞儿塔	黄梅五祖寺	清
	利川南坪凌云塔	恩施土家族苗族自治州利川市南坪乡	始建于道光七年（1827年）
	利川团堡宜影塔	恩施土家族苗族自治州利川市团堡镇境内	清咸丰年间
	利川团堡培风塔	恩施土家族苗族自治州利川市团堡镇	清道光二十六年（1846年）冬

续表

类型	名称	地点	年代
牌坊	秭归屈原故里坊	香溪镇民主路中段	清
	武当玄岳门	丹江口市武当山南麓	明
	咸丰荆南雄镇石坊	咸丰荆南雄镇石坊	明
	钟祥元佑宫	钟祥市	清
	钟祥洋梓镇花山村汪氏贞节牌坊	钟祥洋梓镇花山村	清乾隆十二年（1747年）
	钟祥市中山镇中山村节孝可风坊	钟祥市中山镇中山村碾盘山西	清宣统元年
	荆门蔡氏节孝坊	荆门市仙居乡三泉村	清乾隆十二年（1747年）
	钟祥张集镇牌坊村东王氏节烈坊	钟祥张集镇牌坊村东	始建不详，清乾隆年间重修
	钟祥少司马坊	钟祥市	明
	阳新县浮屠镇陈献甲坊	阳新县	明
	唐家垄牌坊屋	通山县通羊镇唐家垄	清同治六年（1867年）
	株林牌坊屋	通山杨芳林乡株林村	清光绪年间
	株林牌坊屋	通山宝石村	清
桥	通城灵官桥	通城县九岭乡灵官桥村	宋
	黄梅灵润桥	黄梅四祖寺	建于元至正十年（1350年）
	武汉江夏南桥	武汉市江夏区贺站镇大屋湾	始建于元至正九年（1349年），清康熙三十六年（1697年）修葺
	嘉鱼下舒桥	嘉鱼县舒桥镇大屋陈村	元
	武当剑河桥	武当山的剑河上	建于明永乐十一年（1413年）
	黄梅飞虹桥	黄梅县五祖寺山门前	清
	嘉鱼净堡桥	嘉鱼县烟墩乡静宝村	清
	通城南虹桥	通城县黄袍镇大虹村	清
	通山刘家桥		
其他	巴东县信陵镇秋风亭	信陵镇朱家巷	始建于北宋太平兴国三年（公元978年），光绪二十四年（1898年）重修
	长阳盐井寺河神亭	长阳渔峡口镇龙池村	清
	襄阳王府绿影壁	襄城区南街绿影壁巷	明

参考文献

[1] 张良皋. 巴史别观. 北京：建筑工业出版社，2006.

[2] 李晓峰，谭刚毅. 两湖民居. 北京：中国建筑工业出版社，2009.

[3] 吴晓等. 湖北建筑集粹——湖北古代建筑. 北京：中国建筑工业出版社，2005.

[4] 黄传懿. 中国文物地图集湖北分册. 西安：西安地图出版社，2002.

[5] 沈海宁. 湖北文化遗产——全国重点文物保护单位. 武汉：文物出版社，2009.

[6] 李晓峰，李纯. 峡江民居——三峡地区传统聚落及民居历史与保护. 北京：科学出版社，2012.

[7] 国务院三峡工程建设委员会办公室，国家文物局. 三峡湖北库区传统建筑. 北京：科学出版社，2003.

[8] 陆元鼎，杨谷生. 中国民居建筑. 广州：华南理工大学出版社，2003.

[9] 李德复，陈金安. 湖北民俗志. 武汉：湖北人民出版社，2002.

[10] 高介华，李德喜. 中国古建筑文化之旅——湖南·湖北. 知识产权出版社，2002.

[11] 湖北省文物局. 第六批全国重点文物保护单位推荐材料.

[12] 李晓峰，谭刚毅. 两湖民居[M]. 北京：中国建筑工业出版社，2009.

[13] 湖北省建设厅. 湖北建筑集粹——湖北古代建筑[M]. 北京：中国建筑工业出版社，2005.

[14] 黄传懿. 中国文物地图集（湖北分册）上[M]. 西安：西安地图，2002.

[15] 沈海宁. 湖北文化遗产——全国重点文物保护单位[M]. 武汉：文物出版社，2009.

[16] 王欢. 鄂东南传统商业集镇空间形态及更新趋势研究[D]. 武汉：华中科技大学. 2011.

[17] 哈晨. 鄂东南地区传统村落公共空间研究[D]. 武汉：华中科技大学. 2010.

[18] 吕晓裕. 汉江流域文化线路上的传统村镇聚落类型研究[D]. 武汉：华中科技大学. 2011.

[19] 阙瑾. 明清"江西填湖广"移民通道上的鄂东北地区聚落形态案例研究[D]. 武汉：华中科技大学. 2008.

[20] 孙一帆. 明清"江西填湖广"移民影响下的两湖民居比较研究[D]. 武汉：华中科技大学. 2008.

[21] 刘炜. 湖北古镇的历史、形态与保护研究[D]. 武汉：武汉理工大学. 2006.

[22] 王莉，吴凡. 鄂西大水井古建筑群考察报告[J]. 华中建筑. 2004，（01）.

[23] 李百皓，孟岗. 因兵而兴的湖北古镇——罗田屯兵堡[J]. 华中建筑. 2005，（02）.

[24] 李百皓，张莉. 因兵而兴的湖北古镇——红安七里坪[J]. 华中建筑. 2005，（05）.

[25] 湖北省建设厅等. 湖北建筑集粹——湖北古代建筑. 北京：中国建筑工业出版社，2005.

[26] 黄传懿. 中国文物地图集湖北分册. 西安：西安地图出版社，2002.

[27] 梅莉. 民国《湖北省长春观乙丑坛登真箓》探研. 世界宗教研究，2011，(2).

[28] 熊向宁，陈伟. 城市功能适应性再利用——武汉市长春观公园规划实践与探索. 规划师，2007，23（1）.

[29] 李欢，张斌，何佳钰. 鄂西南明清寺观理景艺术分析. 华中建筑，2011，（09）.

[30] 董洪超. 武汉的宗教建筑初探[J]. 中外建筑，2009，（12）：63-65.

[31] 王其均，谢燕. 图解中国古建筑丛书——宗教建筑. 北京：中国水利水电出版社，2006.

[32] 黄续. 宗教建筑. 北京：中国文联出版社，2009.

[33] 中国建筑工业出版社. 宗教建筑宗教建筑：建筑艺术编——中国美术全集. 北京：中国建筑工业出版社，2004.

[34] 李晓峰，谭刚毅. 两湖民居. 北京：中国建筑工业出版社，2009.

[35] 李晓峰，李纯．峡江民居——三峡地区传统聚落及民居历史与保护．北京：科学出版社，2012．

[36] 李百浩，李晓峰等．湖北建筑集粹：湖北传统民居．北京：中国建筑工业出版社，2006．

[37] 黄传懿．中国文物地图集：湖北分册（上、下）．西安：西安地图出版社，2002．

[38] 国务院三峡工程建设委员会办公室，国家文物局．三峡湖北库区传统建筑．北京：科学出版社，2003．

[39] 宋华久．三峡民居．北京：中国摄影出版社，2002．

[40] 陆元鼎，杨谷生．中国民居建筑．广州：华南理工大学出版社，2003．

[41] 陈家麟．郧阳古风．武汉：湖北美术出版社，2003．

[42] 李德复，陈金安．湖北民俗志．武汉：湖北人民出版社，2002．

[43] 王炎松．中国阳新民居老村．武汉：湖北人民出版社，2008．

[44] 高介华，李德喜．中国古建筑文化之旅——湖南·湖北．知识产权出版社，2002．

[45] 程世丹，高康．三峡地区的祠庙建筑[J]．长江建设，2002，（03）．

[46] 董新林．明代诸侯王陵墓初步研究[J]．中国历史文物，2003，（4）．

[47] 李晓峰，谭刚毅．两湖民居．北京：中国建筑工业出版社，2009．

[48] 李百浩，李晓峰．湖北传统民居．北京：中国建筑工业出版社，2006．

[49] 吴晓．湖北古代建筑．中国建筑工业出版社，2005．

[50] 黄传懿．中国文物地图集·湖北分册．西安：西安地图出版社，2002．

[51] 彭然．湖北传统戏场建筑研究[D]．华南理工大学，2010．

[52] 湖北省文物局．第六批全国重点文物保护单位推荐材料．

[53] 重修襄阳大成殿记．襄阳晚报，2008．

[54] 蔡志荣．明清湖北书院研究．华中师范大学，2008．

[55] 冷小平．明清时期郧阳书院考证[J]．郧阳师范高等专科学校学报，2014，04：23-27．

[56] 李晓峰，谭刚毅．两湖民居．北京：中国建筑工业出版社，2009．

[57] 李晓峰，李百浩．湖北传统民居．北京：中国建筑工业出版社，2006．

[58] 吴晓．湖北古代建筑．中国建筑工业出版社，2005．

[59] 王莉，吴凡．鄂西大水井古建筑群考察报告．华中建筑，2004，（02）．

[60] 蒋利民．古隆中．对外大传播．2003，（07）．

[61] 王灿，赖玉芹．历史景观与公共记忆——以黄州东坡赤壁为例．甘肃理论学刊，2011，（11）．

[62] 贺艳．武汉古琴台园林历史演变与造景艺术探微[M]．华中农业大学硕士论文，2010．

[63] 李卓辉．风景区历史文化资源保护性利用研究[M]．华中科技大学硕士论文，2011．

[64] 湖北省建设厅编著．湖北古代建筑．北京：中国建筑工业出版社，2004．

[65] 湖北省文物局．中国文物地图集．湖北分册（下）．

[66] 李晓峰，谭刚毅．两湖民居．北京：中国建筑工业出版社，2009．

[67] 李晓峰，李纯．峡江民居——三峡地区传统聚落及民居历史与保护．北京：科学出版社，2012．

[68] 张十庆．古代营建技术中的"样"、"造"、"作"．建筑史论文集（第十五辑）．北京：清华大学出版社，2002；37-41．

[69] 李晓峰，谭刚毅．两湖民居[M]．北京：中国建筑工业出版社，2009．

[70] 湖北省建设厅等．湖北建筑集粹——湖北古代建筑[M]．北京：中国建筑工业出版社，2005．

[71] 李晓峰，李纯．峡江民居[M]．北京：科学出版社，2012．

[72] 宋华久. 三峡民居. 北京：中国摄影出版社，2002.

[73] 杨慎初. 湖南传统建筑. 长沙：湖南教育出版社，1993.

[74] 程世丹. 三峡地区的传统聚居建筑. 武汉大学学报，2003.

[75] 梁峥. 牌坊探究——以皖、赣、鄂地区为例. 华中科技大学硕士学位论文，2007.

[76] 刘大可. 古建砖雕技法（上）. 古建园林技术，1990.

[77] 王楠. 峡江地区传统建筑研究. 河南大学硕士学位论文，2008.

后记

《湖北古建筑》这本书，从内容策划到初稿完成，差不多用了四年的时间。当初谭刚毅教授和我一起接受本书的撰写任务，是出于对分布于湖北地区的历史建筑怀着极大的探究兴趣。此前虽因教学和研究的关系，对湖北历史名城与建筑多有接触，但一直没能下决心细细梳理本地区各类建筑遗存。因此首先要感谢中国古建筑丛书编委会，把《湖北古建筑》著述委任予我们，激发了我们探究湖北历史建筑的兴趣和动力。

回想25年前，我第一次系统、深入地了解一座湖北古建筑，是随著名建筑教育家、先师童鹤龄和张良皋先生赴武当山进行为期一个月的明代道教建筑测绘。那次我的任务是带学生测绘遇真宫大殿。在童、张两位先生的指导下，我们对这座明代官式遗构做了详细地剖析。那是我第一次对湖北经典古建筑及其环境魅力有较深刻体验。虽然童先生不止一次劝告我应该做一些中部地区古建筑研究，但慵懒的我一直没能沉下心来细细琢磨分布于湖北各地的历史建筑。那时的我从未想过自己将来会编著一本《湖北古建筑》。不过，我对传统建筑的热爱和研究兴趣，自那时起逐渐根深蒂固了。每每想到这里，总会感念前辈当年对我的悉心教导。授业之恩，从不敢忘。从这点来说，今天编撰《湖北古建筑》于我也是义不容辞的，也能藉此告慰先师英灵。

撰写这本书是个艰辛的过程。回想这些年，我们带着一群研究生，一次次跋山涉水辗转行进在荆楚大地，对本地区古建筑作现场踏勘、测绘调查，就是为了探寻那些可能埋没在偏远地区的建筑遗存。汉水、清江流域，江汉、洞庭湖平原留下我们深深浅浅的足迹；武陵源、大巴山、幕阜山、大别山以及大大小小的丘陵岗地都曾洒落下我们辛劳的汗水。记得曾经为探访湖北竹山县一座清代院落，我们师生一行八人团队，乘火车，转汽车，坐拉索木船渡河，搭乡村小巴进山，却依然未能到达偏远的目的地。最后不得不包了一辆农用车，在崎岖山路颠簸爬行，险象环生，直至傍晚才找到那座大山深处的深宅大院。现在想来依然心有余悸。这样的经历，已成为小组成员记忆中难以忘怀的部分。有时只是为了补一两张历史遗构的照片，我们需要花两三天的时间奔赴现场。若如愿以偿寻访到"宝物"，当然无比欣慰；可有时按图索骥，费尽周折到达预计现场，却发现传说中的古建筑早在数年前就已损毁，甚至连残垣断壁都没留下。每遇此景，内心失望难以言表。有时候路途遥远，到达现场已过中午，却找不到一处可以吃饭的小馆，大家只好忍着饥肠辘辘先做测绘工作。后来有经验了，出发前网购一大箱军用压缩饼干和矿泉水，以备不时之需……类似的艰辛经历太多了。

撰写这本书也是个愉悦的过程。愉悦感首先同样来自于与著书密切相关的一次次调研。每每计划出行考察，大家总是满怀期待。一个团队一路同行，总有许多有趣的故事伴随全程。一路走来，除被历史建筑遗存的魅力所吸引之外，常被天地河山的壮阔风光所陶冶，或为乡村田园的秀美景致所迷醉，于是城市的喧嚣和烦扰被抛在脑后。大家常常在车上讨论刚刚调查的内容，分享着"发现"的喜悦。记得2012年春天赴建始考察石柱观，当我们穿过村庄，从一望无际的金黄色油菜花田看过去，那一柱擎天、拔地而起的石柱山，赫然耸立在眼前。山顶的道观红墙掩映在黛绿如烟的树丛中，一如幻境仙居。以至于我们一群人大呼小叫，欢腾雀跃地跨过绚烂的田野，引来田间农民驻足相看。大家兴冲冲自山脚拾级攀登而上，此前长途乘车昏昏欲睡的倦怠感一扫而空。相信此时每个人都能体会到那种纯粹的愉悦。这难得的体验，甚至超越了专业调研的收获！回到学校研究室，在为古建案例整理文字查阅资料的时候，尤其欣赏调研中拍摄的照片时，大家仿佛回到那一处处曾经亲历的场景，时不时记起考察途中的趣闻，总有津津乐道的笑谈。

本书所涉及的古建筑分布范围广，而先期相关研究成果有限，因此资料收集和整理工作量巨大，远非一两人之力轻易完成。所以本书的调查和写作过程一直是团队作业。这里要感谢华中科技大学民族建筑研究中心的博士、硕士研究生们！他们和老师一起走南闯北地进行古建筑调查，并且收集整理了大量文字资料，为本书相关研究和写作的顺利开展，做了大量工作。其中陈茹、王莹、邬胜兰、谢超、陈楠、龙江、胡辞、余泽阳等博士研究生，是本书研究团队的核心力量。陈茹、王莹作为研究工作小组负责人，为书稿的完成做出重要贡献。

感谢湖北省文化厅、文物局的领导以及湖北省古建中心的古建专家对本书调研的支持！省文物局副局长王风竹先生当年主持三峡办的时候，我们就多有合作。本书中有关峡江地区古建筑内容，就得益于几年前由文物局委托所做的峡江地区地面文物项目资料的收集整理。我们一次次奔赴现场调研，幸有省古建中心总工吴晓先生和王吉主任等先期与地方文物部门取得联络，为我们的调查带来许多便利。感谢吴晓先生作为湖北省权威古建专家，百忙之中抽出时间为本书做了全面校审工作，不仅指出了本书初稿中诸多谬误，也为书稿的修改与完善提出了宝贵的建议。

最后要特别感谢的是德高望重的高介华先生。他老人家是《华中建筑》前主编，是荆楚建筑文化的资深研究者和功力深厚的古建专家。在87高龄之际，高先生欣然应允为本书作序，令我等倍感荣幸！他的文笔一如其本人，永远充满激情。从其热情洋溢的字里行间，我们读出先生对晚辈的真诚关爱和殷切期望。

《湖北古建筑》书稿即将付梓，意味着我们前一阶段的编撰工作告一段落。然而，相关的古建筑研究是无止尽的。荆楚地区建筑文化的深厚沉积，如同一座座富矿，我们的工作或许仅仅揭开一个表层。显然，有更多的宝藏有待于进一步发掘。这本书仅仅是个开端。

2015年12月于武昌喻园

作者简介

李晓峰，教授、博士生导师，东南大学博士。安徽滁州人。现任华中科技大学建筑与城市规划学院副院长，《新建筑》杂志主编，文化遗产研究中心主任。兼任中国民族建筑研究会民居专业委员会副主任委员，中国建筑学会建筑史学分会建筑与文化学术委员会常务副主任委员；全国建筑学专业教育指导委员会委员；住建部传统村落专家委员会委员。2014-2015年为美国佛罗里达大学访问学者。

作者长期从事建筑历史、建筑设计以及建筑遗产方向的研究和教学工作。主持国家自然科学基金项目2项、教育部博士点基金一项，省级重要科研项目多项。主持并完成建筑遗产保护以及当代聚落更新规划与建筑设计项目数十项。作者主要著作有：《乡土建筑跨学科研究理论与方法》(2005)、《湖北传统民居》(2006)、《古建筑设计》(2008)、《两湖民居》(2009)、《峡江民居》(2012)等。在重要学术期刊以及国际国内学术会议上发表论文60余篇。获中国建筑教育奖(2014)；国家级教学成果二等奖和省级教学成果一等奖(2001)以及华中科技大学"师表奖"(2010)等奖项。

谭刚毅，教授，博士（华南理工大学），博士生导师，副院长，建筑学系主任，《新建筑》副主编。中国建筑史学会民居专业委员会副秘书长，中国建筑学会建筑史学分会建筑与文化学术委员会副秘书长。香港大学和英国谢菲尔德大学访问学者。主要从事传统民居与乡土实践、近代城市与建筑、文化遗产保护和建筑设计等方面的研究。完成学术专著《两宋时期的中国民居与居住形态》，合著《两湖民居》、《竹材的建构》，参编书籍5本，境内外期刊和会议发表论文近50篇，主持国家自然科学基金2项。曾获2006年全国优秀博士学位论文提名奖，2003年获联合国教科文组织亚太地区文化遗产保护奖第一名"杰出项目奖"。另外曾获日本《新建筑》"都市住居"住宅设计国际竞赛三等奖（协力）和广东省勘察设计协会优秀设计一等奖等竞赛和设计奖项。